唐房玄齡等撰

晉書

第四册

卷三一至卷四五（傳）

中華書局

晉書卷三十一

列傳第一

后妃上

夫乾坤定位，男女流形，伉儷之義同歸，貴賤之名異等。若乃作配皇極，齊體紫宸，象玉牀之連後星，喻金波之合羲璧。爰自夐古，是謂元妃；降及中年，乃稱王后。四人並列，光于帝嚳之宮；二妃同降，著彼有虞之典。夏商以上，六宮之制，其詳靡得而聞焉。姬劉以降，五翟之規，其事可略而言矣。周禮，天子立一后、三夫人、九嬪、二十七世婦、八十一御妻，以聽王者內政。故婚義曰：「天子之與后，如日之與月，陰之與陽。」由斯而談，其所從來遠矣。故能母儀天寓，助宣王化，德均載物，比大坤維，宗廟歆其薦羞，穹壤俟其交泰。是以哲王垂憲，尤重造舟之禮；詩人立言，先獎葛覃之訓。後燭流景，所以裁其宴私；房樂希聲，是用節其容止。履端正本，抑斯之謂歟！若乃娉納有方，防閑有禮，肅尊儀而修四德，體柔範而弘六義，陰教洽于宮闈，淑譽騰於區域。則玄雲入戶，上帝錫母萌之符；黃神降徵，坤靈贊壽丘之道，終能鼎祚惟永，胤嗣克昌。至若儷極虧閑，憑天作孽，倒裳衣于衽席，感眺側於弦望。則龍漦結釁，宗周鞠爲黍苗；燕尾挻災，隆漢墜其枌社矣。自曹劉內主，位以色登，甄衞之家，榮非德舉。淫荒挻性，蔑西郊之禮容；婉孌含辭，作南國之奇態。詖謁由斯外入，穢德於是內宣。椒掖播晨牝之風，蘭殿絕河雎之響。永言彤史，大練之範逾微；緬視青蒲，脫珥之猷替矣。晉承其末，與世汚隆，宣皇創基，功弘而道屈；穆后一善，尠侔於十亂。洎乎世祖，〔一〕始親選良家，既而帝掩紈扇，躬行請託。后採長白，實彰妒忌之情；賈納短青，竟踐覆亡之轍。得失遺跡，煥在緗緗，興滅所由，義同畫一。故列其本事，以爲后妃傳云。

宣穆張皇后

宣穆張皇后諱春華，河內平皋人也。父汪，魏粟邑令；母河內山氏，司徒濤之從祖姑也。后少有德行，智識過人，生景帝、文帝、平原王幹、南陽公主。

宣帝初辭魏武之命，託以風痺，嘗暴書，遇暴雨，不覺自起收之。家惟有一婢見之，后乃恐事泄致禍，遂手殺之以滅口，而親自執爨。帝由是重之。其後柏夫人有寵，后罕得進見。帝嘗臥疾，后往省病。帝曰：「老物可憎，何煩出也！」后慚恚不食，將自殺，諸子亦不食。帝驚而致謝，后乃止。帝退而謂人曰：「老物不足惜，慮困我好兒耳！」魏正始八年崩，時年五十九，葬洛陽高原陵，追贈廣平縣君。咸熙元年，追號宣穆妃。及武帝受禪，追尊爲皇后。

景懷夏侯皇后

景懷夏侯皇后諱徽，字媛容，沛國譙人也。父尚，魏征南大將軍；母曹氏，魏德陽鄉主。后雅有識度，帝每有所爲，必豫籌畫。魏明帝世，宣帝居上將之重，諸子並有雄才大略。后知帝非魏之純臣，而后旣魏氏之甥，帝深忌之。靑龍二年，遂以鴆崩，時年二十四，葬峻平陵。武帝登阼，初未追崇，弘訓太后每以爲言，泰始二年始加號謚。后無男，生五女。

景獻羊皇后

景獻羊皇后諱徽瑜，泰山南城人。父衜，上黨太守；后母陳留蔡氏，漢左中郎將邕之女也。后聰敏有才行。景懷皇后崩，景帝更娶鎭北將軍濮陽吳質女，見黜，復納后，無子。武帝受禪，居弘訓宮，號弘訓太后。泰始九年，追贈蔡氏濟陽縣君，諡曰穆。咸寧四年，太后崩，時年六十五，祔葬峻平陵。

文明王皇后

文明王皇后諱元姬，東海郯人也。父肅，魏中領軍、蘭陵侯。后年八歲，誦詩論，尤善喪服；苟有文義，目所一見，必貫於心。年九歲，遇母疾，扶侍不捨左右，衣不解帶者久之。每先意候指，動中所適，由是父母令攝家事，每盡其理。祖朗甚愛異之，曰：「興吾家者，必此女也，惜不爲男矣！」年十二，朗薨，后哀戚哭泣，發于自然，其父益加敬異。

既笄，歸于文帝，生武帝及遼東悼王定國、齊獻王攸、城陽哀王兆、廣漢殤王廣德、京兆公主。后事舅姑盡婦道，謙沖接下，嬪御有序。及居父喪，身不勝衣，言與淚俱。時鍾會以才能見任，后每言于帝曰：「會見利忘義，好爲事端，寵過必亂，不可大任。」會後果反。

武帝受禪，尊爲皇太后，宮曰崇化。初置宮卿，重選其職，以太常諸葛緒爲衞尉，太僕劉原爲太僕，宗正曹楷爲少府。后雖處尊位，不忘素業，躬執紡績，器服無文，御浣濯之衣，食不參味。而敦睦九族，垂心萬物，言必典禮，浸潤不行。

帝以后母羊氏未崇謚號，泰始三年下詔曰：「昔漢文追崇靈文之號，武、宣有平原、博平之封，咸所以奉尊尊之敬，廣親親之恩也。故衞將軍、蘭陵景侯夫人羊氏，含章體順，仁德醇備，內承世胄，出嬪大國，三從之行，率禮無違。仍遭不造，頻喪統嗣，撫育衆胤，克成家道。母儀之教，光于邦族，誕啓聖明，祚流萬國。而早世殂隕，不遇休寵。皇太后孝思蒸蒸，永慕罔極。朕感存遺訓，追遠傷懷。其封夫人爲縣君，依德紀謚，主者詳如舊典。」於是使使持節、謁者何融追謚爲平陽靖君。

四年，后崩，時年五十二，合葬崇陽陵。將遷祔，帝手疏后德行，命史官爲哀策曰：

明明先后，與我晉道。暉章淑問，以翼皇考。邁德宣猷，大業有造。貽慶孤矇，堂構是保。庶資復顧，永享難老。奄然登遐，棄我何早！沈哀罔訴，如何穹昊。嗚呼哀哉！

厥初生民，樹之惠康。帝遷明德，顧予先皇。天立厥配，我皇是光。作邦作對，德音無疆。愍予不弔，天篤降殃。日沒明夷，中年隕喪。煢煢在疚，永懷摧傷。尋惟景行，於穆不已。海岱降靈，世荷繁祉。永錫祚胤，篤生文母。誕膺純和，淑愼容止。質直不渝，體茲孝友。詩書是悅，禮籍是紀。三從無違，中饋允理。追惟先后，勞謙是尚。爰初在室，竭力致養。嬪于大邦，皇基是相。謚靜隆化，帝業以創。內敍嬪御，外協時望。履信居順，德行洽暢。密勿無荒，劬勞克讓。崇儉抑華，沖素是放。雖享崇高，歡嘉未饗。胡寧棄之，我將曷仰？咨余不造，大罰薦臻。皇考背世，始踰三年。仰奉慈親，冀無後艱。凶災仍集，何辜於天。嗚呼哀哉！

靈輀夙駕，設祖中闈。輼輬動軫，旣往不追。哀哀皇妣，永潛靈暉。進攀梓宮，顧援素旂。屏營窮痛，誰告誰依？訴情贈策，以舒傷悲。尙或有聞，顧予孤遺。嗚呼哀哉！

其後帝追慕不已，復下詔曰：「外曾祖母故司徒王朗夫人楊氏，舅氏尊屬，鄭、劉二從母，先后至愛。每惟聖善，敦睦遺旨，渭陽之感，永懷靡及。其封楊夫人及從母爲鄉君，邑各五百戶。」太康七年，追贈繼祖母夏侯氏爲滎陽鄉君。

武元楊皇后

武元楊皇后諱豔，字瓊芝，弘農華陰人也。父文宗，〔三〕見外戚傳；母天水趙氏，早卒。后依舅家，舅妻仁愛，親乳養后，遣他人乳其子。及長，又隨後母段氏，依其家。后少聰慧，善書，姿質美麗，閑於女工。有善相者嘗相后，當極貴，文帝聞而爲世子聘焉。甚被寵遇，生毗陵悼王軌、惠帝、秦獻王柬，平陽、新豐、陽平公主。武帝卽位，立爲皇后。有司奏依漢故事，皇后、太子各食湯沐邑四十縣，而帝以非古典，不許。后追懷舅氏之恩，顯官趙俊，納俊兄虞女粲於後宮爲夫人。

帝以皇太子不堪奉大統，密以語后。后曰：「立嫡以長不以賢，豈可動乎？」初，賈充妻郭氏使賂后，求以女爲太子妃。及議太子婚，帝欲娶衞瓘女。然后盛稱賈后有淑德，又密使太子太傅荀顗進言，上乃聽之。泰始中，帝博選良家以充後宮，先下書禁天下嫁娶，使宦者乘使車，給騶騎，馳傳州郡，召充選者使后揀擇。后性妒，惟取潔白長大，其端正美麗者並不見留。時卞藩女有美色，帝掩扇謂后曰：「卞氏女佳。」后曰：「藩三世后族，其女不可枉以卑位。」帝乃止。司徒李胤、鎮軍大將軍胡奮、廷尉諸葛沖、太僕臧權、侍中馮蓀、秘書郎左思及世族子女並充三夫人九嬪之列。司、冀、兗、豫四州二千石將吏家，補良人以下。名家盛族子女，多敗衣瘁貌以避之。

及后有疾，見帝素幸胡夫人，恐後立之，慮太子不安。臨終，枕帝膝曰：「叔父駿女男胤有德色，願陛下以備六宮。」因悲泣，帝流涕許之。泰始十年，崩於明光殿，絕于帝膝，時年三十七。詔曰：「皇后逮事先后，常冀能終始永奉宗廟，一旦殂隕，痛悼傷懷。每自以夙喪二親，於家門之情特隆。又有心欲改葬父祖，以頃者務崇儉約，初不有言，近垂困，說此意，情亦愍之。其使領前軍將軍駿等自克改葬之宜，至時，主者供給葬事。賜謚母趙氏爲縣君，以繼母段氏爲鄉君。傳不云乎，『愼終追遠，民德歸厚』。且使亡者有知，尙或嘉之。」

于是有司卜吉，窀穸有期，乃命史臣作哀策敍懷。其詞曰：

天地配序，成化兩儀。王假有家，道在伉儷。姜嫄佐嚳，二妃興嬀。仰希古昔，冀亦同規。今胡不然，景命夙虧。嗚呼哀哉！

我應圖籙，統臨萬方。正位于內，實在嬪嬙。天作之合，駿發之祥。河嶽降靈，啓祚華陽。奕世豐衍，朱紱斯煌。纘女惟行，受命溥將。來翼家邦，憲度是常。緝熙陰敎，德聲顯揚。昔我先妣，暉曜休光。后承前訓，奉述遺芳。宜嗣徽音，繼序無荒。如何不弔，背世隕喪。望齊無主，長去烝嘗。追懷永悼，率土摧傷。嗚呼哀哉！

陵兆既窆，將遷幽都。宵陳夙駕，元妃其徂。宮闈遏密，階庭空虛。設祖布綍，告駕啓塗。服翬褕狄，寄象容車。金路晻藹，裳帳不舒。千乘動軫，六驥躊躇。銘旌樹表，翣柳雲敷。祁祁同軌，岌岌烝徒。孰不云懷，哀感萬夫。寧神虞卜，安體玄廬。土房陶簋，齊制遂初。依行紀謚，聲被八區。雖背明光，亦歸皇姑。沒而不朽，世德作謨。嗚呼哀哉！

乃葬于峻陽陵。

武悼楊皇后 左貴嬪 胡貴嬪 諸葛夫人

武悼楊皇后諱芷，字季蘭，小字男胤，元后從妹。父駿，別有傳。以咸寧二年立爲皇后。婉嫕有婦德，美暎椒房，甚有寵。生渤海殤王，早薨，遂無子。太康九年，后率內外夫人命婦躬桑于西郊，賜帛各有差。

太子妃賈氏妒忌，帝將廢之。后言於帝曰：「賈公閭有勳社稷，猶當數世宥之。賈妃親是其女，正復妒忌之間，不足以一眚掩其大德。」后又數誡厲妃，妃不知后之助己，因以致恨，謂后構之於帝，忿怨彌深。及帝崩，尊爲皇太后。賈后凶悖，忌后父駿執權，遂誣駿爲亂，使楚王瑋與東安王繇稱詔誅駿。內外隔塞，后題帛爲書，射之城外，曰「救太傅者有賞」，賈后因宣言太后同逆。

駿既死，詔使後軍將軍荀悝送后于永寧宮。特全后母高都君龐氏之命，聽就后居止。賈后諷羣公有司奏曰：「皇太后陰漸姦謀，圖危社稷，飛箭繫書，要募將士，同惡相濟，自絕于天。魯侯絕文姜，春秋所許，蓋以奉順祖宗，任至公於天下。陛下雖懷無已之情，臣下不敢奉詔。可宜敕王公于朝堂會議。」詔曰：「此大事，更詳之。」有司又奏：「駿藉外戚之資，居冢宰之任，陛下既居諒闇，委以重權，至乃陰圖凶逆，布樹私黨。皇太后內爲脣齒，協同逆謀，禍釁既彰，背捍詔命，阻兵負衆，血刃宮省，而復流書募衆，以獎凶黨，上背祖宗之靈，下絕億兆之望。昔文姜與亂，春秋所貶，呂宗叛戾，高后降配，宜廢皇太后爲峻陽庶人。」中書監張華等以爲「太后非得罪于先帝者也，今黨惡所親，〔三〕爲不母于聖世。宜依孝成趙皇后故事，曰武帝皇后，處之離宮，以全貴終之恩」。尚書令、下邳王晃等議曰：「皇太后與駿潛謀，欲危社稷，不可復奉承宗廟，配合先帝。宜貶尊號，廢詣金墉城。」于是有司奏：「請從晃等議，廢太后爲庶人。遣使者以太牢告于郊廟，以奉承祖宗之命，稱萬國之望。至於諸所供奉，可順聖恩，務從豐厚。」詔不許。有司又固請，乃可之。又奏：「楊駿造亂，家屬應誅，詔原其妻龐命，以慰太后之心。今太后廢爲庶人，請以龐付廷尉行刑。」詔曰：「聽龐與庶人相隨。」有司希賈后旨，固請，乃從之。龐臨刑，太后抱持號叫，截髮稽顙，上表詣賈后稱妾，請全母命，不見省。初，太后尚有侍御十餘人，賈后奪之，絕膳而崩，時年三十四，在位十五年。賈后又信妖巫，謂太后必訴冤先帝，乃覆而殯之，施諸厭劾符書藥物。

永嘉元年，追復尊號，別立廟，神主不配武帝。至成帝咸康七年，下詔使內外詳議。衞將軍虞潭議曰：「世祖武皇帝光有四海，元皇后應乾作配。元后既崩，悼后繼作，至楊駿肆逆，禍延天母。孝懷皇帝追復號謚，豈不以緜瘞禹興，義在不替者乎！又太寧二年，臣忝宗正，帝譜泯棄，罔所循按。時博諮舊齒，以定昭穆，與故驃騎將軍華恒、尚書荀崧、侍中荀邃因舊譜參論撰次，尊號之重，一無改替。今聖上孝思，祇肅禋祀，詢及羣司，將以恢定大禮。臣輒思詳，伏見惠皇帝起居注、羣臣議奏，列駿作逆謀，危社稷，引魯之文姜，漢之呂后。臣竊以文姜雖莊公之母，實爲父讎；呂后寵樹私戚，幾危劉氏，按此二事異于今日。昔漢章帝竇后殺和帝之母，和帝即位盡誅諸竇。當時議者欲貶竇后，及后之亡，欲不以禮葬。和帝以奉事十年，義不可違，臣子之道，務從豐厚，仁明之稱，表于往代。又見故尚書僕射裴頠議悼后故事，稱繼母雖出，追服無改。是以孝懷皇帝尊崇號謚，還葬峻陵。此則母子道全，而廢事蕩革也。于時祭于弘訓之宮，未入太廟。蓋是事之未盡，非義典也。若以悼后復位爲宜，則應配食世祖；若以復之爲非，則譜謚宜闕，未有位號居正，而偏祠別室者也。若以孝懷皇帝私隆母子之道，特爲立廟者，此苟崇私情，有虧國典，則國譜帝諱，皆宜除棄，匪徒不得同祀于世祖之廟也。」會稽王昱、中書監庾冰、中書令何充、尚書令諸葛恢、尚書謝廣、光祿勳留擢、丹楊尹殷融、護軍將軍馮懷、散騎常侍鄧逸等咸從潭議，由是太后配食武帝。

左貴嬪名芬。兄思，別有傳。

芬少好學，善綴文，名亞于思，武帝聞而納之。泰始八年，拜修儀。受詔作愁思之文，因爲離思賦曰：

生蓬戶之側陋兮，不閑習於文符。不見圖畫之妙像兮，不聞先哲之典謨。既愚陋而寡識兮，謬忝厠于紫廬。非草苗之所處兮，恒怵惕以憂懼。懷思慕之切怛兮，兼始終之萬慮。嗟隱憂之沈積兮，獨鬱結而靡訴。意慘憒而無聊兮，思纏綿以增慕。夜耿耿而不寐兮，魂憧憧而至曙。風騷騷而四起兮，霜皚皚而依庭。日晻曖而無光兮，氣懰慄以洌清。懷愁戚之多感兮，患涕淚之自零。

昔伯瑜之婉孌兮，每綵衣以娛親。悼今日之乖隔兮，奄與家爲參辰。豈相去之云遠兮，曾不盈乎數尋。何宮禁之清切兮，欲瞻覩而莫因。仰行雲以歔欷兮，涕流射而沾巾。惟屈原之哀感兮，嗟悲傷于離別。彼城闕之作詩兮，亦以日而喻月。況骨肉之相於兮，永緬邈而兩絕。長含哀而抱戚兮，仰蒼天而泣血。

亂曰：骨肉至親，化爲他人，永長辭兮。慘愴愁悲，夢想魂歸，見所思兮。驚寤號咷，心不自聊，泣漣洏兮。援筆舒情，涕淚增零，訴斯詩兮。

後爲貴嬪，姿陋無寵，以才德見禮。體羸多患，常居薄室，帝每遊華林，輒回輦過之。言及文義，辭對清華，左右侍聽，莫不稱美。

及元楊皇后崩，芬獻誄曰：

惟泰始十年秋七月丙寅，晉元皇后楊氏崩，嗚呼哀哉！昔有莘適殷，姜姒歸周，宣德中闈，徽音永流。樊衞二姬，匡齊翼楚；馬鄧兩妃，亦毗漢主。峨峨元后，光嬪晉宇。伉儷聖皇，比蹤往古。遭命不永，背陽即陰。六宮號咷，四海慟心。嗟余鄙妾，銜恩特深。追慕三良，甘心自沈。何用存思？不忘德音。何用紀述？託辭翰林。乃作誄曰：

赫赫元后，出自有楊。奕世朱輪，耀彼華陽。惟嶽降神，顯茲禎祥。篤生英媛，休有烈光。含靈握文，異于庶姜。和暢春日，操厲秋霜。疾彼攸遂，敦此義方。率由四教，匪怠匪荒。行周六親，徽音顯揚。顯揚伊何？京室是臧。乃娉乃納，聿嬪聖皇。正位閨闥，惟德是將。鳴珮有節，發言有章。仰觀列圖，俯覽篇籍。顧問女史，咨詢竹帛。思媚皇姑，虔恭朝夕。允釐中饋，執事有恪。

于禮斯勞，于敬斯勤。雖曰齊聖，邁德日新。日新伊何，克廣弘仁。終溫且惠，帝妹是親。經緯六宮，罔不彌綸。羣妾惟仰，譬彼北辰。亦既青陽，鳴鳩告時。躬執桑曲，率導媵姬。修成蠶蔟，分繭理絲。女工是察，祭服是治。祗奉宗廟，永言孝思。于彼六行，靡不蹈之。皇英佐舜，塗山翼禹。惟衞惟樊，二霸是輔。明明我后，異世同矩。亦能有亂，〔四〕謀及天府。內敷陰教，外毗陽化。綢繆庶正，密勿夙夜。恩從風翔，澤隨雨播。中外禔福，遐邇詠歌。

天祚貞吉，克昌克繁。則百斯慶，育聖育賢。教踰妊姒，訓邁姜嫄。堂堂太子，惟國之元。濟濟南陽，爲屏爲藩。本支菴藹，四海蔭焉。徽斯皇妣，孰茲克臻。曰乾葢聰，曰聖允誠。積善之堂，五福所幷。宜享高年，匪隕匪傾。如彭之齒，如聃之齡。云胡不造，于茲禍殃。〔五〕寢疾彌留，寤寐不康。巫咸騁術，和鵲奏方。祈禱無應，嘗藥無良。形神將離，載昏載荒。奄忽崩殂，湮精滅光。哀哀太子，南陽繁昌。攀援不寐，擗踊摧傷。嗚呼哀哉！闔宮號咷，宇內震驚。奔者塡衢，赴者塞庭。哀慟雷駭，流淚雨零。歔欷不已，若喪所生。

惟帝與后，契闊在昔。比翼白屋，雙飛紫閣。悼后傷后，早即窀穸。言斯既及，涕泗隕落。追惟我后，實聰實哲。通于性命，達于儉節。送終之禮，比素上世。纔無珍寶，哈無明月。潛輝梓宮，永背昭晰。臣妾哀號，同此斷絕。庭宇遏密，幽室增陰。空設幃帳，虛置衣衾。人亦有言，神道難尋。悠悠精爽，豈浮豈沈。豐奠日陳，冀魂之臨。孰云元后，不聞其音。

乃議景行，景行已溢。〔六〕乃考龜筮，龜筮襲吉。爰定宅兆，克成玄室。魂之往矣，于以令日。仲秋之晨，啓明始出。星陳夙駕，靈輿結駟。其輿伊何？金根玉箱。其駟伊何？二駱雙黃。習習容車，朱服丹章。隱隱轜軒，弁経繐裳。華轂曜野，素蓋被原。方相仡仡，旌旐翩翩。輓童引歌，白驥鳴轅。觀者夾塗，士女涕漣。千乘萬騎，迄彼峻山。峻山峨峨，曾阜重阿。弘高顯敞，據洛背河。左瞻皇姑，右睇帝家。推存揆亡，明神所嘉。諸姑姊妹，娣姒媵御。追送塵軌，號咷衢路。王侯卿士，雲會星布。羣官庶僚，縞蓋無數。咨嗟通夜，東方云曙。百祇奉迎，我后安厝。中外俱臨，同哀並慕。涕如連雲，淚如湛露。扃闥既闔，窈窈冥冥。有夜無晝，曷用其明。不封不樹，山坂同形。

昔后之崩，大火西流。寒往暑過，今亦孟秋。自我銜卹，倏忽一周。衣服將變，痛心若抽。逼彼禮制，惟以增憂。去此素衣，結戀靈丘。有始有終，天地之經。自非三光，誰能不零。存播令德，沒圖丹青。先哲之志，以此爲榮。溫溫元后，實宜慈焉。撫育羣生，恩惠滋焉。遺愛不已，永見思焉。懸名日月，垂萬春焉。嗚呼庶妾，感四時焉。言思言慕，涕漣洏焉。

咸寧二年，納悼后，芬于座受詔作頌，其辭曰：

峨峨華嶽，峻極泰清。巨靈導流，河濟是經。惟瀆之神，惟嶽之靈。鍾于楊族，載育盛明。穆穆我后，應期挺生。含聰履喆，岐嶷夙成。如蘭之茂，如玉之瑩。越在幼沖，休有令名。飛聲八極，翕習紫庭。超任邈姒，比德皇英。京室是嘉，備禮致娉。令月吉辰，百僚奉迎。周生歸韓，詩人是詠。我后戾止，車服暉暎。登位太微，明德日盛。羣黎欣戴，函夏同慶。

翼翼聖皇，叡喆孔純。愍茲狂戾，闡惠播仁。蠲釁滌穢，與時惟新。沛然洪赦，恩詔遐震。后之踐阼，囹圄虛陳。萬國齊歡，六合同欣。坤神抃舞，天人載悅。興瑞降祥，表精日月。和氣烟熅，三光朗烈。既獲嘉時，尋播甘雪。玄雲晻藹，靈液霏霏。既儲既積，待陽而晞。曣晛沾濡，柔潤中畿。長享豐年，福祿永綏。

及帝女萬年公主薨，帝痛悼不已，詔芬爲誄，其文甚麗。帝重芬詞藻，每有方物異寶，必詔爲賦頌，以是屢獲恩賜焉。答兄思詩、書及雜賦頌數十篇，並行于世。

胡貴嬪名芳。父奮，別有傳。

泰始九年，帝多簡良家子女以充內職，自擇其美者以絳紗繫臂。而芳既入選，下殿號泣。左右止之曰：「陛下聞聲。」芳曰：「死且不畏，何畏陛下！」帝遣洛陽令司馬肇策拜芳爲貴嬪。帝每有顧問，不飾言辭，率爾而答，進退方雅。時帝多內寵，平吳之後復納孫皓宮人數千，自此掖庭殆將萬人。而並寵者甚衆，帝莫知所適，常乘羊車，恣其所之，至便宴寢。宮人乃取竹葉插戶，以鹽汁灑地，而引帝車。然芳最蒙愛幸，殆有專房之寵焉，侍御服飾亞于皇后。帝嘗與之摴蒱，爭矢，遂傷上指。帝怒曰：「此固將種也！」芳對曰：「北伐公孫，西距諸葛，非將種而何？」帝甚有慚色。芳生武安公主。

諸葛夫人名婉，琅邪陽都人也。父沖，字茂長，廷尉卿。婉以泰始九年春入宮，帝臨軒，使使持節、洛陽令司馬肇拜爲夫人。兄銓，字德林，散騎常侍。銓弟玫，字仁林，侍中、御史中丞。玫婦弟周穆，清河王覃之舅也。永嘉初，穆與玫勸東海王越廢懷帝，立覃，越不許。重言之，越怒，遂斬玫及穆。臨刑，玫謂穆曰：「我語卿何道？」穆曰：「今日復何所說。」時人方知謀出於穆，非玫之意。

惠賈皇后

惠賈皇后諱南風，平陽人也，小名旹。父充，別有傳。初，武帝欲爲太子取衞瓘女，元后納賈郭親黨之說，欲婚賈氏。帝曰：「衞公女有五可，賈公女有五不可。衞家種賢而多子，美而長白；賈家種妒而少子，醜而短黑。」元后固請，荀顗、荀勖並稱充女之賢，乃定婚。始欲聘后妹午，午年十二，小太子一歲，短小未勝衣。更娶南風，時年十五，大太子二歲。泰始八年二月辛卯，〔七〕册拜太子妃。妒忌多權詐，太子畏而惑之，嬪御罕有進幸者。

帝常疑太子不慧，且朝臣和嶠等多以爲言，故欲試之。盡召東宮大小官屬，爲設宴會，而密封疑事，使太子決之，停信待反。妃大懼，倩外人作答。答者多引古義。給使張泓曰：

「太子不學，而答詔引義，必責作草主，更益譴負。不如直以意對。」妃大喜，語泓：「便爲我好答，富貴與汝共之。」泓素有小才，具草，令太子自寫。帝省之，甚悅。先示太子少傅衞瓘，瓘大踧踖，衆人乃知瓘先有毁言，殿上皆稱萬歲。充密遣語妃云：「衞瓘老奴，幾破汝家。」

妃性酷虐，嘗手殺數人。或以戟擲孕妾，子隨刃墮地。帝聞之，大怒，已修金墉城，將廢之。充華趙粲從容言曰：「賈妃年少，妒是婦人之情耳，長自當差。願陛下察之。」其後楊珧亦爲之言曰：「陛下忘賈公閭耶？」荀勖深救之，故得不廢。惠帝即位，立爲皇后，生河東、臨海、始平公主、哀獻皇女。

后暴戾日甚。侍中賈模，后之族兄，右衞郭彰，后之從舅，並以才望居位，與楚王瑋、東安公繇分掌朝政。后母廣城君養孫賈謐干預國事，權侔人主。繇密欲廢后，賈氏憚之。及太宰亮、衞瓘等表繇徙帶方，奪楚王中候，后知瑋怨之，乃使帝作密詔令瑋誅瓘、亮，以報宿憾。模知后凶暴，恐禍及己，乃與裴頠、王衍謀廢之，衍悔而謀寢。

后遂荒淫放恣，與太醫令程據等亂彰內外。洛南有盜尉部小吏，端麗美容止，既給厮役，忽有非常衣服，衆咸疑其竊盜，尉嫌而辯之。賈后疏親欲求盜物，往聽對辭。小吏云：「先行逢一老嫗，說家有疾病，師卜云宜得城南少年厭之，欲暫相煩，必有重報。於是隨去，上車下帷，內簏箱中，行可十餘里，過六七門限，開簏箱，忽見樓闕好屋。問此是何處，云是天上，即以香湯見浴，好衣美食將入。見一婦人，年可三十五六，短形青黑色，眉後有疵。見留數夕，共寢歡宴，臨出贈此衆物。」聽者聞其形狀，知是賈后，慚笑而去，尉亦解意。時他人入者多死，惟此小吏，以后愛之，得全而出。及河東公主有疾，師巫以爲宜施寬令，乃稱詔大赦天下。

初，后詐有身，內稾物爲產具，遂取妹夫韓壽子慰祖養之，託諒闇所生，故弗顯。遂謀廢太子，以所養代立。時洛中謠曰：「南風烈烈吹黃沙，遙望魯國鬱嵯峨，前至三月滅汝家。」后母廣城君以后無子，甚敬重愍懷，每勸厲后，使加慈愛。賈謐恃貴驕縱，不能推崇太子，廣城君恒切責之。及廣城君病篤，占術謂不宜封廣城，乃改封宜城。后出侍疾十餘日，太子常往宜城第，將醫出入，恂恂盡禮。宜城臨終執后手，令盡意于太子，言甚切至。又曰：「趙粲及午必亂汝事，我死後，勿復聽入，深憶吾言。」后不能遵之，遂專制天下，威服內外。更與粲、午專爲姦謀，誣害太子，衆惡彰著。初，誅楊駿及汝南王亮、太保衞瓘、楚王瑋等，皆臨機專斷，宦人董猛參預其事。猛，武帝時爲寺人監，侍東宮，得親信于后，預誅楊駿，封武安侯，猛三兄皆爲亭侯，天下咸怨。

及太子廢黜，趙王倫、孫秀等因衆怨謀欲廢后。〔八〕后數遣宮婢微服於人間視聽，其謀頗泄。后甚懼，遂害太子，以絕衆望。趙王倫乃率兵入宮，使翊軍校尉齊王冏入殿廢后。后與冏母有隙，故倫使之。后驚曰：「卿何爲來！」冏曰：「有詔收后。」后曰：「詔當從我出，何詔也？」后至上閤，遙呼帝曰：「陛下有婦，使人廢之，亦行自廢。」又問冏曰：「起事者誰？」冏曰：「梁、趙。」后曰：「繫狗當繫頸，今反繫其尾，何得不然！」至宮西，見謐尸，再舉聲而哭遽止。倫乃矯詔遣尚書劉弘等持節齎金屑酒賜后死。后在位十一年。趙粲、賈午、韓壽、董猛等皆伏誅。

臨海公主先封清河，洛陽之亂，爲人所略，傳賣吳興錢溫。溫以送女，女遇主甚酷。元帝鎮建鄴，主詣縣自言。元帝誅溫及女，改封臨海，宗正曹統尚之。

惠羊皇后　謝夫人

惠羊皇后諱獻容，泰山南城人。祖瑾，父玄之，並見外戚傳。賈后既廢，孫秀議立后。后外祖孫旂與秀合族，又諸子自結於秀，故以太安元年立爲皇后。〔九〕將入宮，衣中有火。成都王穎伐長沙王乂，以討玄之爲名。乂敗，穎奏廢后爲庶人，處金墉城。陳眕等唱伐成都王，大赦，復后位。張方入洛，又廢后。方逼遷大駕幸長安，留臺復后位。永興初，張方又廢后。河間王顒矯詔，以后屢爲姦人所立，遣尚書田淑敕留臺賜后死。詔書累至，司隸校尉劉暾與尚書僕射荀藩、河南尹周馥馳上奏曰：「奉被手詔，伏讀惶悴。臣按古今書籍，亡國破家，毀喪宗祊，皆由犯衆違人之所致也。陛下遷幸，舊京廓然，衆庶悠悠，罔所依倚。家有跂踵之心，人想鑾輿之聲，思望大德，釋兵歸農。而兵纏不解，處處互起，豈非善者不至，人情猜隔故耶！今上官已犯闕稱兵，焚燒宮省，百姓諠駭，宜鎮之以靜。而大使卒至，赫然執藥，當詣金墉，內外震動，謂非聖意。羊庶人門戶殘破，廢放空宮，門禁峻密，若絕天地，無緣得與姦人搆亂。衆無智愚，皆謂不然，刑書猥至，罪不値辜，人心一憤，易致興動。夫殺一人而天下喜悅者，宗廟社稷之福也。今殺一枯窮之人而令天下傷慘，臣懼凶豎乘間，妄生變故。臣忝司京輦，觀察衆心，實以深憂，宜當含忍。不勝所見，謹密啓聞。願陛下更深與太宰參詳，勿令遠近疑惑，取謗天下。」顒見表大怒，乃遣陳顏、呂朗東收暾。暾奔青州，后遂得免。帝還洛，迎后復位。後洛陽令何喬又廢后。及張方首至，其日復后位。

會帝崩，后慮太弟立爲嫂叔，不得稱太后，催前太子淸河王覃入，將立之，不果。懷帝卽位，尊后爲惠帝皇后，居弘訓宮。洛陽敗，沒于劉曜。曜僭位，以爲皇后。因問曰：「吾何如司馬家兒？」后曰：「胡可並言？陛下開基之聖主，彼亡國之暗夫，有一婦一子及身三耳，不能庇之。貴爲帝王，而妻子辱于凡庶之手。遣妾爾時實不思生，何圖復有今日。妾生於高門，常謂世間男子皆然。自奉巾櫛以來，始知天下有丈夫耳。」曜甚愛寵之，生曜二子而死，僞謚獻文皇后。

謝夫人名玖。家本貧賤，父以屠羊爲業。玖淸惠貞正而有淑姿，選入後庭爲才人。惠帝在東宮，將納妃。武帝慮太子尙幼，未知帷房之事，乃遣往東宮侍寢，由是得幸有身。賈后妒忌之，玖求還西宮，遂生愍懷太子，年三四歲，惠帝不知也。入朝，見愍懷與諸皇子共戲，執其手，武帝曰：「是汝兒也。」及立爲太子，拜玖爲淑媛。賈后不聽太子與玖相見，處之一室。及愍懷遇酷，玖亦被害焉。永康初，詔改葬太子，因贈玖夫人印綬，葬顯平陵。

懷王皇太后

懷王皇太后諱媛姬，不知所出。初入武帝宮，拜中才人，早卒。懷帝卽位，追尊曰皇太后。

元夏侯太妃

元夏侯太妃名光姬，沛國譙人也。祖威，兗州刺史。父莊，字仲容，淮南太守、淸明亭侯。

妃生自華宗，幼而明慧。琅邪武王爲世子覲納焉，生元帝。及恭王薨，元帝嗣立，稱王太妃。永嘉元年，薨于江左，葬琅邪國。初有讖云「銅馬入海建鄴期」，太妃小字銅環，而元帝中興於江左焉。

校勘記

〔一〕洎乎世祖　「世祖」原作「太祖」。太祖，文帝廟號。選良家掩扇乃世祖武帝事，今依武元楊皇后傳改。

〔二〕父文宗　校文：御覽一三八引云后父炳，此作「文宗」者，疑以字行。湯球王隱晉書輯本注云，唐諱「炳」，故所修書作「文宗」。

〔三〕今黨惡所親　斠注：華傳作「黨其所親」。按：通鑑八二用張華傳文，是也。

〔四〕亦能有亂　南監本「亂」作「辭」。

〔五〕于茲禍殃　類聚一五「于」作「丁」，義長。

〔六〕景行已溢　「溢」疑「謚」之誤。

〔七〕二月辛卯　二月己亥朔，無辛卯。

〔八〕因衆怨謀欲廢后　「怨」，宋本作「怒」，今從殿本、局本。此「怨」字承上文「天下咸怨」。

〔九〕太安元年立爲皇后　舉正：太安初孫秀已誅，安得議立后乎？惠紀在永康元年十一月爲是。斠注：五行志、御覽一三八引臧榮緒晉書亦云永康元年立爲皇后。

晉書卷三十二

列傳第二

后妃下

元敬虞皇后　荀豫章君

元敬虞皇后諱孟母，濟陽外黃人也。父豫，見外戚傳。帝爲琅邪王，納后爲妃，無子。永嘉六年薨，時年三十五。

帝爲晉王，追尊爲王后。有司奏王后應別立廟。令曰：「今宗廟未成，不宜更興作，便修飾陵上屋以爲廟。」太興三年，册曰：「皇帝咨前琅邪王妃虞氏：朕祗順昊天成命，用陟帝位。悼妃夙徂，徽音潛翳，御于家邦，靡所儀刑，陰教有虧，用傷于懷。追號制謚，先王之典。今遣使持節兼太尉萬勝奉册贈皇后璽綬，祀以太牢。魂而有靈，嘉茲寵榮。」乃祔於太廟，葬建平陵。

太寧中，明帝追懷母養之恩，贈豫妻王氏爲邵陽縣君，從母散騎常侍新野王羿妻爲平陽鄉君。

豫章君荀氏，元帝宮人也。初有寵，生明帝及琅邪王裒，由是爲虞后所忌。自以位卑，每懷怨望，爲帝所譴，漸見疏薄。及明帝卽位，封建安君，別立第宅。太寧元年，帝迎還臺內，供奉隆厚。及成帝立，尊重同于太后。咸康元年薨。詔曰：「朕少遭憫凶，慈訓無稟，撫育之勤，建安君之仁也。一旦薨殂，實思報復，永惟平昔，感痛哀摧。其贈豫章郡君，別立廟于京都。」

明穆庾皇后

明穆庾皇后諱文君，潁川鄢陵人也。父琛，見外戚傳。后性仁慈，美姿儀。元帝聞之，聘爲太子妃，以德行見重。

明帝卽位，立爲皇后。册曰：「妃庾氏昔承明命，作嬪東宮，虔恭中饋，思媚軌則。履信思順，以成肅雝之道；正位閨房，以著協德之美。朕夙罹不造，煢煢在疚。羣公卿士，稽之往代，僉以崇嫡明統，載在典謨，宜建長秋，以奉宗廟。是以追述先志，不替舊命，使使持節兼太尉授皇后璽綬。夫坤德尚柔，婦道承姑，崇粢盛之禮，敦螽斯之義。是以利在永貞，克隆堂基，母儀天下，潛暢陰教。鑒于六列，考之篇籍，禍福無門，盛衰由人，雖休勿休。其敬之哉，可不慎歟！」

及成帝卽位，尊后曰皇太后。羣臣奏：天子幼沖，宜依漢和熹皇后故事。辭讓數四，不得已而臨朝攝萬機。后兄中書令亮管詔命，公卿奏事稱皇太后陛下。咸和元年，有司奏請追贈后父及夫人毋丘氏，后陳讓不許，三請不從。

及蘇峻作逆，京都傾覆，后見逼辱，遂以憂崩，時年三十二。后卽位凡六年。其後帝孝思罔極，贈琛驃騎大將軍、儀同三司，毋丘氏安陵縣君，〔二〕從母荀氏永寧縣君，何氏建安縣君。亮表陳先志，讓而不受。

成恭杜皇后　周太妃

成恭杜皇后諱陵陽，〔三〕京兆人，鎮南將軍預之曾孫也。父乂，見外戚傳。成帝以后奕世名德，咸康二年備禮拜爲皇后，卽日入宮。帝御太極前殿，羣臣畢賀，晝漏盡，懸籥，百官乃罷。后少有姿色，然長猶無齒，有來求婚者輒中止。及帝納采之日，一夜齒盡生。改宣城陵陽縣爲廣陽縣。七年三月，后崩，年二十一。外官五日一臨，內官旦一入，葬訖止。后在位六年，無子。

先是，三吳女子相與簪白花，望之如素柰，傳言天公織女死，爲之著服，至是而后崩。帝下詔曰：「吉凶典儀，誠宜備設；然豐約之度，亦當隨時，況重壤之下，而崇飾無用邪！今山陵之事，一從節儉，陵中唯潔掃而已，不得施塗車芻靈。」有司奏造凶門柏歷及調挽郎，皆不許。又禁遠近遣使。明年元會，有司奏廢樂。詔廢管絃，奏金石如故。

孝武帝立，寧康二年，以后母裴氏爲廣德縣君。裴氏名穆，長水校尉綽孫，太傅主簿遐女，太尉王夷甫外孫。中表之美，高於當世。遐隨東海王越遇害，無子。唯穆渡江，遂享榮慶，立第南掖門外，世所謂杜姥宅云。

章太妃周氏以選入成帝宮，有寵，生哀帝及海西公。始拜爲貴人。哀帝卽位，詔有司議貴人位號，太尉桓溫議宜稱夫人，尚書僕射江虨議應曰太夫人。詔崇爲皇太妃，儀服與太后同。又詔「朝臣不爲太妃敬，合禮典不」。太常江逌議「位號不極，不應盡敬」。興寧元年薨。帝欲服重，江虨啓應緦麻三月。詔欲降爲朞年，虨又啓「厭屈私情，所以上嚴祖考」，帝從之。

康獻褚皇后

康獻褚皇后諱蒜子，河南陽翟人也。父裒，見外戚傳。后聰明有器識，少以名家入爲琅邪王妃。及康帝卽位，立爲皇后，封母謝氏爲尋陽鄉君。

及穆帝卽位，尊后曰皇太后。時帝幼沖，未親國政。領司徒蔡謨等上奏曰：「嗣皇誕哲岐嶷，繼承天統，率土宅心，兆庶蒙賴。陛下體茲坤道，訓隆文母。昔塗山光夏，簡狄熙殷，實由宣哲，以隆休祚。伏惟陛下德侔二嬀，淑美關雎，臨朝攝政，以寧天下。今社稷危急，兆庶懸命，臣等章惶，一日萬機，事運之期，天祿所鍾，非復沖虛高讓之日。漢和熹、順烈，並亦臨朝，近明穆故事，以爲先制。臣等不勝悲怖，謹伏地上請。乞陛下上順祖宗，下念臣吏，推公弘道，以協天人，則萬邦承慶，羣黎更生。」太后詔曰：「帝幼沖，當賴羣公卿士將順匡救，以酬先帝禮賢之意，且是舊德世濟之美，則莫重之命不墜，祖宗之基有奉，是其所以欲正位于內而已。所奏懇到，形于翰墨，執省未究，以悲以懼。先后允恭謙抑，思順坤道，所以不距羣情，固爲國計。豈敢執守沖闇，以違先旨。輒敬從所奏。」於是臨朝稱制。有司奏，謝夫人旣封，荀、卞二夫人亦應追贈，皆后之前母也。太后不許。太常殷融議依鄭玄義，衞將軍裒在宮庭則盡臣敬，太后歸寧之日自如家人之禮。太后詔曰：「典禮誠所未詳，如所奏，是情所不能安也，更詳之。」征西將軍翼、南中郎尙議謂「父尊盡於一家，君敬重於天下，鄭玄義合情禮之中」。太后從之。自後朝臣皆敬裒焉。

帝既冠，太后詔曰：「昔遭不造，帝在幼沖，皇緒之微，眇若贅旒。百辟卿士率遵前朝，勸喻攝政。以社稷之重，先代成義，僶俛敬從，弗遑固守。仰憑七廟之靈，俯仗羣后之力，帝加元服，禮成德備，當陽親覽，臨御萬國。今歸事反政，一依舊典。」于是居崇德宮，手詔羣公曰：「昔以皇帝幼沖，從羣后之議，既以闇弱，又頻丁極艱，銜恤歷祀，沈憂在疚。司徒親尊德重，訓救其弊，王室之不壞，實公是憑。帝既備茲冠禮，而四海未一，五胡叛逆，豺狼當路，費役日興，百姓困苦。願諸君子思量遠算，勠力一心，輔翼幼主，匡救不逮。未亡人永歸別宮，以終餘齒。仰惟家國，故以一言託懷。」

及哀帝、海西公之世，太后復臨朝稱制。〔三〕桓溫之廢海西公也，太后方在佛屋燒香，內侍啓云「外有急奏」，太后乃出。尚倚戶前視奏數行，乃曰「我本自疑此」，至半便止，索筆答奏云：「未亡人罹此百憂，感念存沒，心焉如割。」溫始呈詔草，慮太后意異，悚動流汗，見于顏色。及詔出，溫大喜。

簡文帝即位，尊后爲崇德太后。及帝崩，孝武帝幼沖，桓溫又薨。羣臣啓曰：「王室多故，禍艱仍臻，國憂始周，復喪元輔，天下惘然，若無攸濟。主上雖聖資奇茂，固天誕縱。而春秋尚富，如在諒闇，蒸蒸之思，未遑庶事。伏惟陛下德應坤厚，宣慈聖善，遭家多艱，臨朝親覽。光大之美，化洽在昔，謳歌流詠，播溢無外。雖有莘熙殷，妊姒隆周，未足以喻。是以五謀克從，人鬼同心，仰望來蘇，懸心日月。夫隨時之義，周易所尙，寧固社稷，大人之任。伏願陛下撫綜萬機，釐和政道，以慰祖宗，以安兆庶。不勝憂國喁喁至誠。」太后詔曰：「王室不幸，仍有艱屯。覽省啓事，感增悲歎。內外諸君，並以主上春秋沖富，加蒸蒸之慕，未能親覽，號令宜有所由。苟可安社稷，利天下，亦豈有所執，輒敬從所啓。但闇昧之闕，望盡弼諧之道。」於是太后復臨朝。帝旣冠，乃詔曰：「皇帝婚冠禮備，遐邇宅心，宜當陽親覽，緝熙惟始。今歸政事，率由舊典。」於是復稱崇德太后。

太元九年，崩于顯陽殿，年六十一，在位凡四十年。太后於帝爲從嫂，朝議疑其服。太學博士徐藻議曰：「資父事君而敬同。又禮云『其夫屬父道者，妻皆母道也』，則夫屬君道，妻亦后道矣。服后以齊，母之義也。魯譏逆祀，以明尊卑。〔四〕今上躬奉康、穆、哀皇及靖后之祀，致敬同于所天，豈可敬之以君道，而服廢於本親。謂應齊衰朞。」從之。

穆章何皇后

穆章何皇后諱法倪，廬江灊人也。父準，見外戚傳。以名家膺選。升平元年八月，下璽書曰：「皇帝咨前太尉參軍何琦：混元資始，肇經人倫，爰及夫婦，以奉天地宗廟社稷。謀于公卿，咸以宜率由舊典。今使使持節太常彪之、宗正綜，以禮納采。」琦答曰：「前太尉參軍、都鄉侯糞士臣何琦稽首頓首再拜。皇帝嘉命，訪婚陋族，備數採擇。臣從祖弟故散騎侍郎準之遺女，未閑教訓，衣履若如人。欽承舊章，肅奉典制。」又使兼太保、武陵王晞，兼太尉、中領軍洽，持節奉册立爲皇后。

后無子。哀帝卽位，稱穆皇后，居永安宮。桓玄簒位，移后入司徒府。路經太廟，后停輿慟哭，哀感路人。玄聞而怒曰：「天下禪代常理，何預何氏女子事耶！」乃降后爲零陵縣君。與安帝俱西，至巴陵。及劉裕建義，殷仲文奉后還京都，下令曰：「戎車屢警，黎元阻饑。而饍御豐靡，豈與百姓同其儉約。減損供給，勿令游過。」后時以遠還，欲奉拜陵廟。有司以寇難未平，奏停。元興三年崩，〔五〕年六十六，在位凡四十八年。

哀靖王皇后

哀靖王皇后諱穆之，太原晉陽人也。司徒左長史濛之女也。后初爲琅邪王妃。哀帝卽位，立爲皇后，追贈母爰氏爲安國鄉君。后在位三年，無子。興寧二年崩。

廢帝孝庾皇后

廢帝孝庾皇后諱道憐，潁川鄢陵人也。父冰，自有傳。初爲東海王妃。及帝卽位，立爲皇后。太和六年崩，〔六〕葬于敬平陵。帝廢爲海西公，追貶后曰海西公夫人。太元十一年，海西公薨于吳，〔七〕又以后合葬于吳陵。

簡文宣鄭太后

簡文宣鄭太后諱阿春，河南滎陽人也。世爲冠族。祖合，臨濟令。父愷，字祖元，安豐太守。

后少孤，無兄弟，唯姊妹四人，后最長。先適渤海田氏，生一男而寡，依于舅濮陽吳氏。元帝爲丞相，敬后先崩，將納吳氏女爲夫人。后及吳氏女並游後園，或見之，言於帝曰：「鄭氏女雖麰，賢於吳氏遠矣。」建武元年，納爲琅邪王夫人，甚有寵。后雖貴幸，而恒有憂色。帝問其故，對曰：「妾有妹，中者已適長沙王褒，餘二妹未有所適，恐姊爲人妾，無復求者。」帝因從容謂劉隗曰：「鄭氏二妹，卿可爲求佳對，使不失舊。」隗舉其從子傭娶第三者，以小者適漢中李氏，皆得舊門。帝召王褒爲尙書郎，以悅后意。后生琅邪悼王、簡文帝、尋陽公主。帝稱尊號，后雖爲夫人，詔太子及東海、武陵王皆母事之。帝崩，后稱建平國夫人。

咸和元年薨，簡文帝時爲琅邪王，制服重。有司以王出繼，宜降所生，國臣不能匡正，奏免國相諸葛頤。王上疏曰：「亡母生臨臣國，沒留國第，臣雖出後，亦無所厭，則私情得敍。昔敬后崩，孝王已出繼，亦還服重。此則明比，臣所憲章也。」明穆皇后不奪其志，乃從琅邪王爲會稽王，追號后曰會稽太妃。及簡文帝卽位，未及追尊。臨崩，封皇子道子爲琅邪王，領會稽國，奉太妃祀。

太元十九年，孝武帝下詔曰：「會稽太妃文母之德，徽音有融，誕載聖明，光延于晉。先帝追尊聖善，朝議不一，道以疑屈。朕述遵先志，常惕于心。今仰奉遺旨，依陽秋二漢孝懷皇帝故事，上太妃尊號曰簡文太后。」〔八〕于是立廟于太廟路西，陵曰嘉平。時羣臣希旨，多謂鄭太后應配食于元帝者。帝以問太子前率徐邈，邈曰：「臣案陽秋之義，母以子貴。魯隱尊桓母，別考仲子之宮而不配食于惠廟。又平素之時，不伉儷于先帝，至于子孫，豈可爲祖考立配？其崇尊盡禮，由於臣子，故得稱太后，陵廟備典。若乃祔葬配食，則義所不可。」從之。

簡文順王皇后

簡文順王皇后諱簡姬，太原晉陽人也。父遐，見外戚傳。后以冠族，初爲會稽王妃，生子道生，爲世子。永和四年，母子並失帝意，俱被幽廢，后遂以憂薨。咸安二年，孝武帝卽位，追尊曰順皇后，合葬高平陵，追贈后父遐特進、光祿大夫，加散騎常侍。

孝武文李太后

孝武文李太后諱陵容，本出微賤。始簡文帝爲會稽王，有三子，俱夭。自道生廢黜，獻王早世，其後諸姬絕孕將十年。帝令卜者扈謙筮之，曰：「後房中有一女，當育二貴男，其一終盛晉室。」時徐貴人生新安公主，以德美見寵。帝常冀之有娠，而彌年無子。會有道士許邁者，朝臣時望多稱其得道。帝從容問焉，答曰：「邁是好山水人，本無道術，斯事豈所能判！但殿下德厚慶深，宜隆奕世之緒，當從扈謙之言，以存廣接之道。」帝然之，更加採納。又數年無子，乃令善相者召諸愛妾而示之，皆云非其人，又悉以諸婢媵示焉。時后爲宮人，在織坊中，形長而色黑，宮人皆謂之崐崘。既至，相者驚云：「此其人也。」帝以大計，召之侍寢。后數夢兩龍枕膝，日月入懷，意以爲吉祥，向儕類說之，帝聞而異焉，遂生孝武帝及會稽文孝王、鄱陽長公主。

及孝武帝初卽位，尊爲淑妃。太元三年，進爲貴人。九年，又進爲夫人。十二年，加爲皇太妃，儀服一同太后。十九年，會稽王道子啓：「母以子貴，慶厚禮崇。伏惟皇太妃純德光大，休祐攸鍾，啓嘉祚於聖明，嗣徽音于上列。雖幽顯同謀，而稱謂未盡，非所以仰述聖心，允答天人。宜崇正名號，詳案舊典。」八月辛巳，帝臨軒，遣兼太保劉耽尊爲皇太后，稱崇訓宮。安帝卽位，尊爲太皇太后。

隆安四年，崩于含章殿。朝議疑其服制，左僕射何澄、右僕射王雅、尙書車胤、孔安國、〔九〕祠部郎徐廣等議曰：「太皇太后名位允正，體同皇極，理制備盡，情禮兼申。陽秋之義，母以子貴，旣稱夫人，禮服從正。故成風顯夫人之號，文公服三年之喪。子于父母之所生，體尊義重。且禮祖不厭孫，固宜追服無屈，而緣情立制。若嫌明文不存，則疑斯從重，謂應同于爲祖母後齊衰三年。」從之。皇后及百官皆服齊衰朞，永安皇后一舉哀。於是設廬於西堂，凶儀施于神獸門，葬修平陵，神主祔于宣太后廟。

孝武定王皇后

孝武定王皇后諱法慧，哀靖皇后之姪也。父蘊，見外戚傳。

初，帝將納后，訪于公卿。于時蘊子恭以弱冠見僕射謝安，安深敬重之。旣而謂人曰：「昔毛嘉恥于魏朝，楊駿幾傾晉室。若帝納后，有父者，唯蔭望如王蘊乃可。」旣而訪蘊女，容德淑令，乃舉以應選。寧康三年，中軍將軍桓沖等奏曰：「臣聞天地之道，蓋相須而化成；帝后之德，必相協而政隆。然後品物流形，彝倫攸敍，靈根長固，本枝百世。天人同致，莫不由此。是以塗山作儷，而夏族以熙；妊姒配周，而姬祚以昌。今長秋將建，宜時簡擇。伏聞試守晉陵太守王藴女，天性柔順，四業允備。且盛德之胄，美善先積。臣等參議，可以配德乾元，恭承宗廟，徽音六宮，母儀天下。」於是帝始納焉。封藴妻劉氏爲樂平鄉君。

后性嗜酒驕妒，帝深患之。乃召藴於東堂，具說后過狀，令加訓誡。藴免冠謝焉。后於是少自改飾。太元五年崩，年二十一，葬隆平陵。

安德陳太后

安德陳太后諱歸女，松滋潯陽人也。父廣，以倡進，仕至平昌太守。后以美色能歌彈，入宮爲淑媛，生安、恭二帝。太元十五年薨，贈夫人。追崇曰皇太后，神主祔于宣太后廟，陵曰熙平。

安僖王皇后

安僖王皇后諱神愛，琅邪臨沂人也。父獻之，見別傳；母新安愍公主。后以太元二十一年納爲太子妃。及安帝卽位，立爲皇后。無子。義熙八年崩于徽音殿，時年二十九，葬休平陵。

恭思褚皇后

恭思褚皇后諱靈媛，河南陽翟人，義興太守爽之女也。后初爲琅邪王妃。元熙元年，立爲皇后，生海鹽、富陽公主。及帝禪位于宋，降爲零陵王妃。宋元嘉十三年崩，時年五十三，祔葬沖平陵。

史臣曰：方祇體安，儷乾儀而合德；圓舒循晷，配羲曜以齊明。故知陽爍陰凝，萬物假其陶鑄；火炎水潤，六氣由其調理。取譬賢淑，作伉文思，靈根式固，實資於此。宣穆閑禮，偶德潛鱗，翊天造之艱虞，嗣塗山之逸響，寶運歸其後胤，蓋有母儀之助焉。武元楊氏預聞朝政，明不逮遠，愛溺私情，深杜衞瓘之言，不曉張泓之詐，運其陰沴，韜映乾明，晉道中微，基于是矣。惠皇稟質，天縱其嚚，識暗鳴蛙，智昏文蛤。南風肆狡，扇禍稽天。初踐椒宮，逞梟心于長樂；方覩梓樹，頒鴆羽於離明。褒后滅周，方之蓋小；妹妃傾夏，曾何足喻。中原陷於鳴鏑，其兆彰於此焉。昔者高宗諒闇，總百官於元老，成王沖眇，託萬機於上公。太后御宸，諒知非古。而明穆、康獻，仍世臨朝，時屬委裘，躬行負扆。各免華陽之釁，竟躡和熹之蹤，保陵遲以克終，所幸實爲多矣。

贊曰：二妃光舜，三母翼周。末升夷癸，褒進亡幽。家邦興滅，職此之由。穆后沈斷，忘情執纍。故劍辭恩，池蒲起歎。崇化繁祉，肇基商亂。二楊繼寵，福極災生。南風熾虐，國喪身傾。獻容幸亂，居辱疑榮。援篳廢主，持尺威帝。契闊終羅，殷憂以斃。芬實窈窕，芳菲婉嫕。呂妾變嬴，黃姬化芈。石文遠著，金行潛徙。婦德傾城，迷朱奪紫。

校勘記

〔一〕安陵縣君　斠注：御覽二〇二引中興書「安陵」作「安陽」。按：晉無安陵縣，而有東安陵縣，疑此當作「安陽縣君」。

〔二〕諱陵陽　考異：宋書州郡志杜皇后諱陵，此衍「陽」字。咸康四年以後諱改宣城之陵陽縣爲廣陽，可證后名無「陽」字。

〔三〕及哀帝海西公之世太后復臨朝稱制　李校：哀帝紀惟興寧二年帝以服藥致疾，崇德太后復臨朝攝政，至海西公紀不言有臨朝事，「世」字當是「際」字之誤。

〔四〕以明尊卑　禮志中、宋志二、通典八〇、通考一二一「尊卑」皆作「尊尊」，乃用穀梁傳文公二年「君子不以親親害尊尊」之義。徐藻、徐邈父子治穀梁，此作「尊尊」爲是。

〔五〕元興三年崩　「元興」原作「永興」。商榷：「永興」當作「元興」，自穆帝升平元年至安帝元興三年，正四十八年。按：安紀、建康實錄一〇皆在元興三年，今據改。

〔六〕太和六年崩　「六年」疑當作「元年」。海西公紀、天文志下及宋書禮志三、御覽一五一引晉中興書皆云其死在太和元年。

〔七〕太元十一年海西公薨　「十一年」原作「九年」。海西公紀、孝武紀、建康實錄九、六朝事迹類編俱作「太元十一年」，今據改。

〔八〕簡文太后　斠注：當從孝武紀作「簡文宣太后」。按：册府二九亦有「宣」字。

〔九〕孔安國　據孔安國傳，安國時爲領軍，「孔安國」上疑脫「領軍」二字。

晉書卷三十三

列傳第三

王祥 弟覽

王祥字休徵，琅邪臨沂人，漢諫議大夫吉之後也。祖仁，青州刺史。父融，公府辟不就。祥性至孝。早喪親，繼母朱氏不慈，數譖之，由是失愛於父。每使掃除牛下，祥愈恭謹。父母有疾，衣不解帶，湯藥必親嘗。母常欲生魚，時天寒冰凍，祥解衣將剖冰求之，冰忽自解，雙鯉躍出，持之而歸。母又思黃雀炙，復有黃雀數十飛入其幙，復以供母。鄉里驚歎，以爲孝感所致焉。有丹柰結實，母命守之，每風雨，祥輒抱樹而泣。其篤孝純至如此。

漢末遭亂，扶母攜弟覽避地廬江，隱居三十餘年，〔一〕不應州郡之命。母終，居喪毁瘁，杖而後起。徐州刺史呂虔檄爲别駕，祥年垂耳順，固辭不受。覽勸之，爲具車牛，祥乃應召，虔委以州事。于時寇盜充斥，祥率勵兵士，頻討破之。州界淸靜，政化大行。時人歌之曰：「海沂之康，實賴王祥。邦國不空，別駕之功。」

舉秀才，除溫令，累遷大司農。高貴鄉公卽位，與定策功，封關內侯，拜光祿勳，轉司隸校尉。從討毌丘儉，增邑四百戶，遷太常，封萬歲亭侯。天子幸太學，命祥爲三老。祥南面几杖，以師道自居。天子北面乞言，祥陳明王聖帝君臣政化之要以訓之，聞者莫不砥礪。

及高貴鄉公之弑也，朝臣舉哀，祥號哭曰「老臣無狀」，涕淚交流，衆有愧色。頃之，拜司空，轉太尉，加侍中。五等建，封睢陵侯，邑一千六百戶。

及武帝爲晉王，〔二〕祥與荀顗往謁。顗謂祥曰：「相王尊重，何侯旣已盡敬，今便當拜也。」祥曰：「相國誠爲尊貴，然是魏之宰相。吾等魏之三公，公王相去，一階而已，班例大同，〔三〕安有天子三司而輒拜人者！損魏朝之望，虧晉王之德，君子愛人以禮，吾不爲也。」及入，顗遂拜，而祥獨長揖。帝曰：「今日方知君見顧之重矣！」

武帝踐阼，拜太保，進爵爲公，加置七官之職。帝新受命，虛己以求讜言。祥與何曾、鄭沖等耆艾篤老，希復朝見，帝遣侍中任愷諮問得失，及政化所先。祥以年老疲耄，累乞遜位，帝不許。御史中丞侯史光以祥久疾，闕朝會禮，請免祥官。詔曰：「太保元老高行，朕所毗倚以隆政道者也。前後遜讓，不從所執，此非有司所得議也。」遂寢光奏。祥固乞骸骨，詔聽以睢陵公就第，位同保傅，在三司之右，祿賜如前。詔曰：「古之致仕，不事王侯。今雖以國公留居京邑，不宜復苦以朝請。其賜几杖，不朝，大事皆諮訪之。賜安車駟馬，第一區，錢百萬，絹五百匹，牀帳簟褥，以舍人六人爲睢陵公舍人，置官騎二十人。以公子騎都尉肇爲給事中，使常優游定省。又以太保高潔清素，家無宅宇，其權留本府，須所賜第成乃出。」

及疾篤，著遺令訓子孫曰：「夫生之有死，自然之理。吾年八十有五，啓手何恨。不有遺言，使爾無述。吾生值季末，登庸歷試，無毗佐之勳，沒無以報。氣絕但洗手足，不須沐浴，勿纏尸，皆澣故衣，隨時所服。所賜山玄玉佩、衞氏玉玦、綬笥皆勿以斂。西芒上土自堅貞，勿用甓石，勿起墳隴。穿深二丈，椁取容棺。勿作前堂、布几筵、置書箱鏡奩之具，棺前但可施牀榻而已。糒脯各一盤，玄酒一杯，爲朝夕奠。家人大小不須送喪，大小祥乃設特牲。無違余命！高柴泣血三年，夫子謂之愚。閔子除喪出見，援琴切切而哀，仲尼謂之孝。故哭泣之哀，日月降殺，飲食之宜，自有制度。夫言行可覆，信之至也；推美引過，德之至也；揚名顯親，孝之至也；兄弟怡怡，宗族欣欣，悌之至也；臨財莫過乎讓：此五者，立身之本。顏子所以爲命，未之思也，夫何遠之有！」其子皆奉而行之。

泰始五年薨，〔四〕詔賜東園祕器，朝服一具，衣一襲，錢三十萬，布帛百匹。時文明皇太后崩始踰月。其後詔曰：「爲睢陵公發哀，事乃至今。雖每爲之感傷，要未得特敍哀情。今便哭之。」明年，策謚曰元。

祥之薨，奔赴者非朝廷之賢，則親親故吏而已，〔五〕門無雜弔之賓。族孫戎嘆曰：「太保可謂清達矣！」又稱：「祥在正始，不在能言之流。及與之言，理致清遠，將非以德掩其言乎！」祥有五子：肇、夏、馥、烈、芬。

肇孽庶，夏早卒，馥嗣爵。咸寧初，以祥家甚貧儉，賜絹三百匹，拜馥上洛太守，卒謚曰孝。子根嗣，散騎郎。肇仕至始平太守。肇子俊，守太子舍人，封永世侯。俊子遐，鬱林太守。烈、芬並幼知名，爲祥所愛。二子亦同時而亡。將死，烈欲還葬舊土，芬欲留葬京邑。祥流涕曰：「不忘故鄉，仁也；不戀本土，達也。惟仁與達，吾二子有焉。」

覽字玄通。母朱，遇祥無道。覽年數歲，見祥被楚撻，輒涕泣抱持。至于成童，每諫其母，其母少止凶虐。朱屢以非理使祥，覽輒與祥俱。又虐使祥妻，覽妻亦趨而共之。朱患之，乃止。祥喪父之後，漸有時譽。朱深疾之，密使酖祥。覽知之，徑起取酒。祥疑其有毒，爭而不與。朱遽奪反之。自後朱賜祥饌，覽輒先嘗。朱懼覽致斃，遂止。

覽孝友恭恪，名亞於祥。及祥仕進，覽亦應本郡之召，稍遷司徒西曹掾、清河太守。五等建，封即丘子，邑六百戶。泰始末，除弘訓少府。職省，轉太中大夫，祿賜與卿同。咸寧初，詔曰：「覽少篤至行，服仁履義，貞素之操，長而彌固。其以覽爲宗正卿。」頃之，以疾上疏乞骸骨。詔聽之，以太中大夫歸老，賜錢二十萬，牀帳薦褥，遣殿中醫療疾給藥。後轉光祿大夫，門施行馬。

咸寧四年卒，時年七十三，謚曰貞。有六子：裁、基、會、正、彥、琛。裁字士初，撫軍長史。基字士先，治書御史。會字士和，侍御史。正字士則，尚書郎。彥字士治，中護軍。琛字士瑋，國子祭酒。

初，呂虔有佩刀，工相之，以爲必登三公，可服此刀。虔謂祥曰：「苟非其人，刀或爲害。卿有公輔之量，故以相與。」祥固辭，强之乃受。祥臨薨，以刀授覽，曰：「汝後必興，足稱此刀。」覽後奕世多賢才，興於江左矣。裁子導，別有傳。

鄭沖

鄭沖字文和，滎陽開封人也。起自寒微，卓爾立操，清恬寡欲，耽玩經史，遂博究儒術及百家之言。有姿望，動必循禮，任眞自守，不要鄉曲之譽，由是州郡久不加禮。

及魏文帝爲太子，搜揚側陋，命沖爲文學，累遷尙書郎，出補陳留太守。沖以儒雅爲德，莅職無幹局之譽，簞食縕袍，不營資產，世以此重之。大將軍曹爽引爲從事中郎，轉散騎常侍、光祿勳。嘉平三年，拜司空。及高貴鄉公講尚書，沖執經親授，與侍中鄭小同俱被賞賜。俄轉司徒。常道鄉公卽位，拜太保，位在三司之上，封壽光侯。沖雖位階台輔，而不預世事。時文帝輔政，平蜀之後，命賈充、羊祜等分定禮儀、律令，皆先諮於沖，然後施行。

及魏帝告禪，使沖奉策。武帝踐阼，拜太傅，進爵爲公。頃之，司隸李憙、〔六〕中丞侯史光奏沖及何曾、荀顗等各以疾病，俱應免官。帝不許。沖遂不視事，表乞骸骨。優詔不許，遣使申喩。沖固辭，上貂蟬印綬，詔又不許。泰始六年，詔曰：「昔漢祖以知人善任，克平宇宙，推述勳勞，歸美三俊。遂與功臣剖符作誓，藏之宗廟，副在有司，所以明德庸勳，藩翼王室者也。昔我祖考，遭世多難，攬授英儁，與之斷金，遂濟時務，克定大業。太傅壽光公鄭沖、太保朗陵公何曾、太尉臨淮公荀顗各尙德依仁，明允篤誠，翼亮先皇，光濟帝業。故司空博陵元公王沈、衞將軍鉅平侯羊祜才兼文武，忠肅居正，朕甚嘉之。書不云乎：『天秩有禮，五服五章哉！』其爲壽光、朗陵、臨淮、博陵、鉅平國置郎中令，假夫人、世子印綬，食本秩三分之一，皆如郡公侯比。」

九年，沖又抗表致仕。詔曰：「太傅韞德深粹，履行高潔，恬遠淸虛，確然絕世。艾服王事，六十餘載，忠肅在公，慮不及私。遂應衆舉，歷登三事。仍荷保傅之重，綢繆論道之任，光輔奕世，亮茲天工，迪宣謀猷，弘濟大烈，可謂朝之儁老，衆所具瞻者也。朕昧于政道，庶事未康，挹仰耆訓，導揚厥蒙，庶賴顯德，緝熙有成。而公屢以年高疾篤，致仕告退。惟從公志，則朕孰與諮謀？譬彼涉川，罔知攸濟。是用未許，迄于累載。而高讓彌篤，至意難違，覽其盛指，俾朕憮然。夫功成弗有，上德所隆，成人之美，君子與焉。豈必遂朕憑賴之心，以枉大雅進止之度哉！今聽其所執，以壽光公就第，位同保傅，在三司之右。公宜頤精養神，保衞太和，以究遐福。其賜几杖，不朝。古之哲王，欽祇國老，憲行乞言，以彌縫其闕。若朝有大政，皆就諮之。又賜安車駟馬，第一區，錢百萬，絹五百匹，牀帷簟褥，置舍人六人，官騎二十人。以世子徽爲散騎常侍，使常優游定省。祿賜所供，策命儀制，一如舊典而有加焉。」

明年薨。帝於朝堂發哀，追贈太傅，賜祕器，朝服，衣一襲，錢三十萬，布百匹。謚曰成。咸寧初，有司奏，沖與安平王孚等十二人皆存銘太常，配食于廟。

初，沖與孫邕、曹羲、荀顗、何晏共集論語諸家訓注之善者，記其姓名，因從其義，有不安者輒改易之，名曰論語集解。成，奏之魏朝，于今傳焉。

沖無子，以從子徽爲嗣，位至平原內史。徽卒，子簡嗣。

何曾 子劭 遵

何曾字穎考，陳國陽夏人也。父夔，魏太僕、陽武亭侯。曾少襲爵，好學博聞，與同郡袁侃齊名。魏明帝初爲平原侯，〔七〕曾爲文學。及即位，累遷散騎侍郎、汲郡典農中郎將、給事黄門侍郎。上疏曰：「臣聞爲國者以清靜爲基，而百姓以良吏爲本。今海内虚耗，事役衆多，誠宜恤養黎元，悦以使人。郡守之權雖輕，猶專任千里，比之於古，則列國之君也。上當奉宣朝恩，以致惠和，下當興利而除其害。得其人則可安，非其人則爲患。故漢宣稱曰：『百姓所以安其田里，而無歎息愁恨之心者，政平訟理也。與我共此者，其惟良二千石乎！』此誠可謂知政之本也。方今國家大舉，新有發調，軍師遠征，上下劬勞。夫百姓可與樂成，難與慮始。愚惑之人，能厭目前之小勤，而忘爲亂之大禍者，是以郡守益不可不得其人。才雖難備，猶宜粗有威恩，爲百姓所信憚者。臣聞諸郡守，有年老或疾病，皆委政丞掾，不恤庶事。或體性疏怠，不以政理爲意。在官積年，惠澤不加於人。然於考課之限，罪亦不至詘免。故得經延歲月，而無斥罷之期。臣愚以爲可密詔主者，使隱核參訪郡守，其有老病不隱親人物，及宰牧少恩，好修人事，煩撓百姓者，皆可徵還，爲更選代。」頃之，遷散騎常侍。

及宣帝將伐遼東，曾上疏魏帝曰：「臣聞先王制法，必全於慎。故建官受任，則置副佐；陳師命將，則立監貳；宣命遣使，則設介副；臨敵交刃，又參御右，蓋以盡思謀之功，防安危之變也。是以在險當難，則權足相濟；隕缺不豫，則才足相代。其爲國防，至深至遠。及至漢氏，亦循舊章，韓信伐趙，張耳爲貳；馬援討越，劉隆副軍。前世之迹，著在篇志。今太尉奉辭誅罪，精甲銳鋒，步騎數萬，道路迴阻，且四千里。雖假天威，有征無戰，寇或潛遁，消引日月。命無常期，人非金石，遠慮詳備，誠宜有副。今北軍諸將及太尉所督，皆爲僚屬，名位不殊，素無定分統御之尊，卒有變急，不相鎮攝。存不忘亡，聖達所裁。臣愚以爲宜選大臣名將威重宿著者，成其禮秩，〔八〕遣詣北軍，進同謀略，退爲副佐。雖有萬一不虞之變，軍主有儲，則無患矣。」帝不從。出補河內太守，在任有威嚴之稱。徵拜侍中，母憂去官。嘉平中，爲司隸校尉。撫軍校事尹模憑寵作威，〔九〕姦利盈積，朝野畏憚，莫敢言者。曾奏劾之，朝廷稱焉。時曹爽專權，宣帝稱疾，曾亦謝病。爽誅，乃起視事。魏帝之廢也，曾預其謀焉。

時步兵校尉阮籍負才放誕，居喪無禮。曾面質籍於文帝座曰：「卿縱情背禮，敗俗之人，今忠賢執政，綜核名實，若卿之曹，不可長也。」因言於帝曰：「公方以孝治天下，而聽阮籍以重哀飲酒食肉於公座。宜擯四裔，無令汚染華夏。」帝曰：「此子羸病若此，君不能爲吾忍邪！」曾重引據，辭理甚切。帝雖不從，時人敬憚之。

毌丘儉誅，子甸、妻荀應坐死。其族兄顗、族父虞並景帝姻通，共表魏帝以匄其命。詔聽離婚。荀所生女芝爲潁川太守劉子元妻，亦坐死，以懷妊繫獄。荀辭詣曾乞恩曰：「芝繫在廷尉，顧影知命，計日備法。乞沒爲官婢，以贖芝命。」曾哀之，騰辭上議。朝廷僉以爲當，遂改法。語在刑法志。

曾在司隸積年，遷尚書。正元年中爲鎭北將軍、〔一〇〕都督河北諸軍事、假節。將之鎭，文帝使武帝、齊王攸辭送數十里。曾盛爲賓主，備太牢之饌。侍從吏騶，莫不醉飽。帝既出，又過其子劭。曾先敕劭曰：「客必過汝，汝當豫嚴。」劭不冠帶，停帝良久，曾深以譴劭。曾見崇重如此。遷征北將軍，進封潁昌鄉侯。咸熙初，拜司徒，改封朗陵侯。文帝爲晉王，曾與高柔、鄭沖俱爲三公，將入見，曾獨致拜盡敬，二人猶揖而已。

武帝襲王位，以曾爲晉丞相，加侍中。與裴秀、王沈等勸進。踐阼，拜太尉，進爵爲公，食邑千八百戶。泰始初，詔曰：「蓋謨明弼諧，王躬是保，所以宣崇大訓，克咸四海也。侍中、太尉何曾，立德高峻，執心忠亮，博物洽聞，明識弘達，翼佐先皇，勳庸顯著。朕纂洪業，首相王室。迪惟前人，施于朕躬。實佐命興化，光贊政道。夫三司之任，雖左右王事，若乃予違汝弼，匡奬不逮，則存乎保傅。故將明袞職，未如用乂厥辟之重。其以曾爲太保，侍中如故。」久之，以本官領司徒。曾固讓，不許。遣散騎常侍諭旨，乃視事。進位太傅。

曾以老年，屢乞遜位。詔曰：「太傅明朗高亮，執心弘毅，可謂舊德老成，國之宗臣者也。而高尚其事，屢辭祿位。朕以寡德，憑賴保佑，省覽章表，實用憮然。雖欲成人之美，豈得遂其雅志，而忘翼佐之益哉！又司徒所掌務煩，不可久勞耆艾。其進太宰，侍中如故。〔二〕朝會劍履乘輿上殿，如漢相國蕭何、田千秋、魏太傅鍾繇故事。賜錢百萬，絹五百匹及八尺牀帳簟褥自副。置長史掾屬祭酒及員吏，一依舊制。所給親兵官騎如前。主者依次按禮典，務使優備。」後每召見，敕以常所飲食服物自隨，令二子侍從。

咸寧四年薨，時年八十。帝於朝堂素服舉哀，賜東園祕器，朝服一具，衣一襲，錢三十萬，布百匹。將葬，下禮官議謚。博士秦秀謚爲「繆醜」，帝不從，策謚曰孝。太康末，子劭自表改謚爲元。

曾性至孝，閨門整肅，自少及長，無聲樂嬖幸之好。年老之後，與妻相見，皆正衣冠，相待如賓。己南向，妻北面，再拜上酒，酬酢既畢便出。一歲如此者不過再三焉。初，司隸校尉傅玄著論稱曾及荀顗曰：「以文王之道事其親者，其潁昌何侯乎，其荀侯乎！古稱曾、閔，今曰荀、何。內盡其心以事其親，外崇禮讓以接天下。孝子，百世之宗；仁人，天下之命。有能行孝之道，君子之儀表也。詩云：『高山仰止，景行行止。』令德不遵二夫子之景行者，非樂」又曰：「潁昌侯之事親，其盡孝子之道乎！存盡其和，事盡其敬，亡盡其哀，予於潁昌侯見之矣。」又曰：「見其親之黨，如見其親，六十而孺慕，予於潁昌侯見之矣。」

然性奢豪，務在華侈。帷帳車服，窮極綺麗，廚膳滋味，過於王者。每燕見，不食太官所設，帝輒命取其食。蒸餅上不坼作十字不食。食日萬錢，猶曰無下箸處。人以小紙爲書者，敕記室勿報。劉毅等數劾奏曾侈忲無度，帝以其重臣，一無所問。都官從事劉享嘗奏曾華侈，以銅鉤紖車，瑩牛蹄角。後曾辟享爲掾，或勸勿應。享謂至公之體，不以私憾，遂應辟。曾常因小事加享杖罰。其外寬內忌，亦此類也。時司空賈充權擬人主，曾卑充而附之。及充與庾純因酒相競，曾議黨充而抑純，以此爲正直所非。二子：遵、劭。劭嗣。

劭字敬祖，少與武帝同年，有總角之好。帝爲王太子，以劭爲中庶子。及卽位，轉散騎常侍，甚見親待。劭雅有姿望，遠客朝見，必以劭侍直。每諸方貢獻，帝輒賜之，而觀其占謝焉。咸寧初，有司奏劭及兄遵等受故鬲令袁毅貨，雖經赦宥，宜皆禁止。事下廷尉。詔曰：「太保與毅有累世之交，遵等所取差薄，一皆置之。」遷侍中尚書。

惠帝卽位，初建東宮，太子年幼，欲令親萬機，故盛選六傅，以劭爲太子太師，通省尙書事。後轉特進，累遷尙書左僕射。

劭博學，善屬文，陳說近代事，若指諸掌。永康初，遷司徒。趙王倫篡位，以劭爲太宰。及三王交爭，劭以軒冕而游其間，無怨之者。而驕奢簡貴，亦有父風。衣裘服翫，新故巨積。食必盡四方珍異，一日之供以錢二萬爲限。時論以爲太官御膳，無以加之。然優游自足，不貪權勢。嘗語鄉人王詮曰：「僕雖名位過幸，少無可書之事，惟與夏侯長容諫授博士，可傳史册耳。」所撰荀粲、王弼傳及諸奏議文章並行於世。永寧元年薨，贈司徒，謚曰康。子岐嗣。

劭初亡，袁粲弔岐，岐辭以疾。粲獨哭而出曰：「今年決下婢子品。」王詮謂之曰：「知死弔死，何必見生！岐前多罪，爾時不下，何公新亡，便下岐品，人謂中正畏强易弱。」〔一三〕粲乃止。

遵字思祖，劭庶兄也。少有幹能。起家散騎黄門郎、散騎常侍、侍中，累轉大鴻臚。性亦奢忲，役使御府工匠作禁物，又鬻行器，爲司隸劉毅所奏，免官。太康初，起爲魏郡太守，遷太僕卿，又免官，卒於家。四子，嵩、綏、機、羨。

嵩字泰基，寬弘愛士，博觀墳籍，尤善史漢。少歷清官，領著作郎。

綏字伯蔚，位至侍中尚書。自以繼世名貴，奢侈過度，性既輕物，翰札簡傲。城陽王尼見綏書疏，謂人曰：「伯蔚居亂而矜豪乃爾，豈其免乎！」劉輿、潘滔譖之於東海王越，越遂誅綏。初，曾侍武帝宴，退而告遵等曰：「國家應天受禪，創業垂統。吾每宴見，未嘗聞經國遠圖，惟說平生常事，非貽厥孫謀之兆也。及身而已，後嗣其殆乎！此子孫之憂也。汝等猶可獲沒。」指諸孫曰：「此等必遇亂亡也。」及綏死，嵩哭之曰：「我祖其大聖乎！」

機爲鄴平令。性亦矜傲，責鄉里謝鯤等拜。或戒之曰：「禮敬年爵，以德爲主。令鯤拜勢，懼傷風俗。」機不以爲慚。

羨爲離狐令。旣驕且吝，陵駕人物，鄉閭疾之如讎。永嘉之末，何氏滅亡無遺焉。

石苞 子崇　歐陽建　孫鑠

石苞字仲容，渤海南皮人也。雅曠有智局，容儀偉麗，不修小節。故時人爲之語曰：「石仲容，姣無雙。」縣召爲吏，給農司馬。會謁者陽翟郭玄信奉使，求人爲御，司馬以苞及鄧艾給之。行十餘里，玄信謂二人曰：「子後並當至卿相。」苞曰：「御隸也，何卿相乎？」既而又被使到鄴，事久不決，乃販鐵於鄴市。市長沛國趙元儒名知人，見苞，異之，因與結交。

歎苞遠量，當至公輔，由是知名。見吏部郎許允，求爲小縣。允謂苞曰：「卿是我輩人，當相引在朝廷，何欲小縣乎？」苞還歎息，不意允之知己乃如此也。

稍遷景帝中護軍司馬。宣帝聞苞好色薄行，以讓景帝。帝答曰：「苞雖細行不足，而有經國才略。夫貞廉之士，未必能經濟世務。是以齊桓忘管仲之奢僭，而錄其匡合之大謀；漢高捨陳平之汚行，而取其六奇之妙算。苞雖未可以上儔二子，亦今日之選也。」意乃釋。徙鄴典農中郎將。時魏世王侯多居鄴下，尚書丁謐貴傾一時，並較時利。苞奏列其事，由是益見稱。歷東萊、琅邪太守，所在皆有威惠。遷徐州刺史。

文帝之敗於東關也，苞獨全軍而退。帝指所持節謂苞曰：「恨不以此授卿，以究大事。」乃遷苞爲奮武將軍、假節、監青州諸軍事。及諸葛誕舉兵淮南，苞統青州諸軍，督兗州刺史州泰、徐州刺史胡質，簡銳卒爲游軍，以備外寇。吳遣大將朱異、丁奉等來迎，誕等留輜重於都陸，輕兵渡黎水。苞等逆擊，大破之。泰山太守胡烈以奇兵詭道襲都陸，盡焚其委輸，異等收餘衆而退。壽春平，拜苞鎭東將軍，封東光侯、假節。頃之，代王基都督揚州諸軍事。苞因入朝。當還，辭高貴鄉公，留語盡日。既出，白文帝曰：「非常主也。」數日而有成濟之事。後進位征東大將軍，俄遷驃騎將軍。

文帝崩，賈充、荀勖議葬禮未定。苞時奔喪，慟哭曰：「基業如此，而以人臣終乎！」葬禮乃定。後每與陳騫諷魏帝以曆數已終，天命有在。及禪位，苞有力焉。武帝踐阼，遷大司馬，進封樂陵郡公，加侍中，羽葆鼓吹。

自諸葛誕破滅，苞便鎮撫淮南，士馬强盛，邊境多務，苞既勤庶事，又以威德服物。淮北監軍王琛輕苞素微，又聞童謠曰：「宮中大馬幾作驢，大石壓之不得舒。」因是密表苞與吳人交通。先時望氣者云「東南有大兵起」。及琛表至，武帝甚疑之。會荆州刺史胡烈表吳人欲大出爲寇，苞亦聞吳師將入，乃築壘遏水以自固。帝聞之，謂羊祜曰：「吳人每來，常東西相應，無緣偏爾，豈石苞果有不順乎？」祜深明之，而帝猶疑焉。會苞子喬爲尚書郎，上召之，經日不至。帝謂爲必叛，欲討苞而隱其事。遂下詔以苞不料賊勢，築壘遏水，勞擾百姓，策免其官。遣太尉義陽王望率大軍徵之，以備非常。又敕鎮東將軍、〔一三〕琅邪王伷自下邳會壽春。苞用掾孫鑠計，放兵步出，住都亭待罪。帝聞之，意解。及苞詣闕，以公還第。苞自恥受任無效而無怨色。

時鄴奚官督郭廙上書理苞。帝詔曰：「前大司馬苞忠允清亮，才經世務，幹用之績，所歷可紀。宜掌教典，以讚時政。其以苞爲司徒。」有司奏：「苞前有折撓，不堪其任。以公還第，已爲弘厚，不宜擢用。」詔曰：「吳人輕脆，終無能爲。故疆場之事，但欲完固守備，使不得越逸而已。以苞計畫不同，慮敵過甚，故徵還更授。昔鄧禹撓於關中，而終輔漢室，豈以一眚而掩大德哉！」於是就位。

苞奏：「州郡農桑未有賞罰之制，宜遣掾屬循行，皆當均其土宜，舉其殿最，然後黜陟焉。」詔曰：「農殖者，爲政之本，有國之大務也。雖欲安時興化，不先富而敎之，其道無由。而至今四海多事，軍國用廣，加承征伐之後，屢有水旱之事，倉庫不充，百姓無積。古者稼穡樹蓺，司徒掌之。今雖登論道，然經國立政，惟時所急，故陶唐之世，稷官爲重。今司徒位當其任，乃心王事，有毀家紓國，乾乾匪躬之志。其使司徒督察州郡播殖，將委事任成，垂拱仰辦。若宜有所循行者，其增置掾屬十人，聽取王官更練事業者。」苞在位稱爲忠勤，帝每委任焉。

泰始八年薨。帝發哀於朝堂，賜祕器，朝服一具，衣一襲，錢三十萬，布百匹。及葬，給節、幢、麾、曲蓋、追鋒車、鼓吹、介士、大車，皆如魏司空陳泰故事，車駕臨送於東掖門外。策謚曰武。咸寧初，詔苞等並爲王功，列於銘饗。

苞豫爲終制曰：「延陵薄葬，孔子以爲達禮；華元厚葬，春秋以爲不臣，古之明義也。自今死亡者，皆斂以時服，不得兼重。又不得飯晗，爲愚俗所爲。又不得設牀帳明器也。定窆之後，復土滿坎，一不得起墳種樹。昔王孫裸葬矯時，其子奉命，君子不譏，況於合禮典者耶？」諸子皆奉遵遺令，又斷親戚故吏設祭。有六子：越、喬、統、浚、儁、崇。以統爲嗣。

統字弘緒，歷位射聲校尉、大鴻臚。子順，爲尙書郎。

越字弘倫，早卒。

喬字弘祖，歷尙書郎、散騎侍郎。帝旣召喬不得，深疑苞反。及苞至，有慚色，謂之曰「卿子幾破卿門」。苞遂廢之，終身不聽仕。又以有穢行，徙頓丘，與弟崇同被害。二子超、熙亡走得免。成都王穎之起義也，以超爲折衝將軍，討孫秀，以功封侯。又爲振武將軍，征荆州賊李辰。穎與長沙王乂相攻，超常爲前鋒，遷中護軍。陳眕等挾惠帝北伐，超走還鄴。穎使超距帝於蕩陰，王師敗績，超逼帝幸鄴宮。會王浚攻穎於鄴，穎以超爲右將軍以距浚，大敗而歸。從駕之洛陽，西遷長安。河間王顒以超領北中郎將，使與穎共距東海王越。超於滎陽募兵，右將軍王闡與典兵中郎趙則並受超節度，爲豫州刺史劉喬繼援。范陽王虓逆擊斬超，而熙得走免。永嘉中，爲太傅越參軍。

浚字景倫，淸儉有鑒識，敬愛人物。位至黃門侍郎，爲當世名士，早卒。

儁字彥倫，少有名譽，議者稱爲令器。官至陽平太守，早卒。

崇字季倫，生於青州，故小名齊奴。少敏惠，勇而有謀。苞臨終，分財物與諸子，獨不及崇。其母以爲言，苞曰：「此兒雖小，後自能得。」年二十餘，爲修武令，有能名。入爲散騎郎，遷城陽太守。伐吳有功，封安陽鄉侯。在郡雖有職務，好學不倦，以疾自解。頃之，拜黃門郎。

兄統忤扶風王駿，有司承旨奏統，將加重罰，既而見原。以崇不詣闕謝恩，有司欲復加統罪。崇自表曰：「臣兄統以先父之恩，早被優遇，出入清顯，歷位盡勤。伏度聖心，有以垂察。近爲扶風王駿橫所誣謗，司隸中丞等飛筆重奏，劾案深文，累塵天聽。臣兄弟跼蹐，憂心如悸。駿戚屬尊重，權要赫奕。內外有司，望風承旨。苟有所惡，易於投卵。自統枉劾以來，臣兄弟不敢一言稍自申理。戢舌鉗口，惟須刑書。古人稱『榮華於順旨，枯槁於逆違』，誠哉斯言，於今信矣。是以雖董司直繩，不能不深其文，抱枉含謗，不得不輸其理。幸賴陛下天聽四達，靈鑒昭遠，存先父勳德之重，察臣等勉勵之志。中詔申料，罪譴澄雪。臣等刻肌碎首，未足上報。臣卽以今月十四日，與兄統、浚等詣公車門拜表謝恩。伏度奏御之日，暫經天聽。此月二十日，忽被蘭臺禁止符，以統蒙宥，恩出非常，臣晏然私門，曾不陳謝，復見彈奏，訕辱理盡。臣始聞此，惶懼狼狽，靜而思之，固無怪也。苟尊勢所驅，何所不至，望奉法之直繩，不可得也。臣以凡才，累荷顯重，不能負載析薪，以答萬分。一月之中，奏劾頻加，曲之與直，非臣所計。所愧不能承奉戚屬，自陷於此。不媚於竈，實愧王孫。隨巢子稱『明君之德，察情爲上，察事次之』。所懷具經聖聽，伏待罪黜，無所多言。」由是事解。

累遷散騎常侍、侍中。

武帝以崇功臣子，有幹局，深器重之。元康初，楊駿輔政，大開封賞，多樹黨援。崇與散騎郎蜀郡何攀共立議，奏於惠帝曰：「陛下聖德光被，皇靈啓祚，正位東宮，二十餘年，道化宣流，萬國歸心。今承洪基，此乃天授。至於班賞行爵，優於泰始革命之初。不安一也。吳會僭逆，幾於百年，邊境被其荼毒，朝廷爲之旰食。先帝決獨斷之聰，奮神武之略，蕩滅逋寇，易於摧枯。然謀臣猛將，猶有致思竭力之效。〔一四〕而今恩澤之封，優於滅吳之功。不安二也。上天眷祐，實在大晉，卜世之數，未知其紀。今之開制，當垂于後。若尊卑無差，有爵必進，數世之後，莫非公侯。不安三也。臣等敢冒陳聞。竊謂泰始之初，及平吳論功，制度名牒，皆悉具存。縱不能遠遵古典，尚當依準舊事。」書奏，弗納。出爲南中郎將、荊州刺史，領南蠻校尉，加鷹揚將軍。崇在南中，得鴆鳥雛，以與後軍將軍王愷。時制，鴆鳥不得過江，爲司隸校尉傅祗所糾，詔原之，燒鴆於都街。

崇穎悟有才氣，而任俠無行檢。在荊州，劫遠使商客，致富不貲。徵爲大司農，以徵書未至擅去官免。頃之，拜太僕，出爲征虜將軍，假節、監徐州諸軍事，鎮下邳。崇有別館在河陽之金谷，一名梓澤，送者傾都，帳飲於此焉。至鎮，與徐州刺史高誕爭酒相侮，爲軍司所奏，免官。復拜衛尉，與潘岳諂事賈謐。謐與之親善，號曰「二十四友」。廣城君每出，崇降車路左，望塵而拜，其卑佞如此。

財產豐積，室宇宏麗。後房百數，皆曳紈繡，珥金翠。絲竹盡當時之選，庖膳窮水陸之珍。與貴戚王愷、羊琇之徒以奢靡相尚。愷以粭澳釜，崇以蠟代薪。愷作紫絲布步障四十里，崇作錦步障五十里以敵之。崇塗屋以椒，愷用赤石脂。崇、愷爭豪如此。武帝每助愷，嘗以珊瑚樹賜之，高二尺許，枝柯扶疏，世所罕比。愷以示崇，崇便以鐵如意擊之，應手而碎。愷既惋惜，又以爲嫉己之寶，聲色方厲。崇曰：「不足多恨，今還卿。」乃命左右悉取珊瑚樹，有高三四尺者六七株，條幹絕俗，光彩曜日，如愷比者甚衆。愷怳然自失矣。

崇爲客作豆粥，咄嗟便辦。每冬，得韮蓱齏。嘗與愷出游，爭入洛城，崇牛迅若飛禽，愷絕不能及。愷每以此三事爲恨，乃密貨崇帳下問其所以。答云：「豆至難煮，豫作熟末，客來，但作白粥以投之耳。韮蓱齏是擣韮根雜以麥苗耳。牛奔不遲，〔一五〕良由馭者逐不及反制之，可聽蹁轅則駃矣。」〔一六〕於是悉從之，遂爭長焉。崇後知之，因殺所告者。

嘗與王敦入太學，見顏回、原憲之象，顧而歎曰：「若與之同升孔堂，去人何必有間。」敦曰：「不知餘人云何，子貢去卿差近。」崇正色曰：「士當身名俱泰，〔一七〕何至甕牖哉！」其立意類此。

劉輿兄弟少時爲王愷所嫉，愷召之宿，因欲坑之。崇素與輿等善，聞當有變，夜馳詣愷，問二劉所在，愷迫卒不得隱。崇徑進於後齋索出，〔一八〕同車而去。語曰：「年少何以輕就人宿！」與深德之。

及賈謐誅，崇以黨與免官。時趙王倫專權，崇甥歐陽建與倫有隙。崇有妓曰綠珠，美而豔，善吹笛。孫秀使人求之。崇時在金谷別館，方登涼臺，臨清流，婦人侍側。使者以告。崇盡出其婢妾數十人以示之，皆蘊蘭麝，被羅縠，曰：「在所擇。」使者曰：「君侯服御麗則麗矣，然本受命指索綠珠，不識孰是？」崇勃然曰：「綠珠吾所愛，不可得也。」使者曰：「君侯博古通今，察遠照邇，願加三思。」崇曰：「不然。」使者出而又反，崇竟不許。秀怒，乃勸倫誅崇、建。崇、建亦潛知其計，乃與黃門郎潘岳陰勸淮南王允、齊王冏以圖倫、秀。秀覺之，遂矯詔收崇及潘岳、歐陽建等。崇正宴於樓上，介士到門。崇謂綠珠曰：「我今爲爾得罪。」綠珠泣曰：「當效死於官前。」因自投于樓下而死。崇曰：「吾不過流徙交、廣耳。」及車載詣東市，崇乃歎曰：「奴輩利吾家財。」收者答曰：「知財致害，何不早散之？」崇不能答。崇母兄妻子無少長皆被害，死者十五人。崇時年五十二。

初，崇家稻米飯在地，經宿皆化爲螺，時人以爲族滅之應。有司簿閱崇水碓三十餘區，蒼頭八百餘人，〔一九〕他珍寶貨賄田宅稱是。

及惠帝復阼，詔以卿禮葬之。封崇從孫演爲樂陵公。

萇曾孫樸字玄眞，〔二○〕爲人謹厚，無他材藝，沒於胡。石勒以與樸同姓，俱出河北，引樸爲宗室，特加優寵，位至司徒。

歐陽建字堅石，世爲冀方右族。雅有理思，才藻美贍，擅名北州。時人爲之語曰：「渤海赫赫，歐陽堅石。」辟公府，歷山陽令、尙書郎、馮翊太守，甚得時譽。及遇禍，莫不悼惜之。年三十餘。臨命作詩，文甚哀楚。

孫鑠字巨鄴，河內懷人也。少樂爲縣吏，〔二一〕太守吳奮轉以爲主簿。鑠自微賤登綱紀，時僚大姓猶不與鑠同坐。〔二二〕奮大怒，遂薦鑠爲司隸都官從事。司隸校尉劉訥甚知賞之。于時奮又薦鑠於大司馬石苞，苞辟爲掾。鑠將應命，行達許昌，會臺已密遣輕軍襲苞。于時汝陰王鎭許，鑠過謁之。王先識鑠，以鄉里之情私告鑠曰：「無與禍。」鑠旣出，卽馳詣壽春，爲苞畫計，苞賴而獲免。遷尙書郎，在職駁議十有餘事，爲當時所稱。

史臣曰：若夫經爲帝師，鄭沖於焉無愧；孝爲德本，王祥所以當仁；何曾善其親而及其親之黨者也。夏禹恭儉，殷因損益。牲牢服用，各有品章，諸侯不恒牛，命士不恒豕。禦而驕奢，其關乎治政。乘時立制，莫不由之。石崇學乃多聞，情乖寡悔，超四豪而取富，喻五侯而競爽。春畦藿靡，列於凝沍之晨；錦障逶迤，亘以山川之外。撞鐘舞女，流宕忘歸，至於金谷含悲，吹樓將墜，所謂高蟬處乎輕陰，不知螳蜋襲其後也。

贊曰：鄭沖含素，王祥遲暮。百行斯融，雙飛天路。何石殊操，芳餌標奇。帝風流靡，崇心載馳。矜奢不極，寇害成貲。邦分身墜，樂往哀隨。

校勘記

〔一〕隱居三十餘年　考異：祥以泰始五年薨，年八十五，上溯漢建安九年，祥始二十歲，卽使避地更在其前，距爲徐州別駕之日祇二十餘年耳。此「三十」當爲「二十」之誤。

〔二〕武帝爲晉王　桂馥札樸三：「武帝」爲「文帝」之誤，何曾傳不誤。斠注：世說簡傲注引漢晉春秋作「文王」。按：桂說是。魏志呂虔傳注引王隱晉書，御覽五四三引晉陽秋皆可證。

〔三〕班例大同　斠注：魏志三少帝紀注引漢晉春秋「例」作「列」。按：白帖七〇、御覽一九八引晉書並作「列」。

〔四〕泰始五年薨　勞校：三國志呂虔傳注引王隱晉書云泰始四年薨，與本紀合。下云「時文明皇后崩始踰月」，考后崩亦在四年，則云「五年」者誤。

〔五〕則親親故吏而已　册府三一〇「親親」作「親舊」，記纂淵海五八作「親戚」。

〔六〕李憙　「憙」原作「熹」，依宋本及本傳改。

〔七〕魏明帝初爲平原侯　舉正：「侯」當爲「王」，魏志可據。

〔八〕成其禮秩　魏志明帝紀注引魏名臣奏載曾表「成」作「盛」。

〔九〕憑寵作威　「作」，各本作「沐」。宋本、殿本及書鈔六一、御覽五九四、册府五一四皆作「作」，今從之。

〔一〇〕正元年中　「年」字疑衍，通志一二一上無。

〔一一〕侍中如故　「侍中」下原有「公」字。斠注：丁丙善本書室藏書志曰，宋刊大字本晉書不衍「公」字。按：殿本亦無「公」字，今據删。

〔一二〕人謂中正畏强易弱　「中正」，各本作「忠正」。王懋竑讀書記疑七云：「忠正」當作「中正」，袁粲時爲其州中正。按：王說是。今依殿本、御覽五六一引王隱晉書、册府八八五改。

〔一三〕鎭東將軍　各本作「征東將軍」，唯宋本作「鎭東將軍」。勞校：伷自撫軍出爲鎭東大將軍，未嘗爲征東。按：勞說可取，通志一二一上、御覽二七四亦作「鎭東」，今從宋本。

〔一四〕猶有致思竭力之效　「思」，各本作「恩」，今從宋本。

〔一五〕牛奔不遲　吳本作「牛本不遲」，與世說汰侈合。

〔一六〕良由馭者逐不及反制之可聽蹁轅則駃矣　句頗費解，疑有脫、衍及誤字。冊府九四六「蹁」作「偏」，「駃」作「駛」。世說汰侈作「將車人不及制之爾，急時聽偏轅則駛矣」。

〔一七〕士當身名俱泰　「身名」，各本作「聲名」，惟宋本作「身名」，通志一二一上、世說汰侈亦並作「身名」，作「身名」義長。

〔一八〕崇逕進於後齋索出　「進」，各本作「造」，宋本作「進」，通志一二一上、冊府八七一亦作「進」。又「索」，宋本及通志、冊府並作「牽」。作「進」作「索」義長。

〔一九〕蒼頭　原作「倉頭」，據通志一二一上、御覽五〇〇引改。

〔二〇〕苞曾孫樸　劉羣傳、石季龍載記「樸」作「璞」。

〔二一〕少樂爲縣吏　周校：「樂」疑當作「錄」。

〔二二〕時僚大姓猶不與鑠同坐　各本無「猶」字，宋本有，通志一二一上、冊府七九一亦並有。

晉書卷三十四

列傳第四

羊祜

羊祜字叔子，泰山南城人也。世吏二千石，至祜九世，並以清德聞。祖續，仕漢南陽太守。父衜，上黨太守。祜，蔡邕外孫，景獻皇后同產弟。

祜年十二喪父，孝思過禮，事叔父耽甚謹。嘗遊汶水之濱，遇父老謂之曰：「孺子有好相，年未六十，必建大功於天下。」既而去，莫知所在。及長，博學能屬文，身長七尺三寸，美鬚眉，善談論。郡將夏侯威異之，以兄霸之子妻之。舉上計吏，州四辟從事、秀才，五府交命，皆不就。太原郭奕見之曰：「此今日之顏子也。」與王沈俱被曹爽辟。沈勸就徵，祜曰：「委質事人，復何容易。」及爽敗，沈以故吏免，因謂祜曰：「常識卿前語。」祜曰：「此非始慮所及。」其先識不伐如此。

夏侯霸之降蜀也，姻親多告絶，祜獨安其室，恩禮有加焉。尋遭母憂，長兄發又卒，毁慕寢頓十餘年，以道素自居，恂恂若儒者。

文帝爲大將軍，辟祜，未就，公車徵拜中書侍郎，俄遷給事中、黄門郎。時高貴鄉公好屬文，在位者多獻詩賦，汝南和逌以忤意見斥，祜在其間，不得而親疏，有識尚焉。陳留王立，賜爵關中侯，邑百戶。以少帝不願爲侍臣，求出補吏，徙祕書監。及五等建，封鉅平子，邑六百戶。鍾會有寵而忌，祜亦憚之。及會誅，拜相國從事中郎，與荀勖共掌機密。遷中領軍，悉統宿衞，入直殿中，執兵之要，事兼内外。

武帝受禪，以佐命之勳，進號中軍將軍，加散騎常侍，改封郡公，邑三千戶。固讓封不受，乃進本爵爲侯，置郎中令，備九官之職，加夫人印綬。泰始初，詔曰：「夫總齊機衡，允釐六職，朝政之本也。祜執德清劭，忠亮純茂，經緯文武，謇謇正直，雖處腹心之任，而不總樞機之重，非垂拱無爲委任責成之意也。其以祜爲尚書右僕射、〔一〕衞將軍，給本營兵。」時王佑、賈充、裴秀皆前朝名望，祜每讓，不處其右。

帝將有滅吴之志，以祜爲都督荆州諸軍事、假節，散騎常侍、衞將軍如故。祜率營兵出鎮南夏，開設庠序，綏懷遠近，甚得江漢之心。與吴人開布大信，降者欲去皆聽之。時長吏喪官，後人惡之，多毁壞舊府，祜以死生有命，非由居室，書下征鎮，普加禁斷。吴石城守去襄陽七百餘里，每爲邊害，祜患之，竟以詭計令吳罷守。於是戍邏減半，分以墾田八百餘頃，大獲其利。祜之始至也，軍無百日之糧，及至季年，有十年之積。詔罷江北都督，置南中郎將，以所統諸軍在漢東江夏者皆以益祜。在軍常輕裘緩帶，身不被甲，鈴閤之下，侍衞者不過十數人，而頗以畋漁廢政。嘗欲夜出，軍司徐胤執棨當營門曰：「將軍都督萬里，安可輕脫！將軍之安危，亦國家之安危也。胤今日若死，此門乃開耳。」祜改容謝之，此後稀出矣。

後加車騎將軍，開府如三司之儀。祜上表固讓曰：「臣伏聞恩詔，拔臣使同台司。臣自出身以來，適十數年，受任外內，每極顯重之任。常以智力不可頓進，恩寵不可久謬，夙夜戰慄，以榮爲憂。臣聞古人之言，德未爲人所服而受高爵，則使才臣不進；功未爲人所歸而荷厚祿，則使勞臣不勸。今臣身託外戚，事連運會，誡在過寵，不患見遺。而猥降發中之詔，加非次之榮。臣有何功可以堪之，何心可以安之。身辱高位，傾覆尋至，願守先人弊廬，豈可得哉！違命誠忤天威，曲從卽復若此。蓋聞古人申於見知，大臣之節，不可則止。臣雖小人，敢緣所蒙，念存斯義。今天下自服化以來，方漸八年，雖側席求賢，不遺幽賤，然臣不能推有德，達有功，使聖聽知勝臣者多，未達者不少。假令有遺德於版築之下，有隱才於屠釣之間，而朝議用臣不以爲非，臣處之不以爲愧，所失豈不大哉！臣忝竊雖久，未若今日兼文武之極寵，等宰輔之高位也。且臣雖所見者狹，據今光祿大夫李憙執節高亮，在公正色；光祿大夫魯芝潔身寡欲，和而不同；光祿大夫李胤淸亮簡素，立身在朝，皆服事華髮，以禮終始。雖歷位外內之寵，不異寒賤之家，而猶未蒙此選，臣更越之，何以塞天下之望，少益日月！是以誓心守節，無苟進之志。今道路行通，〔三〕方隅多事，乞留前恩，使臣得速還屯。不爾留連，必於外虞有闕。匹夫之志，有不可奪。」不聽。

及還鎭，吳西陵督步闡擧城來降。吳將陸抗攻之甚急，詔祜迎闡。祜率兵五萬出江陵，遣荆州刺史楊肇攻抗，不克，闡竟爲抗所擒。有司奏：「祜所統八萬餘人，賊衆不過三萬。祜頓兵江陵，使賊備得設。乃遣楊肇偏軍入險，兵少糧懸，軍人挫衄。背違詔命，無大臣節。可免官，以侯就第。」竟坐貶爲平南將軍，而免楊肇爲庶人。

祜以孟獻營武牢而鄭人懼，晏弱城東陽而萊子服，乃進據險要，開建五城，收膏腴之地，奪吳人之資，石城以西，盡爲晉有。自是前後降者不絕，乃增修德信，以懷柔初附，慨然有吞幷之心。每與吳人交兵，剋日方戰，不爲掩襲之計。將帥有欲進譎詐之策者，輒飮以醇酒，使不得言。人有略吳二兒爲俘者，祜遣送還其家。後吳將夏詳、邵顗等來降，〔四〕二兒之父亦率其屬與俱。吳將陳尙、潘景來寇，祜追斬之，美其死節而厚加殯斂。景、尙子弟迎喪，祜以禮遣還。吳將鄧香掠夏口，祜募生縛香，旣至，宥之。香感其恩甚，率部曲而降。

祜出軍行吳境，刈穀爲糧，皆計所侵，送絹償之。每會衆江沔遊獵，常止晉地。若禽獸先爲吳人所傷而爲晉兵所得者，皆封還之。於是吳人翕然悅服，稱爲羊公，不之名也。

祜與陸抗相對，使命交通，抗稱祜之德量，雖樂毅、諸葛孔明不能過也。抗嘗病，祜饋之藥，抗服之無疑心。人多諫抗，抗曰：「羊祜豈酖人者！」時談以爲華元、子反復見於今日。抗每告其戍曰：「彼專爲德，我專爲暴，是不戰而自服也。各保分界而已，無求細利。」孫皓聞二境交和，以詰抗。抗曰：「一邑一鄉，不可以無信義，況大國乎！臣不如此，正是彰其德，於祜無傷也。」

祜貞慤無私，疾惡邪佞，荀勖、馮紞之徒甚忌之。從甥王衍嘗詣祜陳事，辭甚俊辯。祜不然之，衍拂衣而起。祜顧謂賓客曰：「王夷甫方以盛名處大位，然敗俗傷化，必此人也。」步闡之役，祜以軍法將斬王戎，故戎、衍並憾之，每言論多毀祜。時人爲之語曰：「二王當國，羊公無德。」

咸寧初，除征南大將軍、開府儀同三司，得專辟召。初，祜以伐吳必藉上流之勢。又時吳有童謠曰：「阿童復阿童，銜刀浮渡江。不畏岸上獸，但畏水中龍。」祜聞之曰：「此必水軍有功，但當思應其名者耳。」會益州刺史王濬徵爲大司農，祜知其可任，濬又小字阿童，因表留濬監益州諸軍事，加龍驤將軍，密令修舟檝，爲順流之計。

祐繕甲訓卒，廣爲戎備。至是上疏曰：「先帝順天應時，西平巴蜀，南和吳會，海內得以休息，兆庶有樂安之心。而吳復背信，使邊事更興。夫期運雖天所授，而功業必由人而成，不一大舉掃滅，則衆役無時得安。亦所以隆先帝之勳，成無爲之化也。故堯有丹水之伐，舜有三苗之征，咸以寧靜宇宙，戢兵和衆者也。蜀平之時，天下皆謂吳當并亡，自此來十三年，是謂一周，平定之期復在今日矣。議者常言吳楚有道後服，無禮先强，此乃謂侯之時耳。當今一統，不得與古同諭。夫適道之論，皆未應權，是故謀之雖多，而決之欲獨。凡以險阻得存者，謂所敵者同，力足自固。苟其輕重不齊，强弱異勢，則智士不能謀，而險阻不可保也。蜀之爲國，非不險也，高山尋雲霓，深谷肆無景，束馬懸車，然後得濟，皆言一夫荷戟，千人莫當。及進兵之日，曾無藩籬之限，斬將搴旗，伏尸數萬，乘勝席卷，徑至成都，漢中諸城，皆鳥棲而不敢出。非皆無戰心，誠力不足相抗。至劉禪降服，諸營堡者索然俱散。今江淮之難，不過劍閣；山川之險，不過岷漢；孫皓之暴，侈於劉禪；吳人之困，甚於巴蜀。而大晉兵衆，多於前世；資儲器械，盛於往時。今不於此平吳，而更阻兵相守，征夫苦役，日尋干戈，經歷盛衰，不可長久，宜當時定，以一四海。今若引梁益之兵水陸俱下，荆楚之衆進臨江陵，平南、豫州，直指夏口，徐、揚、青、兗並向秣陵，鼓旆以疑之，多方以誤之，以一隅之吳，當天下之衆，勢分形散，所備皆急。巴漢奇兵出其空虛，一處傾壞，則上下震蕩。吳緣江爲國，無有內外，東西數千里，以藩籬自持，所敵者大，無有寧息。孫晧恣情任意，與下多忌，名臣重將不復自信，是以孫秀之徒皆畏逼而至。將疑於朝，士困於野，無有保世之計，一定之心。平常之日，猶懷去就，兵臨之際，必有應者，終不能齊力致死，已可知也。其俗急速，不能持久，弓弩戟楯不如中國，唯有水戰是其所便。一入其境，則長江非復所固，還保城池，則去長入短。而官軍懸進，人有致節之志，吳人戰於其內，有憑城之心。〔四〕如此，軍不踰時，克可必矣。」帝深納之。

會秦涼屢敗，祜復表曰：「吳平則胡自定，但當速濟大功耳。」而議者多不同，祜歎曰：「天下不如意，恒十居七八，故有當斷不斷。天與不取，豈非更事者恨於後時哉！」

其後，詔以泰山之南武陽、牟、南城、梁父、平陽五縣爲南城郡，封祜爲南城侯，置相，與郡公同。祜讓曰：「昔張良請受留萬戶，漢祖不奪其志。臣受鉅平於先帝，敢辱重爵，以速官謗！」固執不拜，帝許之。祜每被登進，常守沖退，至心素著，故特見申於分列之外。是以名德遠播，朝野具瞻，搢紳僉議，當居台輔。帝方有兼并之志，仗祜以東南之任，故寢之。祜歷職二朝，任典樞要，政事損益，皆諮訪焉，勢利之求，無所關與。其嘉謀讜議，皆焚其草，故世莫聞。凡所進達，人皆不知所由。或謂祜慎密太過者，祜曰：「是何言歟！夫入則造膝，出則詭辭，君臣不密之誡，吾惟懼其不及。不能舉賢取異，豈得不愧知人之難哉！且拜爵公朝，謝恩私門，吾所不取。」

祜女夫嘗勸祜「有所營置，令有歸戴者，可不美乎」？祜默然不應，退告諸子曰：「此可謂知其一不知其二。人臣樹私則背公，是大惑也。汝宜識吾此意。」嘗與從弟琇書曰：「既定邊事，當角巾東路，歸故里，爲容棺之墟。以白士而居重位，何能不以盛滿受責乎！疏廣是吾師也。」

祜樂山水，每風景，必造峴山，置酒言詠，終日不倦。嘗慨然歎息，顧謂從事中郎鄒湛等曰：「自有宇宙，便有此山。由來賢達勝士，登此遠望，如我與卿者多矣！皆湮滅無聞，使人悲傷。如百歲後有知，魂魄猶應登此也。」湛曰：「公德冠四海，道嗣前哲，令聞令望，必與此山俱傳。至若湛輩，乃當如公言耳。」

祜當討吳賊有功，將進爵土，乞以賜舅子蔡襲。詔封襲關內侯，邑三百戶。

會吳人寇弋陽、江夏，略戶口，詔遣侍臣移書詰祜不追討之意，并欲移州復舊之宜。祜曰：「江夏去襄陽八百里，比知賊問，賊去亦已經日矣。步軍方往，安能救之哉！勞師以免責，恐非事宜也。昔魏武帝置都督，類皆與州相近，以兵勢好合惡離。疆埸之間，一彼一此，慎守而已，古之善教也。若輒徙州，賊出無常，亦未知州之所宜據也。」使者不能詰。

祜寢疾，求入朝。既至洛陽，會景獻宮車在殯，哀慟至篤。中詔申諭，扶疾引見，命乘輦入殿，無下拜，甚見優禮。及侍坐，面陳伐吳之計。帝以其病，不宜常入，遣中書令張華問其籌策。祜曰：「今主上有禪代之美，而功德未著。吳人虐政已甚，可不戰而克。混一六合，以興文教，則主齊堯舜，臣同稷契，爲百代之盛軌。如舍之，若孫晧不幸而沒，吳人更立令主，雖百萬之衆，長江未可而越也，將爲後患乎！」華深贊成其計。祜謂華曰：「成吾志者，子也。」帝欲使祜臥護諸將，祜曰：「取吳不必須臣自行，但既平之後，當勞聖慮耳。功名之際，臣所不敢居。若事了，當有所付授，願審擇其人。」

疾漸篤，乃舉杜預自代。尋卒，時年五十八。帝素服哭之，甚哀。是日大寒，帝涕淚霑鬚鬢，皆爲冰焉。南州人征市日聞祜喪，莫不號慟，罷市，巷哭者聲相接。吳守邊將士亦爲之泣。其仁德所感如此。賜以東園祕器，朝服一襲，錢三十萬，布百匹。詔曰：「征南大將軍南城侯祜，蹈德沖素，思心淸遠。始在內職，值登大命，乃心篤誠，左右王事，入綜機密，出統方岳。當終顯烈，永輔朕躬，而奄忽殂隕，悼之傷懷。其追贈侍中、太傅，持節如故。」

祜立身淸儉，被服率素，祿俸所資，皆以贍給九族，賞賜軍士，家無餘財。遺令不得以南城侯印入柩。從弟琇等述祜素志，求葬於先人墓次。帝不許，賜去城十里外近陵葬地一頃，謚曰成。祜喪既引，帝於大司馬門南臨送。祜甥齊王攸表祜妻不以侯斂之意，帝乃詔曰：「祜固讓歷年，志不可奪。身沒讓存，遺操益厲，此夷叔所以稱賢，季子所以全節也。今聽復本封，以彰高美。」

初，文帝崩，祜謂傅玄曰：「三年之喪，雖貴遂服，自天子達；而漢文除之，毁禮傷義，常以歎息。今主上天縱至孝，有曾閔之性，雖奪其服，實行喪禮。喪禮實行，除服何爲邪！若因此革漢魏之薄，而興先王之法，以敦風俗，垂美百代，不亦善乎！」玄曰：「漢文以末世淺薄，不能行國君之喪，故因而除之。除之數百年，一旦復古，難行也。」祜曰：「不能使天下如禮，且使主上遂服，不猶善乎！」玄曰：「主上不除而天下除，此爲但有父子，無復君臣，三綱之道虧矣。」祜乃止。

祜所著文章及爲老子傳並行於世。襄陽百姓於峴山祜平生游憩之所建碑立廟，歲時饗祭焉。望其碑者莫不流涕，杜預因名爲墮淚碑。荆州人爲祜諱名，屋室皆以門爲稱，改戶曹爲辭曹焉。

祜開府累年，謙讓不辟士，始有所命，會卒，不得除署。故參佐劉僧、趙寅、劉彌、孫勃等牋詣預曰：「昔以謬選，忝備官屬，各得與前征南大將軍祜參同庶事。祜執德沖虛，操尚清遠，德高而體卑，位優而行恭。前膺顯命，來撫南夏，既有三司之儀，復加大將軍之號。雖居其位，不行其制。至今海內渴佇，羣俊望風。涉其門者，貪夫反廉，懦夫立志，雖夷惠之操，無以尚也。自鎮此境，政化被乎江漢，潛謀遠計，闢國開疆，諸所規摹，皆有軌量。志存公家，以死勤事，始辟四掾，未至而隕。夫擧賢報國，台輔之遠任也；搜揚側陋，亦台輔之宿心也；中道而廢，亦台輔之私恨也。履謙積稔，晚節不遂，此遠近所以爲之感痛者也。昔召伯所憩，愛流甘棠；宣子所游，封殖其樹。夫思其人，尙及其樹，況生存所辟之士，便當隨例放棄者乎！乞蒙列上，得依已至掾屬。」預表曰：「祜雖開府而不備僚屬，引謙之至，宜見顯明。及扶疾辟士，未到而沒。家無胤嗣，官無命士，此方之望，隱憂載懷。夫篤終追遠，人德歸厚，漢祖不惜四千戶之封，以慰趙子弟心。請議之。」詔不許。

祜卒二歲而吳平，羣臣上壽，帝執爵流涕曰：「此羊太傅之功也。」因以克定之功，策告祜廟，仍依蕭何故事，封其夫人。策曰：「皇帝使謁者杜宏告故侍中、太傅鉅平成侯祜：昔吳爲不恭，負險稱號，郊境不闢，多歷年所。祜受任南夏，思靜其難，外揚王化，內經廟略，著德推誠，江漢歸心，擧有成資，謀有全策。昊天不弔，所志不卒，朕用悼恨于厥心。乃班命羣帥，致天之討，兵不踰時，一征而滅，疇昔之規，若合符契。夫賞不失勞，國有彝典，宜增啓土宇，以崇前命，而重違公高讓之素。今封夫人夏侯氏萬歲鄉君，食邑五千戶，又賜帛萬匹，穀萬斛。」

祜年五歲，時令乳母取所弄金環。乳母曰：「汝先無此物。」祜卽詣鄰人李氏東垣桑樹中探得之。主人驚曰：「此吾亡兒所失物也，云何持去！」乳母具言之，李氏悲惋。時人異之，謂李氏子則祜之前身也。又有善相墓者，言祜祖墓所有帝王氣，若鑿之則無後，祜遂鑿之。相者見曰「猶出折臂三公」，而祜竟墮馬折臂，位至公而無子。

帝以祜兄子暨爲嗣，暨以父沒不得爲人後。帝又令暨弟伊爲祜後，又不奉詔。帝怒，並收免之。太康二年，以伊弟篇爲鉅平侯，奉祜嗣。篇歷官清愼，有私牛於官舍產犢，及遷而留之。位至散騎常侍，早卒。

孝武太元中，封祜兄玄孫之子法興爲鉅平侯，邑五千戶。以桓玄黨誅，國除。尚書祠部郎荀伯子上表訟之曰：「臣聞咎繇亡嗣，臧文以爲深歎；伯氏奪邑，管仲所以稱仁。功高可百世不泯，濫賞無得崇朝。故太傅、鉅平侯羊祜明德通賢，國之宗主，勳參佐命，功成平吳，而後嗣闕然，烝嘗莫寄。漢以蕭何元功，故絕世輒繼，愚謂鉅平封宜同酇國。故太尉廣陵公準黨翼賊倫，禍加淮南，因逆爲利，竊饗大邦。值西朝政刑失裁，中興因而不奪。今王道維新，豈可不大判臧否，謂廣陵國宜在削除。故太保衞瓘本爵菑陽縣公，既被橫害，乃進茅土，始贈蘭陵，又轉江夏。中朝名臣，多非理終，瓘功德無殊，而獨受偏賞，謂宜罷其郡封，復邑菑陽，則與奪有倫，善惡分矣。」竟寢不報。

祜前母，孔融女，生兄發，官至都督淮北護軍。初，發與祜同母兄承俱得病，祜母度不能兩存，乃專心養發，故得濟，而承竟死。

發長子倫，高陽相。倫弟暨，陽平太守。暨弟伊，初爲車騎賈充掾，後歷平南將軍、都督江北諸軍事，鎭宛，爲張昌所殺，追贈鎭南將軍。祜伯父祕，官至京兆太守。子祉，魏郡太守。祕孫亮，字長玄，有才能，多計數。與之交者，必僞盡款誠，人皆謂得其心，而殊非其實也。初爲太傅楊駿參軍，時京兆多盜竊。駿欲更重其法，盜百錢加大辟，請官屬會議。亮曰：「昔楚江乙母失布，以爲盜由令尹。公若無欲，盜宜自止，何重法爲？」駿慚而止。累轉大鴻臚。時惠帝在長安，亮與關東連謀，內不自安，奔于并州，爲劉元海所害。亮弟陶，爲徐州刺史。

杜預 子錫

杜預字元凱，京兆杜陵人也。祖畿，魏尚書僕射。父恕，幽州刺史。預博學多通，明於興廢之道，常言：「德不可以企及，立功立言可庶幾也。」初，其父與宣帝不相能，遂以幽死，故預久不得調。

文帝嗣立，預尚帝妹高陸公主，起家拜尚書郎，襲祖爵豐樂亭侯。在職四年，轉參相府軍事。鍾會伐蜀，以預爲鎭西長史。及會反，僚佐並遇害，唯預以智獲免，增邑千一百五十戶。

與車騎將軍賈充等定律令，既成，預爲之注解，乃奏之曰：「法者，蓋繩墨之斷例，非窮理盡性之書也。故文約而例直，聽省而禁簡。例直易見，禁簡難犯。易見則人知所避，難犯則幾於刑厝。刑之本在於簡直，故必審名分。審名分者，必忍小理。古之刑書，銘之鍾鼎，鑄之金石，所以遠塞異端，使無淫巧也。今所注皆網羅法意，格之以名分。使用之者執名例以審趣舍，伸繩墨之直，去析薪之理也。」詔班于天下。

泰始中，守河南尹。預以京師王化之始，自近及遠，凡所施論，務崇大體。受詔爲黜陟之課，其略曰：「臣聞上古之政，因循自然，虛己委誠，而信順之道應，神感心通，而天下之理得。逮至淳樸漸散，彰美顯惡，設官分職，以頒爵祿，弘宣六典，以詳考察。然猶倚明哲之輔，建忠貞之司，使名不得越功而獨美，功不得後名而獨隱，皆疇咨博詢，敷納以言。及至末世，不能紀遠而求於密微，疑諸心而信耳目，疑耳目而信簡書。簡書愈繁，官方愈僞，法令滋章，巧飾彌多。昔漢之刺史，亦歲終奏事，不制算課，而清濁粗舉。魏氏考課，卽京房之遺意，其文可謂至密。然由於累細以違其體，故歷代不能通也。豈若申唐堯之舊，去密就簡，則簡而易從也。夫宣盡物理，神而明之，存乎其人。去人而任法，則以傷理。今科舉優劣，莫若委任達官，各考所統。在官一年以後，每歲言優者一人爲上第，劣者一人爲下第，因計偕以名聞。如此六載，主者總集採案，其六歲處優舉者超用之，六歲處劣舉者奏免之，其優多劣少者敍用之，劣多優少者左遷之。今考課之品，所對不鈞，誠有難易。若以難取優，以易而否，主者固當準量輕重，微加降殺，不足復曲以法盡也。己丑詔書以考課難成，聽通薦例。薦例之理，即亦取於風聲。六年頓薦，黜陟無漸，又非古者三考之意也。今每歲一考，則積優以成陟，累劣以取黜。以士君子之心相處，未有官故六年六黜清能，六進否劣者也。監司將亦隨而彈之。若令上下公相容過，此爲清議大穢，亦無取於黜陟也。」

司隸校尉石鑒以宿憾奏預，免職。時虜寇隴右，以預爲安西軍司，給兵三百人，騎百匹。到長安，更除秦州刺史，領東羌校尉、輕車將軍、假節。屬虜兵强盛，石鑒時爲安西將軍，使預出兵擊之。預以虜乘勝馬肥，而官軍懸乏，宜幷力大運，須春進討，陳五不可、四不須。鑒大怒，復奏預擅飾城門官舍，稽乏軍興，遣御史檻車徵詣廷尉。以預尚主，在八議，以侯贖論。其後隴右之事卒如預策。

是時朝廷皆以預明於籌略，會匈奴帥劉猛舉兵反，自幷州西及河東、平陽，詔預以散侯定計省闥，俄拜度支尚書。預乃奏立藉田，建安邊，論處軍國之要。又作人排新器，興常平倉，定穀價，較鹽運，制課調，內以利國外以救邊者五十餘條，皆納焉。石鑒自軍還，論功不實，爲預所糾，遂相讎恨，言論諠譁，並坐免官，以侯兼本職。數年，復拜度支尚書。

元皇后梓宮將遷於峻陽陵。舊制，既葬，帝及羣臣即吉。尚書奏，皇太子亦宜釋服。預議「皇太子宜復古典，以諒闇終制」，從之。

預以時曆差舛，不應晷度，奏上二元乾度曆，行於世。預又以孟津渡險，有覆沒之患，請建河橋于富平津。議者以爲殷周所都，歷聖賢而不作者，必不可立故也。預曰：「『造舟爲梁』，則河橋之謂也。」及橋成，帝從百僚臨會，舉觴屬預曰：「非君，此橋不立也。」對曰：「非陛下之明，臣亦不得施其微巧。」周廟欹器，至漢東京猶在御坐。漢末喪亂，不復存，形制遂絕。預創意造成，奏上之，帝甚嘉歎焉。咸寧四年秋，大霖雨，蝗蟲起。預上疏多陳農要，事在食貨志。預在內七年，損益萬機，不可勝數，朝野稱美，號曰「杜武庫」，言其無所不有也。

時帝密有滅吳之計，而朝議多違，唯預、羊祜、張華與帝意合。祜病，舉預自代，因以本官假節行平東將軍，領征南軍司。及祜卒，拜鎮南大將軍、都督荆州諸軍事，給追鋒車、第二駙馬。預既至鎮，繕甲兵，耀威武，乃簡精銳，襲吳西陵督張政，大破之，以功增封三百六十五戶。政，吳之名將也，據要害之地，恥以無備取敗，不以所喪之實告于孫皓。預欲間吳邊將，乃表還其所獲之衆於皓。皓果召政，遣武昌監劉憲代之。〔五〕故大軍臨至，使其將帥移易，以成傾蕩之勢。

預處分既定，乃啓請伐吳之期。帝報待明年方欲大舉，預表陳至計曰：「自閏月以來，賊但救嚴，下無兵上。以理勢推之，賊之窮計，力不兩完，必先護上流，勤保夏口以東，以延視息，無緣多兵西上，空其國都。而陛下過聽，便用委棄大計，縱敵患生。此誠國之遠圖，使舉而有敗，勿舉可也。事爲之制，務從完牢。若或有成，則開太平之基；不成，不過費損日月之間，何惜而不一試之！若當須後年，天時人事不得如常，臣恐其更難也。陛下宿議，分命臣等隨界分進，其所禁持，東西同符，萬安之舉，未有傾敗之慮。臣心實了，不敢以曖昧之見自取後累。惟陛下察之。」預旬月之中又上表曰：「羊祜與朝臣多不同，不先博畫而密與陛下共施此計，故益令多異。凡事當以利害相較，今此舉十有八九利，其一二止於無功耳。其言破敗之形亦不可得，直是計不出己，功不在身，各恥其前言，故守之也。自頃朝廷事無大小，異意鋒起，雖人心不同，亦由恃恩不慮後難，故輕相同異也。昔漢宣帝議趙充國所上，事效之後，詰責諸議者，皆叩頭而謝，以塞異端也。自秋已來，討賊之形頗露。若今中止，孫皓怖而生計，或徙都武昌，更完修江南諸城，遠其居人，城不可攻，野無所掠，積大船於夏口，則明年之計或無所及。」時帝與中書令張華圍棊，而預表適至。華推枰斂手曰：「陛下聖明神武，朝野清晏，國富兵強，號令如一。吳主荒淫驕虐，誅殺賢能，當今討之，可不勞而定。」帝乃許之。

預以太康元年正月，陳兵于江陵，遣參軍樊顯、尹林、鄧圭、襄陽太守周奇等率衆循江西上，授以節度，旬日之間，累克城邑，皆如預策焉。又遣牙門管定、周旨、伍巢等率奇兵八百，泛舟夜渡，以襲樂鄉，多張旗幟，起火巴山，出於要害之地，以奪賊心。吳都督孫歆震恐，與伍延書曰：「北來諸軍，乃飛渡江也。」吳之男女降者萬餘口，旨、巢等伏兵樂鄉城外。歆遣軍出距王濬，大敗而還。旨等發伏兵，隨歆軍而入，歆不覺，直至帳下，虜歆而還。故軍中爲之謠曰：「以計代戰一當萬。」於是進逼江陵。吳督將伍延僞請降而列兵登陴，預攻克之。既平上流，於是沅湘以南，至于交廣，吳之州郡皆望風歸命，奉送印綬，預仗節稱詔而綏撫之。凡所斬及生獲吳都督、監軍十四，牙門、郡守百二十餘人。又因兵威，徙將士屯戍之家以實江北，南郡故地各樹之長吏，荆土肅然，吳人赴者如歸矣。

王濬先列上得孫歆頭，預後生送歆，洛中以爲大笑。時衆軍會議，或曰：「百年之寇，未可盡克。今向暑，水潦方降，疾疫將起，宜俟來冬，更爲大舉。」預曰：「昔樂毅藉濟西一戰以幷强齊，今兵威已振，譬如破竹，數節之後，皆迎刃而解，無復著手處也。」遂指授羣帥，徑造秣陵。所過城邑，莫不束手。議者乃以書謝之。

孫晧既平，振旅凱入，以功進爵當陽縣侯，增邑幷前九千六百戶，封子耽爲亭侯，千戶，賜絹八千匹。

初，攻江陵，吳人知預病癭，憚其智計，以瓠繫狗頸示之。每大樹似癭，輒斫使白，題曰

「杜預頸」。及城平，盡捕殺之。

預既還鎮，累陳家世吏職，武非其功，請退。不許。

預以天下雖安，忘戰必危，勤於講武，修立泮宮，江漢懷德，化被萬里。攻破山夷，錯置屯營，分據要害之地，以固維持之勢。又修邵信臣遺跡，激用滍淯諸水以浸原田萬餘頃，分疆刊石，使有定分，公私同利。衆庶賴之，號曰「杜父」。舊水道唯沔漢達江陵千數百里，北無通路。又巴丘湖，沅湘之會，表裏山川，實爲險固，荆蠻之所恃也。預乃開楊口，起夏水達巴陵千餘里，內瀉長江之險，外通零桂之漕。南土歌之曰：「後世無叛由杜翁，孰識智名與勇功。」

預公家之事，知無不爲。凡所興造，必考度始終，鮮有敗事。或譏其意碎者，預曰：「禹稷之功，期於濟世，所庶幾也。」

預好爲後世名，常言「高岸爲谷，深谷爲陵」，刻石爲二碑，紀其勳績，一沈萬山之下，一立峴山之上，曰：「焉知此後不爲陵谷乎！」

預身不跨馬，射不穿札，而每任大事，輒居將率之列。結交接物，恭而有禮，問無所隱，誨人不倦，敏於事而愼於言。既立功之後，從容無事，乃耽思經籍，爲春秋左氏經傳集解。又參攷衆家譜第，謂之釋例。又作盟會圖、春秋長曆，備成一家之學，比老乃成。又撰女記讚。當時論者謂預文義質直，世人未之重，唯祕書監摯虞賞之，曰：「左丘明本爲春秋作傳，而左傳遂自孤行。釋例本爲傳設，而所發明何但左傳，故亦孤行。」時王濟解相馬，又甚愛之，而和嶠頗聚斂，預常稱「濟有馬癖，嶠有錢癖」。武帝聞之，謂預曰：「卿有何癖？」對曰：「臣有左傳癖。」

預在鎭，數餉遺洛中貴要。或問其故，預曰：「吾但恐爲害，不求益也。」

預初在荆州，因宴集，醉臥齋中。外人聞嘔吐聲，竊窺於戶，止見一大蛇垂頭而吐。聞者異之。其後徵爲司隸校尉，加位特進，行次鄧縣而卒，時年六十三。帝甚嗟悼，追贈征南大將軍、開府儀同三司，謚曰成。預先爲遺令曰：「古不合葬，明於終始之理，同於無有也。中古聖人改而合之，蓋以別合無在，更緣生以示教也。自此以來，大人君子或合或否，未能知生，安能知死，故各以己意所欲也。吾往爲臺郎，嘗以公事使過密縣之邢山。山上有冢，問耕父，云是鄭大夫祭仲，或云子產之冢也，遂率從者祭而觀焉。其造冢居山之頂，四望周達，連山體南北之正而邪東北，向新鄭城，意不忘本也。其隧道唯塞其後而空其前，不填之，示藏無珍寶，不取於重深也。山多美石不用，必集洧水自然之石以爲冢藏，貴不勞工巧，而此石不入世用也。君子尚其有情，小人無利可動，歷千載無毀，儉之致也。吾去春入朝，因郭氏喪亡，緣陪陵舊義，自表營洛陽城東首陽之南爲將來兆域。而所得地中有小山，上無舊冢。其高顯雖未足比邢山，然東奉二陵，西瞻宮闕，南觀伊洛，北望夷叔，曠然遠覽，情之所安也。故遂表樹開道，爲一定之制。至時皆用洛水圓石，開隧道南向，儀制取法於鄭大夫，欲以儉自完耳。棺器小斂之事，皆當稱此。」子孫一以遵之。子錫嗣。

錫字世嘏。少有盛名，起家長沙王乂文學，累遷太子中舍人。性亮直忠烈，屢諫愍懷太子，言辭懇切，太子患之。後置針著錫常所坐處氊中，刺之流血。他日，太子問錫：「向著何事？」錫對：「醉不知。」太子詰之曰：「君喜責人，何自作過也。」後轉衞將軍長史。趙王倫篡位，以爲治書御史。孫秀求交於錫，而錫拒之，秀雖銜之，憚其名高，不敢害也。惠帝反政，〔六〕遷吏部郎、城陽太守，不拜，仍遷尙書左丞。年四十八卒，贈散騎常侍。子乂嗣，在外戚傳。

史臣曰：泰始之際，人祇呈貺，羊公起平吳之策，其見天地之心焉。昔齊有黔夫，燕人祭北門之鬼；趙有李牧，秦王罷東幷之勢。桑枝不競，瓜潤空慚。垂大信於南服，傾吳人於漢渚，江衢如砥，襁袂同歸。而在乎成功弗居，幅巾窮巷，落落焉其有風飈者也。杜預不有生知，用之則習，振長策而攻取，兼儒風而轉戰。孔門稱四，則仰止其三；春秋有五，而獨擅其一，不其優歟！夫三年之喪，云無貴賤。輕纖奪於在位，可以興嗟；旣葬釋於儲君，何其斯酷。徇以苟合，不求其正，以當代之元良，爲諸侯之庶子，檀弓習於變禮者也，杜預其有焉。

贊曰：漢池西險，吳江左迴。羊公恩信，百萬歸來。昔之誓旅，懷經罕素。元凱文場，稱爲武庫。

校勘記

〔一〕祜爲尙書右僕射　校文：時東莞王伷爲右僕射，祜乃左僕射也。帝紀及伷傳可證。斠注：書鈔五九、御覽九引干寶晉紀亦作「左」。

〔二〕今道路行通　文選讓開府表「行」作「未」，義長。

〔三〕夏詳邵顗　武紀作「邵凱、夏祥」，通鑑八〇、册府四一七「詳」亦作「祥」。

〔四〕吳人戰於其內有憑城之心　通鑑八〇作「吳人內顧，各有離散之心」，作「有離散之心」義長。

〔五〕劉憲　勞校：武紀作「留憲」。按：王濬傳、通鑑八一亦並作「留憲」。

〔六〕惠帝反政　通志一二一上「政」作「正」。裴頠傳亦有此句，作「正」。

晉書卷三十五

列傳第五

陳騫 子輿

陳騫，臨淮東陽人也。父矯，魏司徒。矯本廣陵劉氏，爲外祖陳氏所養，因而改焉。騫沈厚有智謀。初，矯爲尚書令，侍中劉曄見幸於魏明帝，譖矯專權。矯憂懼，以問騫。騫曰：「主上明聖，大人大臣，今若不合意，不過不作公耳。」後帝意果釋。騫尚少，爲夏侯玄所侮，意色自若，玄以此異之。

起家尚書郎，遷中山、安平太守，並著稱績。徵爲相國司馬、長史、御史中丞，遷尚書，封安國亭侯。蜀賊寇隴右，以尚書持節行征蜀將軍，破賊而還。會諸葛誕之亂，復以尚書行安東將軍。壽春平，拜使持節、都督淮北諸軍事、安東將軍，進爵廣陵侯。轉都督豫州諸軍事、豫州刺史，持節、將軍如故。又轉都督江南諸軍事，徙都督荆州諸軍事、征南大將軍，封郟侯。

武帝受禪，以佐命之勳，進車騎將軍，封高平郡公，遷侍中、大將軍，出爲都督揚州諸軍事，餘如故，假黃鉞。攻拔吳枳里城，破涂中屯戍，賜騫兄子愷爵關中侯。

咸寧初，遷太尉，轉大司馬。騫因入朝，言於帝曰：「胡烈、牽弘皆勇而無謀，强於自用，非綏邊之材，將爲國恥。願陛下詳之。」時弘爲揚州刺史，不承順騫命。帝以爲不協相構，於是徵弘，既至，尋復以爲涼州刺史。騫竊歎息，以爲必敗。二人後果失羌戎之和，皆被寇喪沒，征討連歲，僅而得定，帝乃悔之。

騫少有度量，含垢匿瑕，所在有績。與賈充、石苞、裴秀等俱爲心膂，而騫智度過之，充等亦自以爲不及也。

累處方任，爲士庶所懷。既位極人臣，年踰致仕，思欲退身。咸寧三年，求入朝，因乞骸骨。賜袞冕之服，詔曰：「騫元勳舊德，統乂東夏，方弘遠績，以一吳會，而所苦未除，每表懇切。重勞以方事，今聽留京城，以前太尉府爲大司馬府，增置祭酒二人，帳下司馬、官騎、大車、〔一〕鼓吹皆如前，親兵百人，廚田十頃，廚園五十畝，廚士十人，器物經用皆留給焉。又給乘輿輦，出入殿中加鼓吹，如漢蕭何故事。」騫累稱疾辭位，詔曰：「騫履德論道，朕所諮詢。方賴謀猷，以弘庶績，宜時視事。可遣散騎常侍諭意。」騫輒歸第，詔又遣侍中敦諭還府。遂固請，許之，位同保傅，在三司之上，賜以几杖，不朝，安車駟馬，以高平公還第。帝以其勳舊耆老，禮之甚重。又以騫有疾，聽乘輿上殿。

騫素無謇諤之風，然與帝語傲；及見皇太子加敬，時人以爲諂。弟稚與其子輿忿爭，遂說騫子女穢行，騫表徙弟，以此獲譏於世。

元康二年薨，年八十一。加以衮斂，贈太傅，謚曰武。及葬，帝於大司馬門臨喪，望柩流涕，禮依大司馬石苞故事。子輿嗣爵。

輿字顯初，拜散騎侍郎、洛陽令，遷黄門侍郎，歷將校左軍、大司農、侍中。坐與叔父不睦，出爲河內太守。輿雖無檢正，而有力致。尋卒，子植字弘先嗣，官至散騎常侍。卒，子粹嗣，永嘉中遇害，孝武帝以騫玄孫襲爵。卒，弟子浩之嗣。宋受禪，國除。

裴秀 子頠　秀從弟楷　楷子憲

裴秀字季彦，河東聞喜人也。祖茂，漢尚書令。父潛，魏尚書令。秀少好學，有風操，八歲能屬文。叔父徽有盛名，賓客甚衆。秀年十餘歲，〔二〕有詣徽者，出則過秀。然秀母賤，嫡母宣氏不之禮，嘗使進饌於客，見者皆爲之起。秀母曰：「微賤如此，當應爲小兒故也。」宣氏知之，後遂止。時人爲之語曰：「後進領袖有裴秀。」

渡遼將軍毌丘儉嘗薦秀於大將軍曹爽，曰：「生而岐嶷，長蹈自然；玄靜守眞，性入道奥；博學强記，無文不該；孝友著於鄉黨，高聲聞於遠近。誠宜弼佐謨明，助和鼎味，毗贊大府，光昭盛化。非徒子奇、甘羅之儔，兼包顏、冉、游、夏之美。」爽乃辟爲掾，襲父爵淸陽亭侯，遷黃門侍郎。爽誅，以故吏免。頃之，爲廷尉正，歷文帝安東及衞將軍司馬，軍國之政，多見信納。遷散騎常侍。

帝之討諸葛誕也，秀與尙書僕射陳泰、黃門侍郎鍾會以行臺從，豫參謀略。及誕平，轉尙書，進封魯陽鄉侯，增邑千戶。常道鄉公立，以豫議定策，進爵縣侯，增邑七百戶，遷尙書僕射。魏咸熙初，釐革憲司。時荀顗定禮儀，賈充正法律，而秀改官制焉。秀議五等之爵，自騎督已上六百餘人皆封。於是秀封濟川侯，地方六十里，邑千四百戶，以高苑縣濟川墟爲侯國。

初，文帝未定嗣，而屬意舞陽侯攸。武帝懼不得立，問秀曰：「人有相否？」因以奇表示之。秀後言於文帝曰：「中撫軍人望既茂，天表如此，固非人臣之相也。」由是世子乃定。武帝既卽王位，拜尙書令、右光祿大夫，與御史大夫王沈、衞將軍賈充俱開府，加給事中。及帝受禪，加左光祿大夫，封鉅鹿郡公，邑三千戶。

時安遠護軍郝詡與故人書云：「與尚書令裴秀相知，望其爲益。」有司奏免秀官，詔曰：「不能使人之不加諸我，此古人所難。交關人事，詡之罪耳，豈尚書令能防乎！其勿有所問。」司隸校尉李憙復上言，騎都尉劉尚爲尚書令裴秀占官稻田，求禁止秀。詔又以秀幹翼朝政，有勳績於王室，不可以小疵掩大德，使推正尚罪而解秀禁止焉。

久之，詔曰：「夫三司之任，以翼宣皇極，弼成王事者也。故經國論道，賴之明喆，苟非其人，官不虛備。尚書令、左光祿大夫裴秀，雅量弘博，思心通遠，先帝登庸，贊事前朝。朕受明命，光佐大業，勳德茂著，配蹤元凱。宜正位居體，以康庶績。其以秀爲司空。」

秀儒學洽聞，且留心政事，當禪代之際，總納言之要，其所裁當，禮無違者。又以職在地官，以禹貢山川地名，從來久遠，多有變易。後世說者或强牽引，漸以闇昧。於是甄擿舊文，疑者則闕，古有名而今無者，皆隨事注列，作禹貢地域圖十八篇，奏之，藏於祕府。其序曰：

圖書之設，由來尚矣。自古立象垂制，而賴其用。三代置其官，國史掌厥職。暨漢屠咸陽，丞相蕭何盡收秦之圖籍。今祕書既無古之地圖，又無蕭何所得，惟有漢氏輿地及括地諸雜圖。各不設分率，又不考正準望，亦不備載名山大川。雖有粗形，皆不精審，不可依據。或荒外迂誕之言，不合事實，於義無取。

大晉龍興，混一六合，以清宇宙，始於庸蜀，采入其岨。文皇帝乃命有司，撰訪吳蜀地圖。蜀土既定，六軍所經，地域遠近，山川險易，征路迂直，校驗圖記，罔或有差。今上考禹貢山海川流，原隰陂澤，古之九州，及今之十六州，郡國縣邑，疆界鄉陬，及古國盟會舊名，水陸徑路，爲地圖十八篇。

制圖之體有六焉。一曰分率，所以辨廣輪之度也。二曰準望，所以正彼此之體也。三曰道里，所以定所由之數也。四曰高下，五曰方邪，六曰迂直，此三者各因地而制宜，所以校夷險之異也。有圖象而無分率，則無以審遠近之差；有分率而無準望，雖得之於一隅，必失之於他方；有準望而無道里，則施於山海絕隔之地，不能以相通；有道里而無高下、方邪、迂直之校，則徑路之數必與遠近之實相違，失準望之正矣，故以此六者參而考之。然遠近之實定於分率，彼此之實定於道里，〔三〕度數之實定於高下、方邪、迂直之算。故雖有峻山鉅海之隔，絕域殊方之迥，登降詭曲之因，皆可得舉而定者。準望之法既正，則曲直遠近無所隱其形也。

秀創制朝儀，廣陳刑政，朝廷多遵用之，以爲故事。在位四載，爲當世名公。服寒食散，當飲熱酒而飲冷酒，泰始七年薨，時年四十八。詔曰：「司空經德履哲，體蹈儒雅，佐命翼世，勳業弘茂。方將宣獻敷制，爲世宗範，不幸薨殂，朕甚痛之。其賜祕器、朝服一具、衣襲、錢三十萬、布百匹。諡曰元。」

初，秀以尚書三十六曹統事準例不明，宜使諸卿任職，未及奏而薨。其友人料其書記，得表草言平吳之事，其詞曰：「孫皓酷虐，不及聖明御世兼弱攻昧，使遺子孫，將遂不能臣；時有否泰，非萬安之勢也。臣昔雖已屢言，未有成旨。今旣疾篤不起，謹重尸啓。願陛下時共施用。」乃封以上聞。詔報曰：「司空薨，痛悼不能去心。又得表草，雖在危困，不忘王室，盡忠憂國。省益傷切，輒當與諸賢共論也。」

咸寧初，與石苞等並爲王公，配享廟庭。有二子：濬、頠。濬嗣位，至散騎常侍，早卒。濬庶子憬不惠，別封高陽亭侯，以濬少弟頠嗣。

頠字逸民。弘雅有遠識，博學稽古，自少知名。御史中丞周弼見而嘆曰：「頠若武庫，五兵縱橫，一時之傑也。」賈充卽頠從母夫也，表「秀有佐命之勳，不幸嫡長喪亡，遺孤稚弱。頠才德英茂，足以興隆國嗣」。詔頠襲爵，頠固讓，不許。太康二年，徵爲太子中庶子，遷散騎常侍。惠帝卽位，轉國子祭酒，兼右軍將軍。

初，頠兄子憬爲白衣，頠論述世勳，賜爵高陽亭侯。楊駿將誅也，駿黨左軍將軍劉豫陳兵在門，遇頠，問太傅所在。頠紿之曰：「向於西掖門遇公乘素車，從二人西出矣。」豫曰：

「吾何之？」頠曰：「宜至廷尉。」豫從頠言，遂委而去。尋而詔頠代豫領左軍將軍，屯萬春門。及駿誅，以功當封武昌侯，頠請以封憬，帝竟封頠次子該。頠苦陳憬本承嫡，宜襲鉅鹿，先帝恩旨，辭不獲命。武昌之封，己之所蒙，特請以封憬。該時尙主，故帝不聽。累遷侍中。

時天下暫寧，頠奏修國學，刻石寫經。皇太子旣講，釋奠祀孔子，飮饗射侯，甚有儀序。又令荀藩終父勖之志，鑄鐘鑿磬，以備郊廟朝享禮樂。頠通博多聞，兼明醫術。荀勖之修律度也，檢得古尺，短世所用四分有餘。頠上言：「宜改諸度量。若未能悉革，可先改太醫權衡。此若差違，遂失神農、岐伯之正。藥物輕重，分兩乖互，所可傷夭，爲害尤深。古壽考而今短折者，未必不由此也。」卒不能用。樂廣嘗與頠淸言，欲以理服之，而頠辭論豐博，廣笑而不言。時人謂頠爲言談之林藪。

頠以賈后不悅太子，抗表請增崇太子所生謝淑妃位號，仍啓增置後衞率吏，給三千兵，於是東宮宿衞萬人。遷尙書，侍中如故，加光祿大夫。每授一職，未嘗不殷勤固讓，表疏十餘上，博引古今成敗以爲言，覽之者莫不寒心。

頠深慮賈后亂政，與司空張華、侍中賈模議廢之而立謝淑妃。華、模皆曰：「帝自無廢黜之意，若吾等專行之，上心不以爲是。且諸王方剛，朋黨異議，恐禍如發機，身死國危，無益社稷。」頠曰：「誠如公慮。但昏虐之人，無所忌憚，亂可立待，將如之何？」華曰：「卿二人猶且見信，然勤爲左右陳禍福之戒，冀無大悖。幸天下尙安，庶可優游卒歲。」此謀遂寢。頠旦夕勸說從母廣城君，令戒喩賈后親待太子而已。或說頠曰：「幸與中宮內外可得盡言。言若不行，則可辭病屛退。若二者不立，雖有十表，難乎免矣。」頠慨然久之，而竟不能行。

遷尙書左僕射，侍中如故。頠雖后之親屬，然雅望素隆，四海不謂之以親戚進也，惟恐其不居位。俄復使頠專任門下事，固讓，不聽。頠上言：「賈模適亡，復以臣代，崇外戚之望，彰偏私之舉。后族何常有能自保，皆知重親無脫者也。然漢二十四帝惟孝文、光武、明帝不重外戚，皆保其宗，豈將獨賢，實以安理故也。昔穆叔不拜越禮之饗，臣亦不敢聞殊常之詔。」又表云：「咎繇謨虞，伊尹相商，呂望翊周，蕭張佐漢，咸播功化，光格四極。暨于繼體，咎單、傅說，祖己、樊仲，亦隆中興。或明揚側陋，或起自庶族，豈非尙德之舉，以臻斯美哉！歷觀近世，不能慕遠，溺於近情，多任后親，以致不靜。昔疎廣戒太子以舅氏爲官屬，前世以爲知禮。況朝廷何取於外戚，正復才均，尙當先其疏者，以明至公。漢世不用馮野王，卽其事也。」表上，皆優詔敦譬。

時以陳準子匡、韓蔚子嵩並侍東宮，頠諫曰：「東宮之建，以儲皇極。其所與游接，必簡英俊，宜用成德。匡、嵩幼弱，未識人理立身之節。東宮實體夙成之表，而今有童子侍從之聲，未是光闡遐風之弘理也。」愍懷太子之廢也，頠與張華苦爭不從，語在華傳。

頠深患時俗放蕩，不尊儒術，何晏、阮籍素有高名於世，口談浮虛，不遵禮法，尸祿耽寵，仕不事事；至王衍之徒，聲譽太盛，位高勢重，不以物務自嬰，遂相放效，風教陵遲，乃著崇有之論以釋其蔽曰：

夫總混羣本，宗極之道也。方以族異，庶類之品也。形象著分，有生之體也。化感錯綜，理迹之原也。夫品而爲族，則所稟者偏，偏無自足，故憑乎外資。是以生而可尋，所謂理也。理之所體，所謂有也。有之所須，所謂資也。資有攸合，所謂宜也。擇乎厥宜，所謂情也。識智既授，雖出處異業，默語殊塗，所以寶生存宜，其情一也。衆理並而無害，故貴賤形焉。失得由乎所接，故吉凶兆焉。是以賢人君子，知欲不可絕，而交物有會。觀乎往復，稽中定務。惟夫用天之道，分地之利，躬其力任，勞而後饗。居以仁順，守以恭儉，率以忠信，行以敬讓，志無盈求，事無過用，乃可濟乎！故大建厥極，綏理羣生，訓物垂範，於是乎在，斯則聖人爲政之由也。

若乃淫抗陵肆，則危害萌矣。故欲衍則速患，情佚則怨博，擅恣則興攻，專利則延寇，可謂以厚生而失生者也。悠悠之徒，駭乎若茲之釁，而尋艱爭所緣。察夫偏質有弊，而覩簡損之善，遂闡貴無之議，而建賤有之論。賤有則必外形，外形則必遺制，遺制則必忽防，忽防則必忘禮。禮制弗存，則無以爲政矣。衆之從上，猶水之居器也。故兆庶之情，信於所習；習則心服其業，業服則謂之理然。是以君人必慎所教，班其政刑一切之務，分宅百姓，各授四職，能令稟命之者不肅而安，忽然忘異，莫有遷志。況於據在三之尊，懷所隆之情，敦以爲訓者哉！斯乃昏明所階，不可不審。

夫盈欲可損而未可絕有也，過用可節而未可謂無貴也。蓋有講言之具者，深列有形之故，〔四〕盛稱空無之美。形器之故有徵，空無之義難檢，辯巧之文可悅，似象之言足惑，衆聽眩焉，溺其成說。雖頗有異此心者，辭不獲濟，屈於所狎，因謂虛無之理，誠不可蓋。唱而有和，多往弗反，遂薄綜世之務，賤功烈之用，高浮游之業，埤經實之賢。人情所殉，篤夫名利。於是文者衍其辭，訥者讚其旨，染其衆也。是以立言藉於虛無，謂之玄妙；處官不親所司，謂之雅遠；奉身散其廉操，謂之曠達。故砥礪之風，彌以陵遲。放者因斯，或悖吉凶之禮，而忽容止之表，瀆棄長幼之序，混漫貴賤之級。其甚者至於裸裎，言笑忘宜，以不惜爲弘，士行又虧矣。

老子既著五千之文，表摭穢雜之弊，甄舉靜一之義，有以令人釋然自夷，合於易之損、謙、艮、節之旨。而靜一守本，無虛無之謂也；損艮之屬，蓋君子之一道，非易之所以爲體守本無也。〔五〕觀老子之書雖博有所經，而云「有生於無」，以虛爲主，偏立一家之辭，豈有以而然哉！人之既生，以保生爲全，全之所階，以順感爲務。若味近以虧業，則沈溺之釁興；懷末以忘本，則天理之眞滅。〔六〕故動之所交，存亡之會也。夫有非有，〔七〕於無非無；於無非無，於有非有。是以申縱播之累，而著貴無之文。將以絕所非之盈謬，存大善之中節，收流遁於旣過，反澄正于胸懷。宜其以無爲辭，而旨在全有，故其辭曰「以爲文不足」。若斯，則是所寄之塗，一方之言也。若謂至理信以無爲宗，〔八〕則偏而害當矣。先賢達識，以非所滯，示之深論。惟班固著難，未足折其情。孫卿、楊雄大體抑之，猶偏有所許。而虛無之言，日以廣衍，衆家扇起，各列其說。〔九〕上及造化，下被萬事，莫不貴無，所存僉同。情以衆固，乃號凡有之理皆義之埤者，薄而鄙焉。辯論人倫及經明之業，遂易門肆。頠用矍然，申其所懷，而攻者盈集。或以爲一時口言。有客幸過，咸見命著文，擿列虛無不允之徵。若未能每事釋正，則無家之義弗可奪也。頠退而思之，雖君子宅情，無求於顯，及其立言，在乎達旨而已。然去聖久遠，異同紛糾，苟少有仿佛，可以崇濟先典，扶明大業，有益於時，則惟患言之不能，焉得靜默，及未舉一隅，略示所存而已哉！

夫至無者無以能生，故始生者自生也。自生而必體有，則有遺而生虧矣。生以有爲已分，則虛無是有之所謂遺者也。〔一〇〕故養旣化之有，非無用之所能全也；理旣有之衆，非無爲之所能循也。心非事也，而制事必由於心，然不可以制事以非事，謂心爲無也。匠非器也，而制器必須於匠，然不可以制器以非器，謂匠非有也。是以欲收重泉之鱗，〔一二〕非偃息之所能獲也；隕高墉之禽，非靜拱之所能捷也；審投弦餌之用，非無知之所能覽也。由此而觀，濟有者皆有也，虛無奚益於已有之羣生哉！

王衍之徒攻難交至，並莫能屈。又著辯才論，古今精義皆辨釋焉，未成而遇禍。

初，趙王倫諂事賈后，頠甚惡之。倫數求官，頠與張華復固執不許，由是深爲倫所怨。倫又潛懷篡逆，欲先除朝望，因廢賈后之際遂誅之，時年三十四。二子嵩、該，倫亦欲害之。梁王肜、東海王越稱頠父秀有勳王室，配食太廟，不宜滅其後嗣，故得不死，徙帶方。惠帝反正，追復頠本官，改葬以卿禮，諡曰成。以嵩嗣爵，爲中書黃門侍郎。該出後從伯戩，爲散騎常侍。並爲乞活賊陳午所害。

楷字叔則。父徽，魏冀州刺史。楷明悟有識量，弱冠知名，尤精老易，少與王戎齊名。鍾會薦之於文帝，辟相國掾，遷尚書郎。賈充改定律令，以楷爲定科郎。事畢，詔楷於御前執讀，平議當否。楷善宣吐，左右屬目，聽者忘倦。武帝爲撫軍，妙選僚采，以楷爲參軍事。吏部郎缺，文帝問其人於鍾會。會曰：「裴楷清通，王戎簡要，皆其選也。」於是以楷爲吏部郎。

楷風神高邁，容儀俊爽，博涉羣書，特精理義，時人謂之「玉人」，又稱「見裴叔則如近玉山，映照人也」。轉中書郎，出入宮省，見者肅然改容。武帝初登阼，探策以卜世數多少，而得一，帝不悅。羣臣失色，莫有言者。楷正容儀，和其聲氣，從容進曰：「臣聞天得一以淸，地得一以寧，王侯得一以爲天下貞。」武帝大悅，羣臣皆稱萬歲。俄拜散騎侍郎，累遷散騎常侍、河內太守，入爲屯騎校尉、右軍將軍，轉侍中。

石崇以功臣子有才氣，與楷志趣各異，不與之交。長水校尉孫季舒嘗與崇酣燕，〔一三〕慢傲過度，崇欲表免之。楷聞之，謂崇曰：「足下飲人狂藥，責人正禮，不亦乖乎！」崇乃止。

楷性寬厚，與物無忤。不持儉素，每遊榮貴，輒取其珍玩。雖車馬器服，宿昔之間，便以施諸窮乏。嘗營別宅，其從兄衍見而悅之，卽以宅與衍。梁、趙二王，國之近屬，貴重當時，楷歲請二國租錢百萬，以散親族。人或譏之，楷曰：「損有餘以補不足，天之道也。」安於毀譽，其行己任率，皆此類也。

與山濤、和嶠並以盛德居位，帝嘗問曰：「朕應天順時，海內更始，天下風聲，何得何失？」楷對曰：「陛下受命，四海承風，所以未比德於堯舜者，但以賈充之徒尚在朝耳。方宜引天下賢人，與弘正道，不宜示人以私。」時任愷、庾純亦以充爲言，帝乃出充爲關中都督。充納女於太子，乃止。平吳之後，帝方修太平之化，每延公卿，與論政道。楷陳三五之風，次敍漢魏盛衰之迹。帝稱善，坐者歎服焉。

楷子瓚娶楊駿女，然楷素輕駿，與之不平。駿既執政，乃轉爲衞尉，遷太子少師，優游無事，默如也。及駿誅，楷以婚親收付廷尉，將加法。是日事起倉卒，誅戮縱横，衆人爲之震恐。楷容色不變，舉動自若，索紙筆與親故書。賴侍中傅祗救護得免，猶坐去官。太保衞瓘、太宰亮稱楷貞正不阿附，宜蒙爵土，乃封臨海侯，食邑二千戶。代楚王瑋爲北軍中候，加散騎常侍。瑋怨瓘、亮斥己任楷，楷聞之，不敢拜，轉爲尚書。

楷長子輿先娶亮女，女適衞瓘子，楷慮內難未已，求出外鎭，除安南將軍、假節、都督荆州諸軍事，垂當發而瑋果矯詔誅亮、瓘。瑋以楷前奪己中候，又與亮、瓘婚親，密遣討楷。楷素知瑋有望於己，聞有變，單車入城，匿于妻父王渾家，與亮小子一夜八徙，故得免難。瑋既伏誅，以楷爲中書令，加侍中，與張華、王戎並管機要。

楷有渴利疾，不樂處勢。王渾爲楷請曰：「楷受先帝拔擢之恩，復蒙陛下寵遇，誠竭節之秋也。然楷性不競於物，昔爲常侍，求出爲河內太守；後爲侍中，復求出爲河南尹；與楊駿不平，求爲衞尉；及轉東宮，班在時類之下，安於淡退，有識有以見其心也。楷今委頓，臣深憂之。光祿勳缺，以爲可用。今張華在中書，王戎在尙書，足舉其契，無爲復令楷入。名臣不多，當見將養，不違其志，要其遠濟之益。」不聽，就加光祿大夫、開府儀同三司。及疾篤，詔遣黃門郎王衍省疾，楷回眸矚之曰：「竟未相識。」衍深嘆其神儁。

楷有知人之鑒，初在河南，樂廣僑居郡界，未知名，楷見而奇之，致之於宰府。嘗目夏侯玄云「肅肅如入宗廟中，但見禮樂器」，鍾會「如觀武庫森森，但見矛戟在前」，傅嘏「汪翔靡所不見」，山濤「若登山臨下，幽然深遠」。

初，楷家炊黍在甑，或變如拳，或作血，或作蕪菁子。其年而卒，時年五十五，諡曰元。有五子：輿、瓚、憲、禮、遜。

輿字祖明。少襲父爵，官至散騎侍郎，卒諡曰簡。

瓚字國寶，中書郎，風神高邁，見者皆敬之。特爲王綏所重，每從其遊。綏父戎謂之曰：「國寶初不來，汝數往，何也？」對曰：「國寶雖不知綏，綏自知國寶。」楊駿之誅，爲亂兵所害。

憲字景思。少而穎悟，好交輕俠。及弱冠，更折節嚴重，修尚儒學，足不踰閾者數年。陳郡謝鯤、潁川庾敳皆儁朗士也，見而奇之，相謂曰：「裴憲鯁亮宏達，通機識命，不知其何如父；至於深弘保素，不以世物嬰心者，其殆過之。」

初，侍講東宮，歷黃門吏部郎、侍中。東海王越以爲豫州刺史、北中郎將、假節。王浚承制，以憲爲尚書。永嘉末，王浚爲石勒所破，棗嵩等莫不謝罪軍門，貢賂交錯，惟憲及荀綽恬然私室。勒素聞其名，召而謂之曰：「王浚虐暴幽州，人鬼同疾。孤恭行乾憲，拯茲黎元，疇舊咸歡，慶謝交路。二君齊惡傲威，誠信岨絕，防風之戮，將誰歸乎？」憲神色侃然，泣而對曰：「臣等世荷晉榮，恩遇隆重。王浚凶粗醜正，尚晉之遺藩。雖欣聖化，義岨誠心。且武王伐紂，表商容之閭，未聞商容在倒戈之例也。明公既不欲以道化厲物，必於刑忍爲治者，〔一三〕防風之戮，臣之分也。請就辟有司。」不拜而出。勒深嘉之，待以賓禮。勒乃簿王浚官寮親屬，皆貲至巨萬，惟憲與荀綽家有書百餘袠，鹽米各十數斛而已。勒聞之，謂其長史張賓曰：「名不虛也。吾不喜得幽州，喜獲二子。」署從事中郎，出爲長樂太守。及勒僭號，未遑制度，與王波爲之撰朝儀，於是憲章文物，擬於王者。勒大悅，署太中大夫，遷司徒。

及季龍之世，彌加禮重。憲有二子：挹、璬，並以文才知名。璬仕季龍爲太子中庶子、散騎常侍。挹、璬俱豪俠耽酒，好臧否人物。與河間邢魚有隙，魚竊乘璬馬奔段遼，爲人所獲，魚誣璬使己以季龍當襲鮮卑，告之爲備。時季龍適謀伐遼，而與魚辭正會。季龍悉誅挹、璬，憲亦坐免。未幾，復以爲右光祿大夫、司徒、太傅，封安定郡公。

憲歷官無幹績之稱，然在朝玄默，未嘗以物務經懷。但以德重名高，動見尊禮。竟卒於石氏，以族人峙子邁爲嗣。

楷長兄黎，次兄康，並知名。康子盾，少歷顯位。永嘉中，爲徐州刺史，委任長史司馬奧。奧勸盾刑殺立威，大發良人爲兵，有不奉法者罪便至死。在任三年，百姓嗟怨。東海王越，盾妹夫也。越既薨，騎督滿衡便引所發良人東還。尋而劉元海遣將王桑、趙固向彭城，前鋒數騎至下邳，文武不堪苛政，悉皆散走。盾、奧奔淮陰，妻子爲賊人所得。奧又誘盾降趙固。固妻盾女，有寵，盾向女涕泣，固遂殺之。

盾弟邵，字道期。元帝爲安東將軍，以邵爲長史，王導爲司馬，二人相與爲深交。徵爲太子中庶子，復轉散騎常侍，使持節、都督揚州江西淮北諸軍事、東中郎將，隨越出項，而卒於軍中。及王導爲司空，既拜，嘆曰：「裴道期、劉王喬在，吾不得獨登此位。」導子仲豫與康同字，導思舊好，乃改爲敬豫焉。

楷弟綽，字季舒，器宇宏曠，官至黃門侍郎、長水校尉。綽子遐，善言玄理，音辭清暢，泠然若琴瑟。嘗與河南郭象談論，一坐嗟服。又嘗在平東將軍周馥坐，與人圍棊。馥司馬行酒，遐未卽飲，司馬醉怒，因曳遐墮地。遐徐起還坐，顏色不變，復棊如故。其性虛和如此。東海王越引爲主簿，後爲越子毗所害。

初，裴、王二族盛於魏晉之世，時人以爲八裴方八王：徽比王祥，楷比王衍，康比王綏，綽比王澄，瓚比王敦，遐比王導，頠比王戎，邈比王玄云。

史臣曰：周稱多士，漢曰得人，取類星象，頡頏符契。時乏名流，多以幹翮相許，自家光國，豈陳蹇之謂歟！秀則聲蓋朋僚，稱爲領袖。楷則機神幼發，目以清通。俱爲晉代名臣，良有以也。

贊曰：世既順才，才膺世至。高平沈敏，蘊茲名器。鉅鹿自然，亦云經笥。媧皇鍊石，晉圖開祕。頠有清規，承家來媚。

校勘記

〔一〕大車　各本皆誤作「大軍」，今從宋本。通志一二一上亦作「大車」。

〔二〕秀年十餘歲　各本作「十歲」，無「餘」字，今從宋本。世說賞譽注引虞預晉書、御覽四六五及職官分紀三三引王隱晉書、通志一二一上、册府七七四皆有「餘」字。

〔三〕然遠近之實至定於道里　斠注：類聚六引「然」下有「後」字，「彼此之實」下有「定於準望，徑路之實」八字，當據補。按：初學記五引同類聚。

〔四〕深列有形之故　通鑑八二引「故」作「累」，此處作「累」義長，盖因下文「形器之故」而誤。

〔五〕非易之所以爲體守本無也　李校：「守本無」三字涉上文衍。

〔六〕則天理之眞滅　「滅」，殿本、局本作「滅」，今從宋本。
〔七〕夫有非有　「夫」下疑脫「於」字。
〔八〕若謂至理信以無爲宗　「宗」，各本作「寇」，今從殿本，文義較明。
〔九〕各列其說　「列」，各本作「到」，今從殿本。
〔一〇〕生以有爲已分則虛無是有之所謂遺者也　通鑑八二引作「夫萬物之有者，雖生於無，然生以有爲已分，則無是有之所遺者也」。
〔一一〕是以欲收重泉之鱗　「泉」應作「淵」，蓋唐臣修史時避李淵諱改爲「泉」。
〔一二〕長水校尉孫季舒　「孫」字衍文，季舒爲裴楷弟裴綽，見下傳。餘詳斠注。
〔一三〕必於刑忍爲治者　「治」，各本作「始」，今從殿本。

晉書卷三十六

列傳第六

衞瓘 子恒 孫璪 玠

衞瓘字伯玉，河東安邑人也。高祖暠，漢明帝時，以儒學自代郡徵，至河東安邑卒，因賜所亡地而葬之，子孫遂家焉。父覬，魏尚書。瓘年十歲喪父，至孝過人。性貞靜有名理，以明識清允稱。襲父爵閿鄉侯。弱冠爲魏尚書郎。時魏法嚴苛，母陳氏憂之，瓘自請得徙爲通事郎，轉中書郎。時權臣專政，瓘優游其間，無所親疏，甚爲傅嘏所重，謂之甯武子。在位十年，以任職稱，累遷散騎常侍。陳留王卽位，拜侍中，持節慰勞河北。以定議功，增邑戶。數歲轉廷尉卿。瓘明法理，每至聽訟，小大以情。

鄧艾、鍾會之伐蜀也，瓘以本官持節監艾、會軍事，行鎭西軍司，給兵千人。蜀既平，艾輒承制封拜。會陰懷異志，因艾專擅，密與瓘俱奏其狀。詔使檻車徵之，會遣瓘先收艾。

會以瓘兵少，欲令艾殺瓘，因加艾罪。瓘知欲危己，然不可得而距，乃夜至成都，檄艾所統諸將，稱詔收艾，其餘一無所問。若來赴官軍，爵賞如先；敢有不出，誅及三族。比至雞鳴，悉來赴瓘，唯艾帳內在焉。平旦開門，瓘乘使者車，徑入至成都殿前。艾臥未起，父子俱被執。艾諸將圖欲劫艾，整仗趣瓘營。瓘輕出迎之，僞作表草，將申明艾事，諸將信之而止。

俄而會至，乃悉請諸將胡烈等，因執之，囚益州解舍，遂發兵反。於是士卒思歸，內外騷動，人情憂懼。會留瓘謀議，乃書版云「欲殺胡烈等」，舉以示瓘，瓘不許，因相疑貳。瓘如廁，見胡烈故給使，使宣語三軍，言會反。會逼瓘定議，經宿不眠，各橫刀膝上。在外諸軍已潛欲攻會，瓘既不出，未敢先發。會使瓘慰勞諸軍。瓘心欲去，且堅其意，曰：「卿三軍主，宜自行。」會曰：「卿監司，且先行，吾當後出。」瓘便下殿。會悔遣之，使呼瓘。瓘辭眩疾動，詐仆地。比出閤，數十信追之。瓘至外解，服鹽湯，大吐。瓘素羸，便似困篤。會遣所親人及醫視之，皆言不起，會由是無所憚。及暮，門閉，瓘作檄宣告諸軍。諸軍並已唱義，陵旦共攻會。會率左右距戰，諸將擊敗之，唯帳下數百人隨會繞殿而走，盡殺之。瓘於是部分諸將，羣情肅然。

鄧艾本營將士復追破檻車出艾，還向成都。瓘自以與會共陷艾，懼爲變，又欲專誅會之功，乃遣護軍田續至緜竹，夜襲艾於三造亭，斬艾及其子忠。初，艾之入江由也，以續不進，將斬之，既而赦焉。及瓘遣續，謂之曰：「可以報江由之辱矣。」

事平，朝議封瓘。瓘以克蜀之功，羣帥之力，二將跋扈，自取滅亡，雖運智謀，而無搴旗之效，固讓不受。除使持節、都督關中諸軍事、鎮西將軍，尋遷都督徐州諸軍事、鎮東將軍，增封菑陽侯，以餘爵封弟實開陽亭侯。

泰始初，轉征東將軍，進爵爲公，都督青州諸軍事、青州刺史，加征東大將軍、青州牧。所在皆有政績。除征北大將軍、都督幽州諸軍事、幽州刺史、護烏桓校尉。至鎮，表立平州，後兼督之。于時幽并東有務桓，西有力微，並爲邊害。瓘離閒二虜，遂致嫌隙，於是務桓降而力微以憂死。朝廷嘉其功，賜一子亭侯。瓘乞以封弟，未受命而卒，子密受封爲亭侯。瓘六男無爵，悉讓二弟，遠近稱之。累求入朝，既至，武帝善遇之，俄使旋鎮。

咸寧初，徵拜尚書令，加侍中。性嚴整，以法御下，視尚書若參佐，尚書郎若掾屬。瓘學問深博，明習文藝，與尚書郎敦煌索靖俱善草書，時人號爲「一臺二妙」。漢末張芝亦善草書，論者謂瓘得伯英筋，靖得伯英肉。

太康初，遷司空，侍中、令如故。爲政淸簡，甚得朝野聲譽。武帝敕瓘第四子宣尚繁昌公主。瓘自以諸生之胄，婚對微素，抗表固辭，不許。又領太子少傅，加千兵百騎鼓吹之府。以日蝕，瓘與太尉汝南王亮、司徒魏舒俱遜位，帝不聽。

瓘以魏立九品，是權時之制，非經通之道，宜復古鄉舉里選。與太尉亮等上疏曰：「昔聖王崇賢，舉善而教，用使朝廷德讓，野無邪行。誠以閭伍之政，足以相檢，詢事考言，必得其善，人知名不可虛求，故還修其身。是以崇賢而俗益穆，黜惡而行彌篤。斯則鄉舉里選者，先王之令典也。自茲以降，此法陵遲。魏氏承顛覆之運，起喪亂之後，人士流移，考詳無地，故立九品之制，粗且爲一時選用之本耳。其始造也，鄉邑清議，不拘爵位，褒貶所加，足爲勸勵，猶有鄉論餘風。中間漸染，遂計資定品，使天下觀望，唯以居位爲貴，人棄德而忽道業，爭多少於錐刀之末，傷損風俗，其弊不細。今九域同規，大化方始，臣等以爲宜皆蕩除末法，一擬古制，以土斷，定自公卿以下，皆以所居爲正，無復縣客遠屬異土者。如此，則同鄉鄰伍，皆爲邑里，郡縣之宰，卽以居長，盡除中正九品之制，使舉善進才，各由鄉論。然則下敬其上，人安其教，俗與政俱清，化與法並濟。人知善否之教，不在交遊，卽華競自息，各求於己矣。今除九品，則宜準古制，使朝臣共相舉任，於出才之路既博，且可以厲進賢之公心，覈在位之明闇，誠令典也。」武帝善之，而卒不能改。

惠帝之爲太子也，朝臣咸謂純質，不能親政事。瓘每欲陳啓廢之，而未敢發。後會宴陵雲臺，瓘託醉，因跪帝牀前曰：「臣欲有所啓。」帝曰：「公所言何耶？」瓘欲言而止者三，因以手撫牀曰：「此座可惜！」帝意乃悟，因謬曰：「公眞大醉耶？」瓘於此不復有言。賈后由是怨瓘。

宣尚公主，數有酒色之過。楊駿素與瓘不平，駿復欲自專權重，宣若離婚，瓘必遜位，於是遂與黃門等毀之，諷帝奪宣公主。瓘慚懼，告老遜位。乃下詔曰：「司空瓘年未致仕，而遜讓歷年，欲及神志未衰，以果本情，至眞之風，實感吾心。今聽其所執，進位太保，以公就第。給親兵百人，置長史、司馬、從事中郎掾屬；及大車、官騎、麾蓋、鼓吹諸威儀，一如舊典。給廚田十頃、園五十畝、錢百萬、絹五百匹；牀帳簟褥，主者務令優備，以稱吾崇賢之意焉。」有司又奏收宣付廷尉，免瓘位，詔不許。帝後知黃門虛構，欲還復主，而宣疾亡。

惠帝卽位，復瓘千兵。及楊駿誅，以瓘錄尙書事，加綠綟綬，劍履上殿，入朝不趨，給騎司馬，與汝南王亮共輔朝政。亮奏遣諸王還藩，與朝臣廷議，無敢應者，唯瓘贊其事，楚王瑋由是憾焉。賈后素怨瓘，且忌其方直，不得騁己淫虐；又聞瓘與瑋有隙，遂謗瓘與亮欲爲伊霍之事，啓帝作手詔，使瑋免瓘等官。黃門齎詔授瑋，瑋性輕險，欲騁私怨，夜使清河王遐收瓘。左右疑遐矯詔，咸諫曰：「禮律刑名，台輔大臣，未有此比，且請距之。須自表得報，就戮未晚也。」瓘不從，遂與子恒、嶽、裔及孫等九人同被害，時年七十二。恒二子璪、玠，時在醫家得免。

初，杜預聞瓘殺鄧艾，言於衆曰：「伯玉其不免乎！身爲名士，位居總帥，既無德音，又不御下以正，是小人而乘君子之器，當何以堪其責乎？」瓘聞之，不俟駕而謝。終如預言。初，瓘家人炊飯，墮地盡化爲螺，歲餘而及禍。太保主簿劉繇等冒難收瓘而葬之。

初，瓘爲司空，時帳下督榮晦有罪，瓘斥遣之。及難作，隨兵討瓘，故子孫皆及于禍。楚王瑋之伏誅也，瓘女與國臣書曰：「先公名謚未顯，無異凡人，每怪一國蔑然無言。春秋之失，其咎安在？悲憤感慨，故以示意。」於是繇等執黃旛，撾登聞鼓，上言曰：「初，矯詔者至，公承詔當免，卽便奉送章綬，雖有兵仗，不施一刃，重敕出第，單車從命。如矯詔之文唯免公官，右軍以下卽承詐僞，違其本文，輒戮宰輔，不復表上，橫收公子孫輒皆行刑，賊害大臣父子九人。伏見詔書『爲楚王所誑誤，非本同謀者皆弛遣』。如書之旨，謂里舍人被驅逼齎白杖者耳。律，受教殺人，不得免死。況乎手害功臣，賊殺忠良，雖云非謀，理所不赦。今元惡雖誅，殺賊猶存。臣懼有司未詳事實，或有縱漏，不加精盡，使公父子讎賊不滅，冤魂永恨，訴於穹蒼，酷痛之臣，悲於明世。臣等身被創痍，殯斂始訖。謹條瓘前在司空時，帳下給使榮晦無情被黜，知瓘家人數、小孫名字。〔一〕晦後轉給右軍，其夜晦在門外揚聲大呼，宣詔免公還第。及門開，晦前到中門，復讀所齎僞詔，手取公章綬貂蟬，催公出第。晦按次錄瓘家口及其子孫，皆兵仗將送，著東亭道北圍守，一時之間，便皆斬斫。害公子孫，實由於晦。及將人劫盜府庫，皆晦所爲。考晦一人，衆姦皆出。乞驗盡情僞，加以族誅。」詔從之。

朝廷以瓘舉門無辜受禍，乃追瓘伐蜀勳，封蘭陵郡公，增邑三千戶，謚曰成，贈假黃鉞。

恒字巨山，少辟司空齊王府，轉太子舍人、尚書郎、祕書丞、太子庶子、黃門郎。

恒善草隸書，爲四體書勢曰：

昔在黃帝，創制造物。有沮誦、倉頡者，始作書契，以代結繩，蓋覩鳥跡以興思也。因而遂滋，則謂之字，有六義焉。一曰指事，上、下是也。二曰象形，日、月是也。三曰形聲，江、河是也。四曰會意，武、信是也。五曰轉注，老、考是也。六曰假借，令、長是也。夫指事者，在上爲上，在下爲下。象形者，日滿月虧，效其形也。形聲者，以類爲形，配以聲也。會意者，止戈爲武，人言爲信也。轉注者，以老壽考也。〔三〕假借者，數言同字，其聲雖異，文意一也。自黃帝至三代，其文不改。及秦用篆書，焚燒先典，而古文絕矣。漢武時，魯恭王壞孔子宅，得尚書、春秋、論語、孝經。時人以不復知有古文，謂之科斗書。漢世祕藏，希得見之。魏初傳古文者，出於邯鄲淳。恒祖敬侯寫淳尚書，後以示淳，而淳不別。至正始中，立三字石經，轉失淳法，因科斗之名，遂效其形。太康元年，汲縣人盜發魏襄王冢，得策書十餘萬言。案敬侯所書，猶有髣髴。古書亦有數種，其一卷論楚事者最爲工妙。恒竊悅之，故竭愚思，以贊其美，愧不足厠前賢之作，冀以存古人之象焉。古無別名，謂之字勢云。

「黃帝之史，沮誦、倉頡，眺彼鳥跡，始作書契。紀綱萬事，垂法立制，帝典用宣，質文著世。爰曁暴秦，滔天作戾，大道旣泯，古文亦滅。魏文好古，世傳丘墳，歷代莫發，眞僞靡分。大晉開元，弘道敷訓，天垂其象，地耀其文。其文乃耀，粲矣其章，因聲會意，類物有方。日處君而盈其度，月執臣而虧其旁；雲委蛇而上布，星離離以舒光；禾卉苯蓴以垂穎，山嶽峨嵯而連岡；蟲跂跂其若動，鳥似飛而未揚。觀其錯筆綴墨，用心精專；勢和體均，發止無間。或守正循檢，矩折規旋；或方員靡則，因事制權。其曲如弓，其直如弦。矯然特出，若龍騰于川；森爾下頹，若雨墜于天。或引筆奮力，若鴻鴈高飛，邈邈翩翩；或縱肆阿那，若流蘇懸羽，靡靡緜緜。是故遠而望之，若翔風厲水，清波漪漣；就而察之，有若自然。信黃唐之遺跡，爲六藝之範先。籀篆蓋其子孫，隸草乃其曾玄。覩物象以致思，非言辭之可宣。」

昔周宣王時，史籀始著大篆十五篇，或與古同，或與古異，世謂之籀書者也。及平王東遷，諸侯力政，家殊國異，而文字乖形。秦始皇帝初兼天下，丞相李斯乃奏益之，罷不合秦文者。斯作倉頡篇，中車府令趙高作爰歷篇，太史令胡毋敬作博學篇，皆取史籀大篆，或頗省改，所謂小篆者。或曰，下土人程邈爲衙獄吏，得罪始皇，幽繫雲陽十年，從獄中作大篆，少者增益，多者損減，方者使員，員者使方，奏之始皇。始皇善之，出以爲御史，使定書。或曰，邈所定乃隸字也。自秦壞古文，有八體，一曰大篆，二曰小篆，三曰刻符，四曰蟲書，五曰摹印，六曰署書，七曰殳書，八曰隸書。王莽時，使司空甄豐校文字部，改定古文，復有六書。一曰古文，孔氏壁中書也。二曰奇字，卽古文而異者也。三曰篆書，秦篆書也。四曰佐書，卽隸書也。五曰繆篆，所以摹印也。六曰鳥書，所以書幡信也。及許愼撰說文，用篆書爲正，以爲體例，最可得而論也。秦時李斯號爲二篆，〔三〕諸山及銅人銘皆斯書也。漢建初中，扶風曹喜少異於斯，而亦稱善。邯鄲淳師焉，略究其妙，韋誕師淳而不及也。太和中，誕爲武都太守，以能書，留補侍中，魏氏寶器銘題皆誕書也。漢末又有蔡邕，采斯喜之法，爲古今雜形，然精密閑理不如淳也。

邕作篆勢曰：「鳥遺跡，皇頡循。聖作則，制斯文。體有六，篆爲眞。形要妙，巧入神。或龜文鍼列，櫛比龍鱗；紓體放尾，長短複身；〔四〕穨若黍稷之垂穎，蘊若蟲蛇之棼縕；揚波振擊，鷹跱鳥震；延頸脅翼，勢似陵雲。或輕筆內投，微本濃末，若絕若連；似水露緣絲，〔五〕凝垂下端；從者如懸，衡者如編；杳杪邪趣，不方不員；若行若飛，跂跂翾翾。遠而望之，象鴻鵠羣游，駱驛遷延；迫而視之，端際不可得見，指撝不可勝原。研桑不能數其詰屈，離婁不能覩其郤間，般倕揖讓而辭巧，籀誦拱手而韜翰。處篇籍之首目，粲斌斌其可觀。摛華豔於紈素，爲學藝之範先。喜文德之弘懿，愠作者之莫刊。思字體之頫仰，舉大略而論旃。」

秦既用篆，奏事繁多，篆字難成，卽令隸人佐書，曰隸字。漢因行之，獨符、印璽、幡信、題署用篆。隸書者，篆之捷也。上谷王次仲始作楷法。至靈帝好書，時多能者，而師宜官爲最，大則一字徑丈，小則方寸千言，甚矜其能。或時不持錢詣酒家飲，因書其壁，顧觀者以酬酒，〔六〕討錢足而滅之。每書輒削而焚其柎。梁鵠乃益爲版而飲之酒，候其醉而竊其柎。鵠卒以書至選部尚書。宜官後爲袁術將，今鉅鹿宋子有耿球碑，是術所立，其書甚工，云是宜官也。梁鵠奔劉表，魏武帝破荆州，募求鵠。鵠之爲選部也，魏武欲爲洛陽令，而以爲北部尉，故懼而自縛詣門，署軍假司馬；在祕書以勤書自效，是以今者多有鵠手跡。魏武帝懸著帳中，及以釘壁玩之，以爲勝宜官。今宮殿題署多是鵠篆。〔七〕鵠宜爲大字，邯鄲淳宜爲小字。鵠謂淳得次仲法，然鵠之用筆盡其勢矣。鵠弟子毛弘敎於祕書，今八分皆弘法也。漢末有左子邑，小與淳鵠不同，然亦有名。

魏初有鍾胡二家爲行書法，俱學之於劉德升，而鍾氏小異，然亦各有巧，今大行於世云。作隸勢曰：「鳥跡之變，乃惟佐隸。蠲彼繁文，崇此簡易。厥用既弘，體象有度。煥若星陳，鬱若雲布。其大徑尋，細不容髮。隨事從宜，靡有常制。或穹隆恢廓，或櫛比鍼列，或砥平繩直，或蜿蜒膠戾，或長邪角趣，或規旋矩折。修短相副，異體同勢。奮筆輕舉，離而不絕。纖波濃點，錯落其間。若鍾簴設張，庭燎飛煙。嶄巖巀嵯，高下屬連。似崇臺重宇，增雲冠山。遠而望之，若飛龍在天；近而察之，心亂目眩。奇姿譎詭，不可勝原。研桑所不能計，宰賜所不能言。何草篆之足算，而斯文之未宣。豈體大之難覩，將祕奧之不傳？聊俯仰而詳觀，舉大較而論旃。」

漢興而有草書，不知作者姓名。至章帝時，齊相杜度號善作篇。後有崔瑗、崔寔，亦皆稱工。杜氏殺字甚安，而書體微瘦。崔氏甚得筆勢，而結字小疏。弘農張伯英者，因而轉精甚巧。凡家之衣帛，必書而後練之。臨池學書，池水盡黑。下筆必爲楷則，號怱怱不暇草書。寸紙不見遺，至今世尤寶其書，韋仲將謂之草聖。伯英弟文舒者，次伯英。又有姜孟穎、梁孔達、田彥和及韋仲將之徒，皆伯英弟子，有名於世，然殊不及文舒也。羅叔景、趙元嗣者，與伯英並時，見稱於西州，而矜巧自與，衆頗惑之。故英自稱「上比崔杜不足，下方羅趙有餘」。河間張超亦有名，然雖與崔氏同州，不如伯英之得其法也。

崔瑗作草書勢曰：「書契之興，始自頡皇。寫彼鳥跡，以定文章。爰暨末葉，典籍彌繁。時之多僻，政之多權。官事荒蕪，剿其墨翰。惟作佐隸，舊字是刪。草書之法，蓋又簡略。應時諭指，用於卒迫。兼功并用，愛日省力。純儉之變，豈必古式。觀其法象，俯仰有儀。方不中矩，員不副規；抑左揚右，望之若崎。竦企鳥跱，志在飛移；狡獸暴駭，將奔未馳。或黝黚點黵，狀似連珠，絕而不離；畜怒怫鬱，放逸生奇。或淩邃惴慄，若據槁臨危；旁點邪附，似蜩螗挶枝。絕筆收勢，餘綖糾結，若杜伯揵毒緣巇，騰蛇赴穴，頭沒尾垂。是故遠而望之，摧焉若沮岑崩崖；就而察之，一畫不可移。機微要妙，臨時從宜。略舉大較，髣髴若斯。」

及瓘爲楚王瑋所構，恒聞變，以何劭，嫂之父也，從牆孔中詣之，以問消息。劭知而不告。恒還經廚下，收人正食，因而遇害。後贈長水校尉，謚蘭陵貞世子。二子：璪、玠。

璪字仲寶，襲瓘爵。後東海王越以蘭陵益其國，改封江夏郡公，邑八千五百戶。懷帝即位，爲散騎侍郎。永嘉五年，沒於劉聰。元帝以瓘玄孫崇嗣。

玠字叔寶。年五歲，風神秀異。祖父瓘曰：「此兒有異於衆，顧吾年老，不見其成長耳！」總角乘羊車入市，見者皆以爲玉人，觀之者傾都。驃騎將軍王濟，玠之舅也，儁爽有風姿，每見玠，輒歎曰：「珠玉在側，覺我形穢。」又嘗語人曰：「與玠同遊，冏若明珠之在側，朗然照人。」及長，好言玄理。其後多病體羸，母恒禁其語。遇有勝日，親友時請一言，無不咨嗟，以爲入微。琅邪王澄有高名，少所推服，每聞玠言，輒嘆息絶倒。故時人爲之語曰：「衞玠談道，平子絶倒。」澄及王玄、王濟並有盛名，皆出玠下，世云「王家三子，不如衞家一兒」。玠妻父樂廣，有海內重名，議者以爲「婦公冰清，女壻玉潤」。

辟命屢至，皆不就。久之，爲太傅西閤祭酒，拜太子洗馬。璪爲散騎侍郎，內侍懷帝。玠以天下大亂，欲移家南行。母曰：「我不能舍仲寶去也。」玠啓諭深至，爲門戶大計，母涕泣從之。臨別，玠謂兄曰：「在三之義，人之所重。今可謂致身之日，兄其勉之。」乃扶輿母轉至江夏。

玠妻先亡。征南將軍山簡見之，甚相欽重。簡曰：「昔戴叔鸞嫁女，唯賢是與，不問貴賤，況衞氏權貴門戶令望之人乎！」於是以女妻焉。遂進豫章。是時大將軍王敦鎭豫章，長史謝鯤先雅重玠，相見欣然，言論彌日。敦謂鯤曰：「昔王輔嗣吐金聲於中朝，此子復玉振於江表，微言之緒，絶而復續。不意永嘉之末，復聞正始之音，何平叔若在，當復絶倒。」玠嘗以人有不及，可以情恕；非意相干，可以理遣，故終身不見喜慍之容。以王敦豪爽不羣，而好居物上，恐非國之忠臣，求向建鄴。京師人士聞其姿容，觀者如堵。玠勞疾遂甚，永嘉六年卒，時年二十七，時人謂玠被看殺。葬於南昌。謝鯤哭之慟，人問曰：「子有何恤而致斯哀？」答曰：「棟梁折矣，不覺哀耳。」咸和中，改塋於江寧。丞相王導教曰：「衞洗馬明當改葬。此君風流名士，海內所瞻，可修薄祭，以敦舊好。」後劉惔、謝尚共論中朝人士，或問：「杜乂可方衞洗馬不？」尚曰：「安得相比，其間可容數人。」惔又云：「杜乂膚清，叔寶神清。」其爲有識者所重若此。于時中興名士，唯王承及玠爲當時第一云。

恒族弟展字道舒，歷尚書郎、南陽太守。永嘉中，爲江州刺史，累遷晉王大理。詔有考子證父，或鞭父母問子所在，展以爲恐傷正教，並奏除之。中興建，爲廷尉，上疏宜復肉刑，語在刑法志。卒，贈光祿大夫。

張華　子禕　韙　劉卞

張華字茂先，范陽方城人也。父平，魏漁陽郡守。華少孤貧，自牧羊，同郡盧欽見而器之。鄉人劉放亦奇其才，以女妻焉。華學業優博，辭藻溫麗，朗贍多通，圖緯方伎之書莫不詳覽。少自修謹，造次必以禮度。勇於赴義，篤於周急。器識弘曠，時人罕能測之。

初未知名，著鷦鷯賦以自寄。其詞曰：

何造化之多端，播羣形於萬類。惟鷦鷯之微禽，亦攝生而受氣，育翩翾之陋體，無玄黃以自貴；毛無施於器用，肉不登乎俎味。鷹鸇過猶戢翼，尙何懼於罿罻！翳薈蒙籠，是焉游集。飛不飄揚，翔不翕集。其居易容，其求易給；巢林不過一枝，每食不過數粒。棲無所滯，游無所盤；匪陋荆棘，匪榮茝蘭。動翼而逸，投足而安。委命順理，與物無患。伊茲禽之無知，而處身之似智。不懷寶以賈害，不飾表以招累。靜守性而不矜，動因循而簡易。任自然以爲資，無誘慕於世僞。

鵰鶡介其觜距，鵠鷺軼於雲際，鶤雞竄於幽險，孔翠生乎遐裔，彼晨鳧與歸雁，又矯翼而增逝，咸美羽而豐肌，故無罪而皆斃；徒銜蘆以避繳，終爲戮於此世。蒼鷹鷙而受紲，鸚鵡慧而入籠，屈猛志以服養，塊幽縶於九重；變音聲以順旨，思摧翮而爲庸。戀鍾岱之林野，慕隴坻之高松。雖蒙幸於今日，未若疇昔之從容。海鳥爰居，避風而至；條支巨爵，踰嶺自致；提挈萬里，飄颻逼畏。夫惟體大妨物，而形瓌足偉也。

陰陽陶烝，萬品一區。巨細舛錯，種繁類殊。鷦冥巢於蚊睫，大鵬彌乎天隅，將以上方不足而下比有餘。普天壤而遐觀，吾又安知大小之所如。

陳留阮籍見之，歎曰：「王佐之才也！」由是聲名始著。

郡守鮮于嗣薦華爲太常博士。盧欽言之於文帝，轉河南尹丞，未拜，除佐著作郎。頃之，遷長史，兼中書郎。朝議表奏，多見施用，遂卽眞。晉受禪，拜黃門侍郎，封關內侯。

華强記默識，四海之內，若指諸掌。武帝嘗問漢宮室制度及建章千門萬戶，華應對如流，聽者忘倦，畫地成圖，左右屬目。帝甚異之，時人比之子產。數歲，拜中書令，後加散騎常侍。遭母憂，哀毁過禮，中詔勉勵，逼令攝事。

初，帝潛與羊祜謀伐吳，而羣臣多以爲不可，唯華贊成其計。其後，祜疾篤，帝遣華詣祜，問以伐吳之計，語在祜傳。及將大舉，以華爲度支尙書，乃量計運漕，決定廟算。衆軍旣進，而未有克獲，賈充等奏誅華以謝天下。帝曰：「此是吾意，華但與吾同耳。」時大臣皆以爲未可輕進，華獨堅執，以爲必克。及吳滅，詔曰：「尙書、關內侯張華，前與故太傅羊祜共創大計，遂典掌軍事，部分諸方，算定權略，運籌決勝，有謀謨之勳。其進封爲廣武縣侯，增邑萬戶，封子一人爲亭侯，千五百戶，賜絹萬匹。」

華名重一世，衆所推服，晉史及儀禮憲章並屬於華，多所損益，當時詔誥皆所草定，聲譽益盛，有台輔之望焉。而荀勖自以大族，恃帝恩深，憎疾之，每伺間隙，欲出華外鎭。會帝問華：「誰可託寄後事者？」對曰：「明德至親，莫如齊王攸。」旣非上意所在，微爲忤旨，間言遂行。乃出華爲持節、都督幽州諸軍事、領護烏桓校尉、安北將軍。撫納新舊，戎夏懷之。東夷馬韓、新彌諸國依山帶海，去州四千餘里，歷世未附者二十餘國，並遣使朝獻。於是遠夷賓服，四境無虞，頻歲豐稔，士馬强盛。

朝議欲徵華入相，又欲進號儀同。初，華毁徵士馮紞於帝，紞即紞之弟也，深有寵於帝。紞嘗侍帝，從容論魏晉事，因曰：「臣竊謂鍾會之釁，頗由太祖。」帝變色曰：「卿何言邪！」紞免冠謝曰：「臣愚冗瞽言，罪應萬死。然臣微意，猶有可申。」帝曰：「何以言之？」紞曰：「臣以爲善御者必識六轡盈縮之勢，善政者必審官方控帶之宜，故仲由以兼人被抑，冉求以退弱被進，漢高八王以寵過夷滅，光武諸將由抑損克終。非上有仁暴之殊，下有愚智之異，蓋抑揚與奪使之然耳。鍾會才見有限，而太祖誇獎太過，嘉其謀猷，盛其名器，居以重勢，委以大兵，故使會自謂算無遺策，功在不賞，輈張跋扈，遂搆凶逆耳。向令太祖錄其小能，節以大禮，抑之以權勢，納之以軌則，則亂心無由而生，亂事無由而成矣。」帝曰：「然。」紞稽首曰：「陛下既已然微臣之言，宜思堅冰之漸，無使如會之徒復致覆喪。」帝曰：「當今豈有如會者乎？」紞曰：「東方朔有言『談何容易』，易曰『臣不密則失身』。」帝乃屏左右曰：「卿極言之。」紞曰：「陛下謀謨之臣，著大功於天下，海內莫不聞知，據方鎮總戎馬之任者，皆在陛下聖慮矣。」帝默然。頃之，徵華爲太常。以太廟屋棟折，免官。遂終帝之世，以列侯朝見。

惠帝卽位，以華爲太子少傅，與王戎、裴楷、和嶠俱以德望爲楊駿所忌，皆不與朝政。及駿誅後，將廢皇太后，會羣臣於朝堂，議者皆承望風旨，以爲「春秋絶文姜，今太后自絶於宗廟，亦宜廢黜」。惟華議以爲「夫婦之道，父不能得之於子，子不能得之於父，皇太后非得罪於先帝者也。今黨其所親，爲不母於聖世，宜依漢廢趙太后爲孝成后故事，貶太后之號，還稱武皇后，居異宮，以全貴終之恩」。不從，遂廢太后爲庶人。

楚王瑋受密詔殺太宰汝南王亮、太保衞瓘等，內外兵擾，朝廷大恐，計無所出。華白帝以「瑋矯詔擅害二公，將士倉卒，謂是國家意，故從之耳。今可遣騶虞幡使外軍解嚴，理必風靡」。上從之，瑋兵果敗。及瑋誅，華以首謀有功，拜右光祿大夫、開府儀同三司、侍中、中書監，金章紫綬。固辭開府。

賈謐與后共謀，以華庶族，儒雅有籌略，進無逼上之嫌，退爲衆望所依，欲倚以朝綱，訪以政事。疑而未決，以問裴頠，頠素重華，深贊其事。華遂盡忠匡輔，彌縫補闕，雖當闇主虐后之朝，而海內晏然，華之功也。華懼后族之盛，作女史箴以爲諷。賈后雖凶妒，而知敬重華。久之，論前後忠勳，進封壯武郡公。華十餘讓，中詔敦譬，乃受。數年，代下邳王晃爲司空，領著作。

及賈后謀廢太子，左衞率劉卞甚爲太子所信遇，每會宴，卞必預焉。屢見賈謐驕傲，太子恨之，形于言色，謐亦不能平。卞以賈后謀問華，華曰：「不聞。」卞曰：「卞以寒悴，自須昌小吏受公成拔，以至今日。士感知己，是以盡言，而公更有疑於卞邪！」華曰：「假令有此，君欲如何？」卞曰：「東宮俊乂如林，四率精兵萬人。公居阿衡之任，若得公命，皇太子因朝入錄尚書事，廢賈后於金墉城，兩黃門力耳。」華曰：「今天子當陽，太子，人子也，吾又不受阿衡之命，忽相與行此，是無其君父，而以不孝示天下也。雖能有成，猶不免罪，況權戚滿朝，威柄不一，而可以安乎！」及帝會羣臣於式乾殿，出太子手書，徧示羣臣，莫敢有言者。惟華諫曰：「此國之大禍。自漢武以來，每廢黜正嫡，恒至喪亂。且國家有天下日淺，願陛下詳之。」尚書左僕射裴頠以爲宜先檢校傳書者，又請比校太子手書，不然，恐有詐妄。賈后乃內出太子素啓事十餘紙，衆人比視，亦無敢言非者。議至日西不決，后知華等意堅，因表乞免爲庶人，帝乃可其奏。

初，趙王倫爲鎮西將軍，撓亂關中，氐羌反叛，乃以梁王肜代之。或說華曰：「趙王貪昧，信用孫秀，所在爲亂，而秀變詐，姦人之雄。今可遣梁王斬秀，刈趙之半，以謝關右，不亦可乎！」華從之，肜許諾。秀友人辛冉從西來，言於肜曰：「氐羌自反，非秀之爲。」故得免死。倫既還，諂事賈后，因求錄尚書事，後又求尚書令。華與裴頠皆固執不可，由是致怨，倫、秀疾華如讎。武庫火，華懼因此變作，列兵固守，然後救之，故累代之寶及漢高斬蛇劍、王莽頭、孔子屐等盡焚焉。時華見劍穿屋而飛，莫知所向。

初，華所封壯武郡有桑化爲柏，識者以爲不祥。又華第舍及監省數有妖怪。少子韙以中台星坼，勸華遜位。華不從，曰：「天道玄遠，惟修德以應之耳。不如靜以待之，以俟天命。」及倫、秀將廢賈后，秀使司馬雅夜告華曰：「今社稷將危，趙王欲與公共匡朝廷，爲霸者之事。」華知秀等必成篡奪，乃距之。雅怒曰：「刃將加頸，而吐言如此！」不顧而出。華方晝臥，忽夢見屋壞，覺而惡之。是夜難作，詐稱詔召華，遂與裴頠俱被收。華將死，謂張林曰：「卿欲害忠臣耶？」林稱詔詰之曰：「卿爲宰相，任天下事，太子之廢，不能死節，何也？」華曰：「式乾之議，臣諫事具存，非不諫也。」林曰：「諫若不從，何不去位？」華不能答。須臾，使者至曰：「詔斬公。」華曰：「臣先帝老臣，中心如丹。臣不愛死，懼王室之難，禍不可測也。」遂害之於前殿馬道南，夷三族，朝野莫不悲痛之。時年六十九。

華性好人物，誘進不倦，至于窮賤候門之士有一介之善者，便咨嗟稱詠，爲之延譽。雅愛書籍，身死之日，家無餘財，惟有文史溢于机篋。嘗徙居，載書三十乘。祕書監摯虞撰定官書，皆資華之本以取正焉。天下奇祕，世所希有者，悉在華所。由是博物洽聞，世無與比。

惠帝中，人有得鳥毛長三丈，〔八〕以示華。華見，慘然曰：「此謂海鳧毛也，出則天下亂矣。」陸機嘗餉華鮓，于時賓客滿座，華發器，便曰：「此龍肉也。」衆未之信，華曰：「試以苦酒濯之，必有異。」既而五色光起。機還問鮓主，果云：「園中茅積下得一白魚，質狀殊常，以作鮓，過美，故以相獻。」武庫封閉甚密，其中忽有雉雊。華曰：「此必蛇化爲雉也。」開視，雉側果有蛇蛻焉。吳郡臨平岸崩，出一石鼓，槌之無聲。帝以問華，華曰：「可取蜀中桐材，刻爲魚形，扣之則鳴矣。」於是如其言，果聲聞數里。

初，吳之未滅也，斗牛之間常有紫氣，道術者皆以吳方强盛，未可圖也，惟華以爲不然。及吳平之後，紫氣愈明。華聞豫章人雷煥妙達緯象，乃要煥宿，屏人曰：「可共尋天文，知將來吉凶。」因登樓仰觀。煥曰：「僕察之久矣，惟斗牛之間頗有異氣。」華曰：「是何祥也？」煥曰：「寶劍之精，上徹於天耳。」華曰：「君言得之。吾少時有相者言，吾年出六十，位登三事，當得寶劍佩之。斯言豈效與！」因問曰：「在何郡？」煥曰：「在豫章豐城。」華曰：「欲屈君爲宰，密共尋之，可乎？」煥許之。華大喜，卽補煥爲豐城令。煥到縣，掘獄屋基，入地四丈餘，得一石函，光氣非常，中有雙劍，並刻題，一曰龍泉，一曰太阿。其夕，斗牛間氣不復見焉。煥以南昌西山北巖下土以拭劍，光芒艷發。大盆盛水，置劍其上，視之者精芒炫目。遣使送一劍幷土與華，留一自佩。或謂煥曰：「得兩送一，張公豈可欺乎？」煥曰：「本朝將亂，張公當受其禍。此劍當繫徐君墓樹耳。靈異之物，終當化去，不永爲人服也。」華得劍，寶愛之，常置坐側。華以南昌土不如華陰赤土，報煥書曰：「詳觀劍文，乃干將也，莫邪何復不至？雖然，天生神物，終當合耳。」因以華陰土一斤致煥。煥更以拭劍，倍益精明。華誅，失劍所在。煥卒，子華爲州從事，持劍行經延平津，劍忽於腰間躍出墮水。使人沒水取之，不見劍，但見兩龍各長數丈，蟠縈有文章，沒者懼而反。須臾光彩照水，波浪驚沸，於是失劍。華歎曰：「先君化去之言，張公終合之論，此其驗乎！」華之博物多此類，不可詳載焉。

後倫、秀伏誅，齊王冏輔政，摯虞致箋於冏曰：「間於張華沒後入中書省，得華先帝時答詔本草。先帝問華可以輔政持重付以後事者，華答：『明德至親，莫如先王，宜留以爲社稷之鎮。』其忠良之謀，款誠之言，信於幽冥，沒而後彰，與苟且隨時者不可同世而論也。議者有責華以愍懷太子之事不抗節廷爭。當此之時，諫者必得違命之死。先聖之教，死而無益者，不以責人。故晏嬰，齊之正卿，不死崔杼之難；季札，吳之宗臣，不爭逆順之理。理盡而無所施者，固聖教之所不責也。」冏於是奏曰：「臣聞興微繼絕，聖王之高政；貶惡嘉善，春秋之美義。是以武王封比干之墓，表商容之閭，誠幽明之故有以相通也。孫秀逆亂，滅佐命之國，誅骨鯁之臣，以斲喪王室；肆其虐戾，功臣之後，多見泯滅。張華、裴頠各以見憚取誅於時，解系、解結同以羔羊並被其害，歐陽建等無罪而死，百姓憐之。今陛下更日月之光，布維新之命，然此等諸族未蒙恩理。昔欒郤降在皁隸，而春秋傳其違；幽王絕功臣之後，棄賢者子孫，而詩人以爲刺。臣備忝在職，〔九〕思納愚誠。若合聖意，可令羣官通議。」議者各有所執，而多稱其冤。壯武國臣竺道又詣長沙王，求復華爵位，依違者久之。

太安二年，詔曰：「夫愛惡相攻，佞邪醜正，自古而有。故司空、壯武公華竭其忠貞，思翼朝政，謀謨之勳，每事賴之。前以華弼濟之功，宜同封建，而華固讓至于八九，深陳大制不可得爾，終有顚敗危辱之慮，辭義懇誠，足勸遠近。華之至心，誓於神明。華以伐吳之勳，受爵於先帝。後封既非國體，又不宜以小功踰前大賞。華之見害，俱以姦逆圖亂，濫被枉賊。其復華侍中、中書監、司空、公、廣武侯及所沒財物與印綬符策，遣使弔祭之。」

初，陸機兄弟志氣高爽，自以吳之名家，初入洛，不推中國人士，見華一面如舊，欽華德範，如師資之禮焉。華誅後，作誄，又爲詠德賦以悼之。

華著博物志十篇，及文章並行于世。二子：禕、韙。

禕字彥仲，好學，謙敬有父風，歷位散騎常侍。韙儒博，曉天文，散騎侍郞。同時遇害。禕子輿，字公安，襲華爵。避難過江，辟丞相掾、太子舍人。

劉卞字叔龍，東平須昌人也。本兵家子，質直少言。少爲縣小吏，功曹夜醉如廁，使卞執燭，不從，功曹銜之，以他事補亭子。有祖秀才者，於亭中與刺史箋，久不成，卞教之數言，卓犖有大致。秀才謂縣令曰：「卞，公府掾之精者，卿云何以爲亭子？」令卽召爲門下史，百事疏簡，不能周密。令問卞：「能學不？」答曰：「願之。」卽使就學。無幾，卞兄爲太子長兵，旣死，兵例須代，功曹請以卞代兄役。令曰：「祖秀才有言。」遂不聽。卞後從令至洛，得入太學，試經爲臺四品吏。訪問令寫黃紙一鹿車，卞曰：「劉卞非爲人寫黃紙者也。」訪問知怒，言於中正，退爲尙書令史。或謂卞曰：「君才簡略，堪大不堪小，不如作守舍人。」卞從其言。

後爲吏部令史，遷齊王攸司空主簿，轉太常丞、司徒左西曹掾、尙書郎，所歷皆稱職。累遷散騎侍郎，除幷州刺史。入爲左衞率，知賈后廢太子之謀，甚憂之。以計干張華而不見用，益以不平。賈后親黨微服聽察外間，頗聞卞言，乃遷卞爲輕車將軍、雍州刺史。卞知言泄，恐爲賈后所誅，乃飮藥卒。初，卞之幷州，昔同時爲須昌小吏者十餘人祖餞之，其一人輕卞，卞遣扶出之，人以此少之。

史臣曰：夫忠爲令德，學乃國華，譬衆星之有禮義，人倫之有冠冕也。衞瓘撫武帝之牀，張華距趙倫之命，進諫則伯玉居多，臨危則茂先爲美。遭乎險轍，理有可言：昏亂方凝，則事睽其趣；松筠無改，則死勝於生，固以赴蹈爲期，而不辭乎傾覆者也。俱陷淫網，同嗟承劍，邦家殄瘁，不亦傷哉！

贊曰：賢人委質，道映陵寒。尸祿觀敗，吾生未安。儁以賈滅，張由趙殘。忠於亂世，自古爲難。

校勘記

〔一〕小孫名字　册府九一九「小」作「子」。探下文，作「子」是。

〔二〕以老壽考也　李校：「壽」字誤，疑當作「受」。按：記纂淵海八二引「壽」作「爲」。

〔三〕二篆　魏志劉劭傳注引文章叙錄及水經河水注引俱作「工篆」，「二」盖「工」之形近誤。

〔四〕長短複身　蔡中郎集及類聚七四作「長翅短身」，初學記二一引作「長短副身」。

〔五〕似水露緣絲　李校：「緣」當作「緣」。按：蔡中郎集、初學記二一引「緣」正作「緣」。

〔六〕顧觀者以酬酒　「顧」，各本作「雇」，今從殿本。册府八六一、記纂淵海八二引亦均作「顧」。

〔七〕多是鵠篆　「篆」，各本作「象」，今從殿本。上云「題署用篆」，作「篆」近是。

〔八〕人有得鳥毛長三丈　各本無「長」字，今從宋本。

〔九〕臣備忝在職　「在職」宜從解系傳作「右職」。右職，高職也，見漢書循吏文翁傳。

晉書卷三十七

列傳第七

宗室

安平獻王孚 子邕 邕弟義陽成王望 望子河間平王洪 洪子威 洪弟隨穆王整 整弟竟陵王楙 望弟太原成王輔 輔弟翼 翼弟下邳獻王晃 晃弟太原烈王瓌 瓌弟高陽元王珪 珪弟常山孝王衡 衡弟沛順王景

安平獻王孚字叔達，宣帝次弟也。初，孚長兄朗字伯達，宣帝字仲達，孚弟馗字季達，恂字顯達，進字惠達，通字雅達，敏字幼達，俱知名，故時號爲「八達」焉。孚溫厚廉讓，博涉經史。漢末喪亂，與兄弟處危亡之中，簞食瓢飲，而披閱不倦。性通恕，以貞白自立，未嘗有怨於人。陳留殷武有名於海內，嘗罹罪譴，孚往省之，遂與同處分食，談者稱焉。

魏陳思王植有俊才，清選官屬，以孚爲文學掾。植負才陵物，孚每切諫，初不合意，後乃謝之。遷太子中庶子。魏武帝崩，太子號哭過甚，孚諫曰：「大行晏駕，天下恃殿下爲命。當上爲宗廟，下爲萬國，奈何效匹夫之孝乎！」太子良久乃止，曰：「卿言是也。」時羣臣初聞帝崩，相聚號哭，無復行列。孚厲聲於朝曰：「今大行晏駕，天下震動，當早拜嗣君，以鎭海內，而但哭邪！」孚與尚書和洽罷羣臣，備禁衞，具喪事，奉太子以卽位，是爲文帝。

時當選侍中、常侍等官，太子左右舊人頗諷諭主者，便欲就用，不調餘人。孚曰：「雖有堯舜，必有稷契。今嗣君新立，當進用海內英賢，猶患不得，如何欲因際會自相薦舉邪！官失其任，得者亦不足貴。」遂更他選。轉孚爲中書郎、給事常侍，宿省內，除黃門侍郎，加騎都尉。

時孫權稱藩，請送任子，當遣前將軍于禁還，久而不至。天子以問孚，孚曰：「先王設九服之制，誠以要荒難以德懷，不以諸夏禮責也。陛下承緒，遠人率貢。權雖未送任子，于禁不至，猶宜以寬待之。畜養士馬，以觀其變。不可以嫌疑責讓，恐傷懷遠之義。自孫策至權，奕世相繼，惟强與弱，不在一禁。禁之未至，當有他故耳。」後禁至，果以疾遲留，而任子竟不至。大軍臨江，責其違言，吳遂絕不貢獻。後出爲河內典農，賜爵關內侯，轉清河太守。

初，魏文帝置度支尚書，專掌軍國支計，朝議以征討未息，動須節量。及明帝嗣位，欲用孚，問左右曰：「有兄風不？」答云：「似兄。」天子曰：「吾得司馬懿二人，復何憂哉！」轉爲度支尚書。孚以爲擒敵制勝，宜有備預。每諸葛亮入寇關中，邊兵不能制敵，中軍奔赴，輒不及事機，宜預選步騎二萬，以爲二部，爲討賊之備。又以關中連遭賊寇，穀帛不足，遣冀州農丁五千屯於上邽，秋冬習戰陣，春夏修田桑。由是關中軍國有餘，待賊有備矣。後除尚書右僕射，進爵昌平亭侯，遷尚書令。及大將軍曹爽擅權，李勝、何晏、鄧颺等亂政，孚不視庶事，但正身遠害而已。及宣帝誅爽，孚與景帝屯司馬門，以功進爵長社縣侯，加侍中。

時吳將諸葛恪圍新城，以孚進督諸軍二十萬防禦之。孚次壽春，遣毌丘儉、文欽等進討。諸將欲速擊之，孚曰：「夫攻者，借人之力以爲功，且當詐巧，不可力爭也。」故稽留月餘乃進軍，吳師望風而退。

魏明悼后崩，議書銘旌，或欲去姓而書魏，或欲兩書。孚以爲：「經典正義，皆不應書。凡帝王皆因本國之名以爲天下之號，而與往代相別耳，非爲擇美名以自光也。天稱皇天，則帝稱皇帝；地稱后土，則后稱皇后。此乃所以同天地之大號，流無二之尊名，不待稱國號以自表，不俟稱氏族以自彰。是以春秋隱公三年經曰『三月庚戌天王崩』，尊而稱天，不曰周王者，所以殊乎列國之君也。『八月庚辰宋公和卒』，書國稱名，所以異乎天王也。襄公十五年經曰『劉夏逆王后于齊』，不云逆周王后姜氏者，所以異乎列國之夫人也。至乎列國，則曰『夫人姜氏至自齊』，又曰『紀伯姬卒』，書國稱姓，此所以異乎天王后也。由此考之，尊稱皇帝，赫赫無二，何待於魏乎？尊稱皇后，彰以謚號，何待於姓乎？議者欲書魏者，此以爲天皇之尊，同於往古列國之君也。或欲書姓者，此以爲天皇之后，同於往古之夫人也。乖經典之大義，異乎聖人之明制，非所以垂訓將來，爲萬世不易之式者也。」遂從孚議。

遷司空。代王淩爲太尉。及蜀將姜維寇隴右，雍州刺史王經戰敗，遣孚西鎮關中，統諸軍事。征西將軍陳泰與安西將軍鄧艾進擊維，維退。孚還京師，轉太傅。

及高貴鄉公遭害，百官莫敢奔赴，孚枕尸於股，哭之慟，曰：「殺陛下者臣之罪。」奏推主者。會太后令以庶人禮葬，孚與羣公上表，乞以王禮葬，從之。孚性至愼。宣帝執政，常自退損。後逢廢立之際，未嘗預謀。景文二帝以孚屬尊，不敢逼。後進封長樂公。

及武帝受禪，陳留王就金墉城，孚拜辭，執王手，流涕歔欷，不能自勝。曰：「臣死之日，固大魏之純臣也。」詔曰：「太傅勳德弘茂，朕所瞻仰，以光導弘訓，鎭靜宇內，願奉以不臣之禮。其封爲安平王，邑四萬戶。進拜太宰、持節、都督中外諸軍事。」有司奏，諸王未之國者，所置官屬，權未有備。帝以孚明德屬尊，當宣化樹教，爲羣后作則，遂備置官屬焉。又以孚內有親戚，外有交游，惠下之費，而經用不豐，奉絹二千匹。及元會，詔孚乘輿車上殿，帝於阼階迎拜。既坐，帝親奉觴上壽，如家人禮。帝每拜，孚跪而止之。又給以雲母輦、靑蓋車。

孚雖見尊寵，不以爲榮，常有憂色。臨終，遺令曰：「有魏貞士河內溫縣司馬孚，字叔達，不伊不周，不夷不惠，立身行道，終始若一。當以素棺單椁，斂以時服。」泰始八年薨，時年九十三。帝於太極東堂舉哀三日。詔曰：「王勳德超世，尊寵無二，期頤在位，朕之所倚。庶永百齡，諮仰訓導，奄忽殂隕，哀慕感切。其以東園溫明祕器、朝服一具、衣一襲、緋練百匹、絹布各五百匹、錢百萬、穀千斛以供喪事。諸所施行，皆依漢東平獻王蒼故事。」其家遵孚遺旨，所給器物，一不施用。帝再臨喪，親拜盡哀。及葬，又幸都亭，望柩而拜，哀動左右。給鑾輅輕車，介士武賁百人，吉凶導從二千餘人，前後鼓吹，配饗太廟。九子：邕、望、輔、翼、晃、瓌、珪、衡、景。

邕字子魁。初爲世子，拜步兵校尉、侍中。先孚卒，追贈輔國將軍，謚曰貞。邕子崇爲世孫，又早夭。泰始九年，立崇弟平陽亭侯隆爲安平王。立四年，咸寧二年薨，謚曰穆。無子，國絕。

義陽成王望字子初，出繼伯父朗，寬厚有父風。仕郡上計吏，舉孝廉，辟司徒掾，歷平陽太守、洛陽典農中郎將。從宣帝討王淩，以功封永安亭侯。遷護軍將軍，改封安樂鄉侯，加散騎常侍。時魏高貴鄉公好才愛士，望與裴秀、王沈、鍾會並見親待，數侍宴筵。公性急，秀等居內職，急有召便至。以望外官，特給追鋒車一乘，武賁五人。時景文相繼輔政，未嘗朝覲，權歸晉室。望雖見寵待，每不自安，由是求出，爲征西將軍、持節、都督雍涼二州諸軍事。在任八年，威化明肅。先是蜀將姜維屢寇關中，及望至，廣設方略，維不得爲寇，關中賴之。進封順陽侯。徵拜衞將軍，領中領軍，典禁兵。尋加驃騎將軍、開府。頃之，代何曾爲司徒。

武帝受禪，封義陽王，邑萬戶，給兵二千人。泰始三年，詔曰：「夫尚賢庸勳，尊宗茂親，所以體國經化，式是百辟也。且台司之重，存乎天官，故周建六職，政典爲首。司徒、中領軍，以明德近屬，世濟其美；祖考創業，翼佐大命，出典方任，入贊朝政，文德既著，武功宣暢。逮朕嗣位，弼道惟明，宜登上司，兼統軍戎，內輔帝室，外隆威重。其進位太尉，中領軍如故。置太尉軍司一人，參軍事六人，騎司馬五人。又增置官騎十人，并前三十，假羽葆鼓吹。」

吳將施績寇江夏，邊境騷動。以望統中軍步騎二萬，出屯龍陂，爲二方重鎮，假節，加大都督諸軍事。會荊州刺史胡烈距績，破之，望乃班師。俄而吳將丁奉寇芍陂，望又率諸軍以赴之，未至而奉退。拜大司馬。孫皓率衆向壽春，詔望統中軍二萬，騎三千，據淮北。皓退，軍罷。泰始七年薨，時年六十七，賻贈有加。望性儉吝而好聚斂，身亡之後，金帛盈溢，以此獲譏。四子：弈、洪、整、楙。

弈至黄門郎，先望卒。整亦早亡。以弈子奇襲爵。奇亦好畜聚，不知紀極，遣三部使到交廣商貨，爲有司所奏，太康九年，詔貶爲三縱亭侯。更以章武王威爲望嗣。後威誅，復立奇爲棘陽王以嗣望。

河間平王洪字孔業，出繼叔父昌武亭侯遺。仕魏，歷位典農中郎將、原武太守，封襄賁男。武帝受禪，封河間王。立十二年，咸寧二年薨。二子：威、混。威嗣，徙封章武。其後威既繼義陽王望，更立混爲洪嗣。混歷位散騎常侍，薨。

及洛陽陷，混諸子皆沒于胡。而小子滔初嗣新蔡王確，亦與其兄俱沒。後得南還，與新蔡太妃不協。太興二年上疏，以兄弟並沒在遼東，章武國絕，宜還所生。太妃訟之，事下太常。太常賀循議：「章武、新蔡俱承一國不絕之統，義不得替其本宗而先後傍親。按滔既已被命爲人後矣，必須無復兄弟，本國永絕，然後得還所生。今兄弟在遠，不得言無，道里雖阻，復非絕域。且鮮卑恭命，信使不絕。自宜詔下遼東，依劉羣、盧諶等例，發遣令還，繼嗣本封。謂滔今未得便委離所後也。」元帝詔曰：「滔雖出養，自有所生母。新蔡太妃相待甚薄，滔執意如此。如其不聽，終當紛紜，更爲不可。今便順其所執，還襲章武。」

滔歷位散騎常侍，薨，子休嗣。休與彭城王雄俱奔蘇峻。峻平，休已戰死。弟珍年八歲，以小弗坐。咸和六年襲爵，位至大宗正。薨，無嗣。河間王欽以子範之繼，位至游擊將軍。〔一〕薨，子秀嗣。義熙元年，爲桂陽太守。秀妻桓振之妹，振作逆，秀不自安，謀反，伏誅，國除。

威字景曜，初嗣洪。咸寧三年，徙封章武。太康九年，嗣義陽王望。威凶暴無操行，諂附趙王倫。元康末，爲散騎常侍。倫將篡，使威與黃門郎駱休逼帝奪璽綬，倫以威爲中書令。倫敗，惠帝反正，曰：「阿皮捩吾指，奪吾璽綬，不可不殺。」阿皮，威小字也。於是誅威。

隨穆王整，兄弈卒，以整爲世子。歷南中郎將，封淸泉侯，先父望薨，追贈冠軍將軍。武帝以義陽國一縣追封爲隨縣王。子邁嗣。〔二〕太康九年，以義陽之平林益邁爲隨郡王。

竟陵王楙字孔偉，初封樂陵亭侯，起家參相國軍事。武帝受禪，封東平王，邑三千九十七戶。入爲散騎常侍、尙書。

楙善諂諛，曲事楊駿。及駿誅，依法當死，東安公繇與楙善，故得不坐。尋遷大鴻臚，加侍中。繇欲擅朝政，與汝南王亮不平。亮託以繇討駿顧望，免繇、楙等官，遣楙就國。楙遂殖財貨，奢僭踰制。趙王倫篡位，召還。及義兵起，倫以楙爲衞將軍、都督諸軍事。倫敗，楙免官。齊王冏輔政，繇復爲僕射，舉楙爲平東將軍、都督徐州諸軍事，鎭下邳。成都王穎輔政，進楙爲衞將軍。

會惠帝北征，卽以楙爲車騎將軍，都督如故，使率衆赴鄴。蕩陰之役，東海王越奔于下邳，楙不納，越乃還國。帝旣西幸，越總兵謀迎大駕，楙甚懼。長史王修說曰：「東海宗室重望，今將興義，公宜舉徐州以授之，此克讓之美也。」楙從之，乃自承制都督兗州刺史、車騎將軍，表于天子。時帝在長安，遣使者劉虔卽拜焉。

楙慮兗州刺史苟晞不避己，乃給虔兵，使稱詔誅晞。晞時已避位，楙在州徵求不已，郡縣不堪命。范陽王虓遣晞還兗州，徙楙都督青州諸軍事。楙不受命，背山東諸侯，與豫州刺史劉喬相結。虓遣將田徽擊楙，破之，楙走還國。帝還洛陽，楙乃詣闕。

及懷帝踐阼，改封竟陵王，拜光祿大夫。越出牧豫州，留世子毗及其黨何倫訪察宮省。楙白帝討越，乃合衆襲倫，不克。帝委罪於楙，楙奔竄獲免。越薨，乃出。及洛陽傾覆，爲亂兵所害。

太原成王輔，魏末爲野王太守。武帝受禪，封渤海王，邑五千三百七十九戶，泰始二年之國。後爲衞尉，出爲東中郎將，轉南中郎將。咸寧三年，徙爲太原王，監并州諸軍事。太康四年入朝，五年薨，追贈鎭北將軍。永平元年，更贈衞將軍、開府儀同三司。子弘立，〔三〕元康中爲散騎常侍，後徙封中丘王。三年薨，子鑠立。

翼字子世，少歷顯位，官至武賁中郎將。武帝未受禪而卒，以兄邕之支子承爲嗣，封南宮縣王。薨，子祐嗣立，承遂無後。〔四〕

下邳獻王晃字子明，魏封武始亭侯，〔五〕拜黃門侍郎，改封西安男，出爲東莞太守。武帝受禪，封下邳王，邑五千一百七十六戶，泰始二年就國。

晃孝友貞廉，謙虛下士，甚得宗室之稱。後爲長水校尉、南中郎將。九年，詔曰：「南中郎將、下邳王晃清亮中正，體行明潔，才周政理，有文武策識。其以晃爲使持節、都督寧益二州諸軍事、安西將軍，領益州刺史。」晃以疾不行，更拜尙書，遷右僕射。久之，出爲鎭東將軍、都督青徐二州諸軍事。惠帝卽位，入爲車騎將軍，加散騎常侍。將誅楊駿，以晃領護軍，屯東掖門。尋守尚書令。遷司空，加侍中，令如故。元康六年薨，〔六〕追贈太傅。

二子：裒、綽。裒早卒，綽有篤疾，別封良城縣王，以太原王輔第三子韡〔七〕爲嗣。官至侍中、尚書，早薨，子韶立。

太原烈王瓌字子泉，魏長樂亭侯，改封貴壽鄉侯。歷振威將軍、祕書監，封固始子。武帝受禪，封太原王，邑五千四百九十六戶，泰始二年就國。四年入朝，賜袞冕之服，遷東中郎將。十年薨，詔曰：「瓌乃心忠篤，智器雅亮。歷位文武，有榦事之績。出臨封土，夷夏懷附，鎮守許都，思謀可紀。不幸早薨，朕甚悼之。今安厝在近，其追贈前將軍。」子顒立，徙封河間王，別有傳。

高陽元王珪字子璋，少有才望，魏高陽鄉侯。歷河南令，進封湞陽子，拜給事黃門侍郎。武帝受禪，封高陽王，邑五千五百七十戶。歷北中郎將、督鄴城守諸軍事。泰始六年入朝，以父孚年高，乞留供養。拜尚書，遷右僕射。十年薨，詔遣兼大鴻臚持節監護喪事，贈車騎將軍、儀同三司。

珪有美譽於世，而帝甚悼惜之。無子，詔以太原王輔子緝襲爵。緝立五年，咸寧四年薨，謚曰哀。無子，太康二年詔以太原王瓌世子顒子訟爲緝後，封眞定縣侯。

常山孝王衡字子平，魏封德陽鄉侯。進封汝陽子，爲駙馬都尉。武帝受禪，封常山王，邑三千七百九十戶。二年薨，無子，以安平世子邕第四子敦爲嗣。〔八〕

沛順王景字子文，魏樂安亭侯。歷諫議大夫。武帝受禪，封沛王，邑三千四百戶。立十一年，咸寧元年薨，子韜立。

彭城穆王權 曾孫紘 紘子俊

彭城穆王權字子輿，宣帝弟魏魯相東武城侯馗之子也。初襲封，拜宂從僕射。武帝受禪，封彭城王，邑二千九百戶。出爲北中郎將、都督鄴城守諸軍事。泰始中入朝，賜衮冕之服。咸寧元年薨，子元王植立。歷位後將軍，尋拜國子祭酒、太僕卿、侍中、尚書。出爲安東將軍、都督揚州諸軍事，代淮南王允鎭壽春，未發。或云植助允攻趙王倫，遂以憂薨。贈車騎將軍，增封萬五千戶。子康王釋立，官至南中郎將、持節、平南將軍，分魯國蕃、薛二縣以益其國，凡二萬三千戶。薨，子雄立，坐奔蘇峻伏誅，更以釋子紘嗣。

紘字偉德，初封堂邑縣公。〔九〕建興末，元帝承制，以紘繼高密王據。及帝卽位，拜散騎侍郎，遷翊軍校尉、前將軍。雄之誅也，紘入繼本宗。拜國子祭酒，加散騎常侍，尋遷大宗正、祕書監。有風疾，性理不恒。或欲上疏陳事，歷示公卿。又杜門讓還章印貂蟬，著杜門賦以顯其志。由是更拜光祿大夫，領大宗師，常侍如故。後疾甚，馳騁無度，或攻劫軍寺，或扞傷官屬，醜言悖詈，誹謗上下。又乘車突入端門，至太極殿前。於是御史中丞車灌奏劾，請免紘官，下其國嚴加防錄。成帝詔曰：「王以明德茂親，居宗師之重，宜敷道養德，靜一其操。而頃游行煩數，冒履風塵。宜令官屬已下，各以職奉衞，不得令王復有此勞。內外職司，各愼其局。王可解常侍、光祿、宗師，先所給車牛可錄取，賜米布牀帳以養疾。」咸康八年薨，贈散騎常侍、金紫光祿大夫。二子：玄、俊。

玄嗣立。會庚戌制不得藏戶，玄匿五戶，桓溫表玄犯禁，收付廷尉。既而宥之，位至中書侍郎。薨，子弘之立，位至散騎常侍。薨，子邵之立。〔一〇〕薨，子崇之立。薨，子緝之立。宋受禪，國除。

恭王俊字道度，出嗣高密王略，官至散騎常侍。薨，子敬王純之立，歷臨川內史、司農少府卿、太宰右長史。薨，子恢之立。義熙末，以給事中兼太尉，修謁洛陽園陵。宋受禪，國除。

高密文獻王泰 子孝王略　略兄新蔡武哀王騰　騰子莊王確　略弟南陽王模　模子保

高密文獻王泰字子舒，彭城穆王權之弟，魏陽亭侯，補陽翟令，遷扶風太守。武帝受禪，封隴西王，邑三千二百戶，拜游擊將軍。出爲兗州刺史，加鷹揚將軍。遷使持節、都督寧益二州諸軍事、安西將軍，領益州刺史，稱疾不行。轉安北將軍，代兄權督鄴城守事。遷安西將軍、都督關中事。〔一〕太康初，入爲散騎常侍、前將軍，領鄴城門校尉，以疾去官。後代下邳王晃爲尚書左僕射。出爲鎮西將軍，領護西戎校尉、假節，代扶風王駿都督關中軍事，以疾還京師。永熙初，代石鑒爲司空，尋領太子太保。及楊駿誅，泰領駿營，加侍中，給步兵二千五百人，騎五百匹。泰固辭，乃給千兵百騎。

楚王瑋之被收，泰嚴兵將救之，祭酒丁綏諫曰：「公爲宰相，不可輕動。且夜中倉卒，宜遣人參審定問。」泰從之。瑋既誅，乃以泰錄尚書事，遷太尉，守尚書令，改封高密王，邑萬戶。元康九年薨，追贈太傅。

泰性廉靜，不近聲色。雖爲宰輔，食大國之租，服飾肴膳如布衣寒士。任眞簡率，每朝會，不識者不知其王公也。事親恭謹，居喪哀戚，謙虛下物，爲宗室儀表。當時諸王，惟泰及下邳王晃以節制見稱。雖並不能振施，其餘莫得比焉。泰四子：越、騰、略、模。越自有傳。騰出後叔父，弟略立。

孝王略字元簡，孝敬慈順，小心下士，少有父風。元康初，愍懷太子在東宮，選大臣子弟有名稱者以爲賓友，略與華恒等並侍左右。歷散騎黃門侍郎、散騎常侍、祕書監，出爲安南將軍、持節、都督沔南諸軍事，遷安北將軍、都督青州諸軍事。略逼青州刺史程牧，牧避之，略自領州。永興初，嶮令劉根起兵東萊，〔一二〕誑惑百姓，衆以萬數，攻略於臨淄，略不能距，走保聊城。懷帝卽位，遷使持節、都督荆州諸軍事、征南大將軍、開府儀同三司。〔一三〕京兆流人王逌與叟人郝洛聚衆數千，屯于冠軍。略遣參軍崔曠率將軍皮初、張洛等討逌，爲逌所譎，戰敗。略更遣左司馬曹攄統曠等進逼逌。將大戰，曠在後密自退走，攄軍無繼，戰敗，死之。略乃赦曠罪，復遣部將韓松又督曠攻逌，逌降。尋進開府，加散騎常侍。永嘉三年薨，追贈侍中、太尉。子據立。薨，無子，以彭城康王子紘爲嗣。其後紘歸本宗，立紘子俊以奉其祀。

新蔡武哀王騰字元邁，少拜冗從僕射，封東嬴公，歷南陽、魏郡太守，所在稱職。徵爲宗正，遷太常，轉持節、寧北將軍、都督幷州諸軍事、幷州刺史。惠帝討成都王穎，六軍敗績。騰與安北將軍王浚共殺穎所署幽州刺史和演，率衆討穎。穎遣北中郎將王斌距戰，浚率鮮卑騎擊斌，騰爲後係，大破之。穎懼，挾帝歸洛陽，進騰位安北將軍。永嘉初，遷車騎將軍、都督鄴城守諸軍事，鎭鄴。又以迎駕之勳，改封新蔡王。

初，騰發幷州，次于眞定。值大雪，平地數尺，營門前方數丈雪融不積，騰怪而掘之，得玉馬，高尺許，表獻之。其後公師藩與平陽人汲桑等爲羣盜，起於淸河鄃縣，衆千餘人，寇頓丘。以葬成都王穎爲辭，〔一四〕載穎主而行，與張泓故將李豐等將攻鄴。騰曰：「孤在幷州七年，胡圍城不能克。汲桑小賊，何足憂也。」及豐等至，騰不能守，率輕騎而走，爲豐所害。四子：虞、矯、紹、確。虞有勇力，騰之被害，虞逐豐，豐投水而死。是日，虞及矯、紹幷鉅鹿太守崔曼、車騎長史羊恒、〔一五〕從事中郎蔡克等又爲豐餘黨所害，〔一六〕及諸名家流移依鄴者，死亡並盡。初，鄴中雖府庫虛竭，而騰資用甚饒。性儉嗇，無所振惠，臨急，乃賜將士米可數升，帛各丈尺，是以人不爲用，遂致於禍。及苟晞救鄴，桑還平陽。于時盛夏，尸爛壞不可復識，騰及三子骸骨不獲。庶子確立。

莊王確字嗣安，歷東中郎將、都督豫州諸軍事，鎮許昌。永嘉末，爲石勒所害。無子，初以章武王混子滔奉其祀，其後復以汝南威王祐子弼爲確後。太興元年薨，無子，又以弼弟邈嗣確，位至侍中。薨，子晃立，拜散騎侍郎。桓溫廢武陵王，免晃爲庶人，徙衡陽。孝武帝立晃弟崇繼邈後，爲奴所害，子惠立。宋受禪，國除。

南陽王模字元表，少好學，與元帝及范陽王虓俱有稱於宗室。初封平昌公。惠帝末，拜冗從僕射，累遷太子庶子、員外散騎常侍。成都王穎奔長安，東海王越以模爲北中郎將，鎮鄴。永興初，成都王穎故帳下督公師藩、樓權、郝昌等攻鄴，模左右謀應之。廣平太守丁邵率衆救模，〔一七〕范陽王虓又遣兗州刺史苟晞援之，藩等散走。遷鎮東大將軍，鎮許昌。進爵南陽王。永嘉初，轉征西大將軍、開府、都督秦雍梁益諸軍事，代河間王顒鎮關中。模感丁邵之德，敕國人爲邵生立碑。

時關中饑荒，百姓相噉，加以疾癘，盜賊公行。模力不能制，乃鑄銅人鐘鼎爲釜器以易穀，議者非之。東海王越表徵模爲司空，遣中書監傅祗代之。模謀臣淳于定說模曰：「關中天府之國，霸王之地。今以不能綏撫而還，既於聲望有虧。又公兄弟唱起大事，而並在朝廷，若自强則有專權之罪，弱則受制於人，非公之利也。」模納其言，不就徵。表遣世子保爲西中郎將、東羌校尉，鎮上邽，秦州刺史裴苞距之。模使帳下都尉陳安率衆攻苞，苞奔安定。太守賈疋以郡迎苞，模遣軍司謝班伐疋，疋退奔盧水。其年，進位太尉、大都督。

洛京傾覆，模使牙門趙染戍蒲坂，〔一〇〕染求馮翊太守不得，怒，率衆降于劉聰。聰使其子粲及染攻長安，模使淳于定距之，爲染所敗。士衆離叛，倉庫虛竭，軍祭酒韋輔曰：「事急矣，早降可以免。」模從之，遂降于染。染箕踞攘袂數模之罪，送詣粲。粲殺之，以模妃劉氏賜胡張本爲妻。子保立。

保字景度，少有文義，好述作。初拜南陽國世子。模遇害，保在上邽。其後賈疋死，裴苞又爲張軌所殺，保全有秦州之地，自號大司馬，承制置百官。隴右氐羌並從之，涼州刺史張寔遣使貢獻。及愍帝卽位，以保爲右丞相，加侍中、都督陝西諸軍事。尋進位相國。

模之敗也，都尉陳安歸於保，保命統精勇千餘人以討羌，寵遇甚厚。保將張春等疾之，譖安有異志，請除之，保不許。春等輒伏刺客以刺安，安被創，馳還隴城，遣使詣保，貢獻不絕。

愍帝之蒙塵也，保自稱晉王。時上邽大饑，士衆窘困，張春奉保之南安。陳安自號秦州刺史，稱藩於劉曜。春復奉保奔桑城，將投于張寔。寔使兵迎保，實禦之也。是歲，保病薨，時年二十七。保體質豐偉，嘗自稱重八百斤。喜睡，瘻疾，不能御婦人。無子，張春立宗室司馬瞻奉保後。陳安舉兵攻春，春走，瞻降于安，安送詣劉曜，曜殺之。安迎保喪，以天子禮葬于上邽，謚曰元。

范陽康王綏 子虓

范陽康王綏字子都，彭城王權季弟也。初爲諫議大夫。泰始元年受封，在位十五年。咸寧五年薨，子虓立焉。

虓字武會，少好學馳譽，研考經記，淸辯能言論。以宗室選拜散騎常侍，累遷尚書。出爲安南將軍、都督豫州諸軍事、持節，鎭許昌，進位征南將軍。

河間王顒表立成都王穎爲太弟，爲王浚所破，挾天子還洛陽。虓與東平王楙、鎭東將軍周馥等上言曰：「自愍懷被害，皇儲不建，委重前相，輒失臣節。是以前年太宰與臣，永惟社稷之貳，不可久空，所以共啓成都王穎，以爲國副。受重之後，而弗克負荷。『小人勿用』，而以爲腹心。骨肉宜敦，而猜佻荐至。險詖宜遠，而讒說殄行。此皆臣等不聰不明，失所宗賴。遂令陛下謬於降授，雖戮臣等，不足以謝天下。今大駕還宮，文武空曠，制度荒破，靡有孑遺。臣等雖劣，足匡王室。而道路之言，謂張方與臣等不同。既惜所在興異，又以太宰惇德允元，著於具瞻，每當義節，輒爲社稷宗盟之先。張方受其指教，爲國效節。昔年之舉，有死無貳。此卽太宰之良將，陛下之忠臣。但以受性强毅，不達變通，遂守前志，已致紛紜。然退思惟，既是其不易之節，且慮事翻之後，爲天下所罪，故不卽西還耳。原其本事，實無深責。臣聞先代明主，未嘗不全護功臣，令福流子孫。自中間以來，陛下功臣初無全者，非獨人才皆劣，其於取禍，實由朝廷策之失宜，不相容恕。以一旦之咎，喪其積年之勳，既違周禮議功之典，且使天下之人莫敢復爲陛下致節者。臣等此言，豈獨爲一張方，實爲社稷遠計，欲令功臣長守富貴。臣愚以爲宜委太宰以關右之任，一方事重，及自州郡已下，選舉授任，一皆仰成。若朝之大事，廢興損益，每輒疇諮。此則二伯述職，周召分陝之義，陛下復行於今時。遣方還郡，令羣后申志，時定王室。所加方官，請悉如舊。此則忠臣義士有勸，功臣必全矣。司徒戎，異姓之賢；司空越，公族之望，並忠國愛主，小心翼翼，宜幹機事，委以朝政。安北將軍王浚佐命之胤，率身履道，忠亮清正，遠近所推。如今日之大舉，實有定社稷之勳，此是臣等所以嘆息歸高也。浚宜特崇重之，以副羣望，遂撫幽朔，長爲北藩。臣等竭力扞城，藩屏皇家，陛下垂拱，而四海自正。則四祖之業，必隆於今，日月之暉，昧而復曜。乞垂三思，察臣所言。又可以臣表西示太宰。」

又表曰：「成都王失道，爲姦邪所誤，論王之身，不宜深責。且先帝遺體，陛下羣弟，自元康以來，罪戮相尋，實海內所爲匈匈，而臣等所以痛心。今廢成都，更封一邑，宜其必許。若廢黜尋有禍害，既傷陛下矜慈之恩，又令遠近恒謂公族無復骨肉之情，此實臣等內省悲慚，無顏於四海也。乞陛下察臣忠款。」於是虓先率衆自許屯於滎陽。

會惠帝西遷，虓與從兄平昌公模、長史馮嵩等刑白馬唽血而盟，推東海王越爲盟主，虓都督河北諸軍事、驃騎將軍、持節，領豫州刺史。劉喬不受越等節度，乘虛破許。虓自拔渡河，王浚表虓領冀州刺史，資以兵馬。虓入冀州發兵，又南濟河，破喬等。河間王顒聞喬敗，斬張方，傳首於越。越與虓西迎帝，而顒出奔。於是奉天子還都，拜虓爲司徒。永興三年暴疾薨，時年三十七。無子，養模子黎爲嗣。黎隨模就國，於長安遇害。

濟南惠王遂 曾孫勳

濟南惠王遂字子伯，宣帝弟魏鴻臚丞恂之子也。仕魏關內侯，進封平昌亭侯，歷典軍郎將。景元二年，轉封武城鄉侯、督鄴城守諸軍事、北中郎將。五等建，封祝阿伯，累遷冠軍將軍。武帝受禪，封濟南王。泰始二年薨。二子：耽、緝。耽嗣立，咸寧三年徙爲中山王。是年薨，無子，緝繼。成都王穎以緝爲建威將軍，與石熙等率衆距王浚，沒於陣，薨。無子，國除。

後遂之曾孫勳字偉長，年十餘歲，愍帝末，長安陷，劉曜將令狐泥養爲子。及壯，便弓馬，能左右射。咸和六年，自關右還，自列云「是大長秋恂之玄孫，冠軍將軍濟南惠王遂之曾孫，略陽太守瓘之子」，遂拜謁者僕射，以勇聞。

庾翼之鎭襄陽，以梁州刺史援桓宣卒，〔一九〕請勳代之。初屯西城，退守武當。時石季龍死，中國亂，雍州諸豪帥馳告勳。勳率衆出駱谷，壁于懸鉤，去長安二百里，遣部將劉煥攻長安，又拔賀城。於是關中皆殺季龍太守令長以應勳。勳兵少，未能自固，復還梁州。永和中，張琚據隴東，遣使招勳，勳復入長安。初，京兆人杜洪以豪族陵琚，琚以勇俠侮洪，洪知勳憚琚兵强，因說勳曰：「不殺張琚，關中非國家有也。」勳乃僞請琚，於坐殺之。琚弟走池陽，合衆攻勳，頻戰不利，請和，歸梁州。後桓溫伐關中，命勳出子午道，而爲苻雄所敗，退屯于女媧堡。

俄遷征虜將軍，監關中軍事，領西戎校尉，賜爵通吉亭侯。爲政暴酷，至於治中別駕及州之豪右，言語忤意，卽於坐梟斬之，或引弓自射。西土患其凶虐。在州常懷據蜀，有僭僞之意。桓溫聞之，務相綏懷，以其子康爲漢中太守。勳逆謀已成，憚益州刺史周撫，未發。及撫卒，遂擁衆入劍閣。梁州別駕雍端、西戎司馬隗粹並切諫，勳皆誅之，自號梁益二州牧、成都王。桓溫遣朱序討勳，勳兵潰，爲序所獲，及息龍子、長史梁憚、司馬金壹等送于溫，並斬之，傳首京師。

譙剛王遜 子閔王承〔一〇〕 承子烈王無忌 無忌子敬王恬 恬子忠王尚之 尚之弟恢之 休之 允之 韓延之 恬弟愔

譙剛王遜字子悌，宣帝弟魏中郎進之子也。仕魏關內侯，改封城陽亭侯，參鎮東軍事，拜輕車將軍、羽林左監。五等建，徙封涇陽男。武帝受禪，封譙王，邑四千四百戶。泰始二年薨。二子：隨、承。定王隨立。薨，子邃立，沒于石勒，元帝以承嗣遜。

閔王承字敬才，少篤厚有志行。拜奉車都尉、奉朝請，稍遷廣威將軍、安夷護軍，鎮安定。從惠帝還洛陽，拜游擊將軍。永嘉中，天下漸亂，間行依征南將軍山簡，會簡卒，進至武昌。元帝初鎮揚州，承歸建康，補軍諮祭酒。愍帝徵爲龍驤將軍，不行。元帝爲晉王，承制更封承爲譙王。太興初，拜屯騎校尉，加輔國將軍，領左軍將軍。

承居官儉約，家無別室。尋加散騎常侍，輔國、左軍如故。王敦有無君之心，表疏輕慢。帝夜召承，以敦表示之，曰：「王敦頃年位任足矣，而所求不已，言至於此，將若之何？」承曰：「陛下不早裁之，難將作矣。」帝欲樹藩屏，會敦表以宣城內史沈充爲湘州，帝謂承曰：「湘州南楚險固，在上流之要，控三州之會，是用武之國也。今以叔父居之，何如？」承曰：「臣幸託末屬，身當宿衞，未有驅馳之勞，頻受過厚之遇，夙夜自厲，思報天德。君之所命，惟力是視，敢有辭焉！然湘州蜀寇之餘，人物彫盡，若上憑天威，得之所莅，比及三年，請從戎役。若未及此，雖復灰身，亦無益也。」於是詔曰：「夫王者體天理物，非羣才不足濟其務。外建賢哲，以樹風聲，內睦親親，以廣藩屏。是以太公封齊，伯禽居魯，此先王之令典，古今之通義也。我晉開基，列國相望，乃授琅邪武王，鎮統東夏；汝南文成，總一淮許；扶風、梁王，迭據關右；爰暨東嬴，作司幷州。今公族雖寡，不逮曩時，豈得替舊章乎！散騎常侍、左將軍、譙王承貞素款亮，志存忠恪，便蕃左右，恭肅彌著。今以承監湘州諸軍事、南中郎將、湘州刺史。」

初，劉隗以王敦威權太盛，終不可制，勸帝出諸心腹，以鎮方隅。故先以承爲湘州，續用隗及戴若思等，並爲州牧。承行達武昌，釋戎備見王敦。敦與之宴，欲觀其意，謂承曰：「大王雅素佳士，恐非將帥才也。」承曰：「公未見知耳，鉛刀豈不能一割乎！」承以敦欲測其情，故發此言。敦果謂錢鳳曰：「彼不知懼而學壯語，此之不武，何能爲也。」聽承之鎮。時湘土荒殘，公私困弊，承躬自儉約，乘葦茭車，而傾心綏撫，甚有能名。敦恐其爲己患，詐稱北伐，悉召承境內船乘。承知其姦計，分半與之。

敦尋構難，遣參軍桓羆說承，以劉隗專寵，今便討擊，請承以爲軍司，以軍期上道。承歎曰：「吾其死矣！地荒人鮮，勢孤援絕。赴君難，忠也；死王事，義也。惟忠與義，夫復何求！」便欲唱義，而衆心疑惑。承曰：「吾受國恩，義無有貳。」府長史虞悝慷慨有志節，謂承曰：「王敦居分陝之任，而一旦作逆，天地所不容，人神所痛疾。大王宗室藩屏，寧可從其僞邪！便宜電奮，存亡以之。」於是與悝及弟前丞相掾望、建昌太守長沙王循、衡陽太守淮陵劉翼等共盟誓，囚桓羆，馳檄湘州，指期至巴陵。零陵太守尹奉首同義謀，出軍營陽。於是一州之內，皆同義舉。乃使虞望討諸不服，斬湘東太守鄭澹。澹，敦姊夫也。

敦遣南蠻校尉魏乂、將軍李恒、田嵩等甲卒二萬以攻承。承且戰且守，待救於尹奉、虞望，而城池不固，人情震恐。或勸承南投陶侃，又云可退據零桂。承曰：「吾舉義衆，志在死節，寧偷生苟免，爲奔敗之將乎！事之不濟，其令百姓知吾心耳。」

初，安南將軍甘卓與承書，勸使固守，當以兵出沔口，斷敦歸路，則湘圍自解。承答書曰：「季思足下：勞於王事。天綱暫圮，中原丘墟。四海義士，方謀克復，中興江左，草創始爾，豈圖惡逆萌自寵臣。吾以闇短，託宗皇屬。仰豫密命，作鎭南夏，親奉中詔，成規在心。伯仁諸賢，扼腕歧路，至止尙淺，凡百茫然。豺狼易驚，遂肆醜毒，聞知駭踊，神氣衝越。子來之義，人思自百，不命而至，衆過數千。誠足以決一旦之機，攄山海之憤矣。然迫於倉卒，舟檝未備，魏乂、李恒，尋見圍逼，是故事與意違，志力未展。猥辱來使，深同大趣；嘉謀英算，發自深衷。執讀周復，欣無以量。足下若能卷甲電赴，猶或有濟；若其狐疑，求我枯魚之肆矣。兵聞拙速，未覩工遲。季思足下，勉之勉之！書不盡意，絕筆而已。」

卓軍次賭口，聞王師敗績，停師不進。乂等攻戰日逼，敦又送所得臺中人書疏，令乂射以示承。城內知朝廷不守，莫不悵惋。劉翼戰死，相持百餘日，城遂沒。乂檻送承荆州，刺史王廙承敦旨於道中害之，時年五十九。敦平，詔贈車騎將軍。子無忌立。

烈王無忌字公壽，承之難，以年小獲免。咸和中，拜散騎侍郎，累遷屯騎校尉、中書、黃門侍郎。江州刺史褚裒當之鎭，無忌及丹楊尹桓景等餞於版橋。時王廙子丹楊丞耆之在坐，無忌志欲復讎，拔刀將手刃之，裒、景命左右救捍獲免。御史中丞車灌奏無忌欲專殺人，付廷尉科罪。成帝詔曰：「王敦作亂，閔王遇禍，尋事原情，今王何責。然公私憲制，亦已有斷，王當以體國爲大，豈可尋繹由來，以亂朝憲。主者其申明法令，自今已往，有犯必誅。」於是聽以贖論。

建元初遷散騎常侍，轉御史中丞，出爲輔國將軍、長沙相，又領江夏相，尋轉南郡、河東二郡太守，將軍如故。隨桓溫伐蜀，以勳賜少子愔爵廣晉伯，進號前將軍。永和六年薨，贈衞將軍。二子：恬、愔。恬立。

敬王恬字元愉，少拜散騎侍郎，累遷散騎常侍、黃門郎、御史中丞。值海西廢，簡文帝登阼，未解嚴，大司馬桓溫屯中堂，吹警角，恬奏劾溫大不敬，請科罪。溫視奏歎曰：「此兒乃敢彈我，眞可畏也。」

恬忠正有幹局，在朝憚之。遷右衞將軍、司雍秦梁四州大中正，拜尙書，轉侍中，領左衞將軍，補吳國內史，又領太子詹事。恬旣宗室勳望，有才用，孝武帝時深杖之，以爲都督兗、靑、冀、幽幷揚州之晉陵、徐州之南北郡軍事，領鎭北將軍、兗靑二州刺史、假節。太元十五年薨，追贈車騎將軍。四子：尙之、恢之、允之、休之。尙之立。

忠王尙之字伯道，初拜祕書郎，遷散騎侍郎。恬鎭京口，尙之爲振威將軍、廣陵相，父憂去職。服闋，爲驃騎諮議參軍。宗室之內，世有人物。王國寶之誅也，散騎常侍劉鎭之、彭城內史劉涓子、徐州別駕徐放並以同黨被收，將加大辟。尚之言於會稽王道子曰：「刑獄不可廣，宜釋鎮之等。」道子以尚之昆季並居列職，每事仗焉，乃從之。

兗州刺史王恭忌其盛也，與豫州刺史庾楷並稱兵，以討尚之爲名，南連荊州刺史殷仲堪、南郡公桓玄等。道子命前將軍王珣、右將軍謝琰討恭，尚之距楷。允之與楷子鴻戰於當利，鴻敗走，斬楷將段方，楷單馬奔于桓玄。道子以尚之爲建威將軍、豫州刺史、假節，一依楷故事，尋進號前將軍；允之爲吳國內史；恢之驃騎司馬、丹楊尹；休之襄城太守。各擁兵馬，勢傾朝廷。後將軍元顯執政，亦倚以爲援。

元顯寵倖張法順，每宴會，坐起無別。尚之入朝，正色謂元顯曰：「張法順驅走小人，有何才異，而暴被拔擢。當今聖世，不宜如此。」元顯默然。尚之又曰：「宗室雖多，匡諫者少，王者尚納芻蕘之言，況下官與使君骨肉不遠，蒙眷累世，何可坐視得失而不盡言。」因叱法順令下。舉坐失色，尚之言笑自若，元顯深銜之。後符下西府，令出勇力二千人。尚之不與，曰：「西藩濱接荒餘，寇虜無常，兵止數千，不足戍衞，無復可分徹者。」元顯尤怒。會欲伐桓玄，故無他。

及元顯稱詔西伐，命尚之爲前鋒，尚之子文仲爲寧遠將軍、宣城內史。桓玄至姑孰，遣馮該等攻歷陽，斷洞浦，焚尚之舟艦。尚之率步卒九千陣於浦上，先遣武都太守楊秋屯橫江。秋奔于玄軍，尚之衆潰，逃于涂中十餘日。譙國人韓連、丁元等以告玄，玄害之於建康市。玄上疏以閔王不宜絕嗣，乃更封尚之從弟康之爲譙縣王。安帝反正，追贈尚之衞將軍，以休之長子文思爲尚之嗣，襲封譙郡王。

文思性凶暴，每違軌度，多殺弗辜。好田獵，燒人墳墓，數爲有司所糾，遂與羣小謀逆。劉裕聞之，誅其黨與，送文思付父休之，令自訓厲。後與休之同怨望稱兵，爲裕所敗而死，國除。

恢之字季明，歷官驃騎司馬、丹楊尹。尚之爲桓玄所害，徙恢之等於廣州，而於道中害之。安帝反正，追贈撫軍將軍。

休之字季預。少仕淸塗，以平王恭、庾楷功，拜龍驤將軍、襄城太守，鎭歷陽。桓玄攻歷陽，休之嬰城固守。及尚之戰敗，休之以五百人出城力戰，不捷，乃還城，攜子姪奔于慕容超。聞義軍起，復還京師。大將軍武陵王令曰：「前龍驤將軍休之，才幹貞審，功業既成。歷陽之戰，事在機捷。及至勢乖力屈，奉身出奔，猶鳩集義徒，崎嶇險阻。既應親賢之舉，宜委分陝之重。可監荊益梁寧秦雍六州軍事、領護南蠻校尉、荊州刺史、假節。」到鎭無幾，桓振復襲江陵，休之戰敗，出奔襄陽。寧朔將軍張暢之、高平相劉懷肅自沔攻振，走之。休之還鎭，御史中丞王楨之奏休之失戍，免官。朝廷以豫州刺史魏詠之代之，徵休之還京師，拜後將軍、會稽內史。御史中丞阮歆之奏休之與尚書虞嘯父犯禁嬉戲，降號征虜將軍，尋復爲後將軍。

及盧循作逆，加督浙江東五郡軍事，坐公事免。劉毅誅，復以休之都督荆雍梁秦寧益六州軍事、平西將軍、荆州刺史、假節。以子文思爲亂，上疏謝曰：「文思不能聿修，自貽罪戾，憂懼震惶，惋愧交集。臣御家無方，威訓不振，致使子姪愆法，仰負聖朝。悚赧兼懷，胡顏自處，請解所任，歸罪闕庭。」不許。

後以文思事怨望，遂結雍州刺史魯宗之，將共誅執政。時休之次子文寶及兄子文祖並在都，收付廷尉賜死。劉裕親自征之，密使遺休之治中韓延之書曰：「文思事意，遠近所知。去秋遣康之送還司馬君者，推至公之極也。而了無愧心，久絕表疏，此是天地所不容。吾受命西征，止其父子而已。彼土僑舊，爲之驅逼，一無所問。往年郗僧施、謝劭、任集之等交構積歲，專爲劉毅規謀，所以至此。今卿諸人一時逼迫，本無纖釁。吾虛懷期物，自有由來，今在近路，是諸賢濟身之日。若大軍相臨，交鋒接刃，蘭艾雜揉，或恐不分。故白此意，幷可示同懷諸人。」

延之報曰：「聞親率戎馬，遠履西畿，闔境士庶，莫不恇駭。何者？莫知師出之名故也。辱來疏，始委以譙王前事，良增歎息。司馬平西體國忠貞，款懷待物。以君有匡復之勳，家國蒙賴，推德委誠，每事諮仰。譙王往以微事見劾，猶自遜位，況以大過，而當默然也！但康之前言，有所不盡，故重使胡道，申白所懷。道未及反，已表奏廢之，所不盡者命耳。推寄相與，正當如此，有何不可，便及兵戈。自義旗以來，方伯誰敢不先相諮疇，而徑表天子，可謂欲加之罪，其無辭乎！劉裕足下，海內之人，誰不見足下此心。而復欲誑國士，『天地所不容』，在彼不在此矣。來言『虛懷期物，自有由來』；今伐人之君，啗人以利，眞可謂『虛懷期物，自有由來』矣！劉藩死於閶闔之門，諸葛斃於左右之手。甘言詫方伯，〔三〕襲之以輕兵，遂使席上靡款懷之士，閫外無自信諸侯。以是爲得算，良可恥也。吾誠鄙劣，嘗聞道於君子。以平西之至德，寧可無授命之臣乎！假令天長喪亂，九流渾濁，當與臧洪游於地下耳。」裕得書歎息，以示諸佐曰：「事人當應如此！」

宗之聞裕向荊州，自襄陽就休之共屯江陵。使文思及宗之子軌以兵距裕，戰于江津。休之大敗，遂與宗之俱奔于姚興。裕平姚泓，休之將奔于魏，未至，道死。

允之字季度，出後叔父愔，襲爵廣晉伯，歷位輔國將軍、吳國宣城譙梁內史。王恭、庾楷、桓玄等內伐也，會稽王道子命允之兄弟距楷，破之。元興初，與兄恢之同徙廣州，於道被害。義軍起，追贈太常卿。從弟康之以子文惠襲爵。宋受禪，國除。

韓延之字顯宗，南陽赭陽人，魏司徒曁之後也。少以分義稱。安帝時爲建威將軍、荆州治中，轉平西府錄事參軍。以劉裕父名翹字顯宗，延之遂字顯宗，名兒爲翹，以示不臣劉氏。與休之俱奔姚興。劉裕入關，又奔于魏。

憘字敬王，初封廣晉伯。早卒，無子，兄恬以子允之嗣。

高陽王睦

高陽王睦字子友，譙王遜之弟也。魏安平亭侯，歷侍御史。武帝受禪，封中山王，邑五千二百戶。睦自表乞依六蓼祀皋陶，鄫杞祀相立廟。事下太常，依禮典平議。博士祭酒劉憙等議：「禮記王制，諸侯五廟，二昭二穆，與太祖而五。是則立始祖之廟，謂嫡統承重，一人得立耳。假令支弟並爲諸侯，始封之君不得立廟也。今睦非爲正統，若立祖廟，中山不得並也。後世中山乃得爲睦立廟，爲後世子孫之始祖耳。」詔曰：「禮文不明，此制度大事，宜令詳審，可下禮官博議，乃處當之。」

咸寧三年，睦遣使募徙國內八縣受逋逃、私占及變易姓名、詐冒復除者七百餘戶，冀州刺史杜友奏睦招誘逋亡，不宜君國。有司奏，事在赦前，應原。詔曰：「中山王所行何乃至此，覽奏甚用憮然。廣樹親戚，將以上輔王室，下惠百姓也。豈徒榮崇其身，而使民踰典憲乎！此事當大論得失，正臧否所在耳。苟不宜君國，何論於赦令之間耶。其貶睦爲縣侯。」乃封丹水縣侯。

及吳平，太康初詔復爵。有司奏封江陽王，帝曰：「睦退靜思愆，改修其德，今有爵土，不但以赦。江陽險遠，其以高陽郡封之。」乃封爲高陽王。元康元年，爲宗正。薨於位，世子蔚早卒，孫毅立。拜散騎侍郎，永嘉中沒于石勒。隆安元年，詔以譙敬王恬次子恢之子文深繼毅後。立五年，薨，無嗣，復以高密王純之子法蓮繼之。宋受禪，國除。

任城景王陵 弟順　斌

任城景王陵字子山，宣帝弟魏司隸從事安城亭侯通之子也。初拜議郎。泰始元年，封北海王，邑四千七百戶。三年，轉封任城王，之國。咸寧五年薨，子濟立。拜散騎侍郎、給事中、散騎常侍、輔國將軍。隨東海王越在項，爲石勒所害，二子俱沒。有二弟：順、斌。

順字子思，初封習陽亭侯。及武帝受禪，順歎曰：「事乖唐虞，而假為禪名！」遂悲泣。由是廢黜，徙武威姑臧縣。雖受罪流放，守意不移而卒。

西河繆王斌字子政，魏中郎。武帝受禪，封陳王，邑千七百一十戶。三年，改封西河。咸寧四年薨，子隱立。薨，子喬立。〔三〕

史臣曰：泰始之初，天下少事，革魏餘弊，遵周舊典，並建宗室，以為藩翰。諸父同虞虢之尊，兄弟受魯衞之祉，以為歷紀長久，本支百世。安平風度宏邈，器宇高雅，內弘道義，外闡忠貞。洎高貴薨殂，則枕尸流慟；陳留就國，則拜辭隕涕。語曰「疾風彰勁草」，獻王其有焉。故能位班上列，享年眉壽，清徽至範，為晉宗英，子孫遵業，世篤其慶。高密風監清遠，簡素寡欲，孝以承親，忠以奉上，方諸枝庶，實謂國楨。新蔡、南陽，俱莅方嶽。值王室多難，中原蕪梗，表義甄節，效績艱危。于時醜類實繁，凶威日逞，勢懸衆寡，相繼淪亡，悲夫！譙閔沈雄壯勇，作鎮南服。屬姦回肆亂，稱兵內侮。懷忠憤發，建義湘州，荆沔響應，羣才致力。雖元勳不立，而誠節克彰，垂裕後昆，奕世貞烈，豈不休哉！勳託末屬，稟性凶暴。仍荷朝寄，推轂梁岷，遂棄親背主，負恩放命。憑庸蜀之饒，苞藏不逞；恃江山之固，姦謀日深。是以搢紳切齒，攄積憤之志；義士思奮，厲忘身之節。天道禍淫，應時蕩定。昔汲黯猶在，淮南寢謀，周撫若存，凶渠未發，以邪忌正，異代同規。詩云「自貽伊戚」，其勳之謂矣。習陽憑慶枝葉，守約懷逸，棲情塵外，希蹤物表，顧匹夫之獨善，貴遠節之弘規，言出身播，猶爲幸也。

贊曰：安平立節，雅性貞亮。高密含和，宗室之望。新蔡遇禍，忠全元喪。譙閔徇義，〔一三〕力屈志揚。勳自貽戚，名隕身亡。順不恤忌，流播遐方。

校勘記

〔一〕位至游擊將軍　各本作「位至游擊大將軍」。考異：職官志有游擊將軍，無「大」字。按：錢說是。宋本無「大」字，今從之。通志八〇、册府二八三亦並無「大」字。

〔二〕子邁嗣　職官志「邁」作「萬」。

〔三〕子弘立　勞校：惠紀「弘」作「泓」。

〔四〕子祐嗣立承遂無後　武紀「祐」作「玷」。又疑「立」爲「出」字之誤。考禮志，安平穆王隆無子，以敦爲嗣。敦又無子，以祐嗣敦，故曰「嗣出」。承祇一子，既出繼，故曰「承遂無後」。

〔五〕魏封武始亭侯　各本作「魏武封始亭侯」，「武封」兩字誤倒，今從殿本。蓋晃卒於元康六年，上距魏武卒計七十六年，其生未必能及魏武之世。「武始亭侯」又見魏志張既傳，「始亭侯」無徵。

〔六〕元康六年薨　「元康」原作「咸寧」。周校：「元康」誤「咸寧」。按：惠紀晃以元康六年卒，今據改。

〔七〕第三子韡　各本及音義作「韡」，宋本作「韓」。

〔八〕以安平世子邕第四子敦爲嗣　周校：「敦」當爲「殷」。殷、敦皆邕子。按：周校是。武紀，咸寧元年十月常山王殷薨，若敦，則咸寧三年立爲安平王。

〔九〕初封堂邑縣公　各本作「唐邑縣公」，誤。今從宋本。地理志有堂邑，無唐邑。通志八〇亦作「堂邑」。

〔一〇〕子邵之立　各本無「之」字，今從宋本。通志八〇、册府二八三亦並作「邵之」。

〔一一〕都督關中事　當作「都督關中軍事」。又疑此事爲下文「代扶風王駿都督關中軍事」之重書。

〔一二〕帹令劉根　「帹」原作「惤」，今據漢書地理志上改，見卷十五校記。「劉根」，惠紀、王彌傳並作「劉柏根」。

〔一三〕開府儀同三司　下文云「逌降，尋進開府」，則此時不得先開府，六字蓋衍文。惠紀無，亦可證。

〔一四〕以葬成都王穎爲辭　上文寇頓丘乃公師藩光熙元年事，以葬成都王穎爲辭起兵，乃汲桑永嘉元年事，此時公師藩已死，「以葬」上似當有「桑」字。

〔一五〕羊恒　「恒」，各本作「桓」，今從宋本。

〔一六〕蔡克　「克」，各本作「充」，但禮志中、陸雲傳、蔡謨傳皆作「克」。今從宋本。

〔一七〕丁邵　宋本「邵」作「劭」，良吏傳、石勒載記、通鑑八六又作「紹」。

〔一八〕趙染　愍紀及劉琨傳並作「趙冉」。見卷五校記。

〔一九〕以梁州刺史援桓宣卒　周校：「援」衍文。

〔二〇〕承　見卷六校記，下同。

〔二一〕甘言詑方伯　「詑」下原有「語」字，據宋書及南史宋武紀、通鑑一一七、册府七二五刪。

〔二二〕子賫立　斠注：石勒載記「賫」作「喜」。按：通鑑八七亦作「喜」。

〔二三〕譙閔徇義　「閔」，各本作「門」，今從宋本。

晉書卷三十八

列傳第八

宣五王

宣帝九男，穆張皇后生景帝、文帝、平原王榦，伏夫人生汝南文成王亮、琅邪武王伷、清惠亭侯京、扶風武王駿，張夫人生梁王肜，柏夫人生趙王倫。亮及倫別有傳。〔一〕

平原王榦

平原王榦字子良。少以公子魏時封安陽亭侯，稍遷撫軍中郎將，進爵平陽鄉侯。五等建，改封定陶伯。武帝踐阼，封平原王，邑萬一千三百戶，給鼓吹、駙馬二匹，加侍中之服。咸寧初，遣諸王之國，榦有篤疾，性理不恒，而頗清虛靜退，簡於情欲，故特詔留之。太康末，拜光祿大夫，加侍中，特假金章紫綬，班次三司。惠帝即位，進左光祿大夫，侍中如故，劍履上殿，入朝不趨。

榦雖王大國，不事其務，有所調補，必以才能。雖有爵祿，若不在己，秩奉布帛，皆露積腐爛。陰雨則出犢車而內露車，或問其故，對曰：「露者宜內也。」朝士造之，雖通姓名，必令立車馬於門外，或終夕不見。時有得覲，與人物酬接，亦恂恂恭遜，初無闕失。前後愛妾死，既斂，輒不釘棺，置後空室中，數日一發視，或行淫穢，須其尸壞乃葬之。

趙王倫輔政，以榦爲衞將軍。惠帝反正，復爲侍中，加太保。齊王冏之平趙王倫也，宗室朝士皆以牛酒勞冏，榦獨懷百錢，見冏出之，曰：「趙王逆亂，汝能義舉，是汝之功，今以百錢賀汝。雖然，大勢難居，不可不慎。」冏既輔政，榦詣之，冏出迎拜。榦入，踞其牀，不命冏坐，語之曰：「汝勿效白女兒。」其意指倫也。及冏誅，榦哭之慟，謂左右曰：「宗室日衰，唯此兒最可，而復害之，從今殆矣！」

東海王越興義，至洛陽，往視榦，榦閉門不通。越駐車良久，榦乃使人謝遣，而自於門間闚之。當時莫能測其意，或謂之有疾，或以爲晦迹焉。永嘉五年薨，時年八十。會劉聰寇洛，不遑贈謚。有二子，世子廣早卒，次子永以太熙中封安德縣公，散騎常侍，皆爲善士。遇難，合門堙滅。

琅邪王伷 子覲 澹 繇 漼

琅邪武王伷字子將，正始初封南安亭侯。早有才望，起家爲寧朔將軍，監守鄴城，有綏懷之稱。累遷散騎常侍，進封東武鄉侯，拜右將軍、監兗州諸軍事、兗州刺史。五等初建，封南皮伯。轉征虜將軍、假節。武帝踐阼，封東莞郡王，邑萬六百戶。始置二卿，〔二〕特詔諸王自選令長。伷表讓，不許。入爲尚書右僕射、撫軍將軍，出爲鎮東大將軍、假節、徐州諸軍事，〔三〕代衞瓘鎮下邳。伷鎮御有方，得將士死力，吳人憚之。加開府儀同三司，改封琅邪王，以東莞益其國。

平吳之役，率衆數萬出涂中，孫晧奉箋送璽綬，詣伷請降。詔曰：「琅邪王伷督率所統，連據涂中，使賊不得相救。又使琅邪相劉弘等進軍逼江，賊震懼，遣使奉僞璽綬。又使長史王恆率諸軍渡江，破賊邊守，獲督蔡機，斬首降附五六萬計，諸葛靚、孫奕等皆歸命請死。功勳茂著，其封子二人爲亭侯，各三千戶，賜絹六千匹。」頃之，并督青州諸軍事，加侍中之服。進拜大將軍、開府儀同三司。

伷既戚屬尊重，加有平吳之功，克己恭儉，無矜滿之色，僚吏盡力，百姓懷化。疾篤，賜牀帳、衣服、錢帛、秔粱等物，遣侍中問焉。太康四年薨，時年五十七。臨終表求葬母太妃陵次，并乞分國封四子，帝許之。子恭王覲立。又封次子澹爲武陵王，繇爲東安王，漼爲淮陵王。

覲字思祖，拜冗從僕射。太熙元年薨，時年三十五。子睿立，是爲元帝。中興初，以皇子裒爲琅邪王，奉恭王祀。裒早薨，更以皇子煥爲琅邪王。〔四〕其日薨，復以皇子昱爲琅邪王。咸和之初，既徙封會稽，成帝又以康帝爲琅邪王。康帝卽位，封成帝長子哀帝爲琅邪王。哀帝卽位，以廢帝爲琅邪王。廢帝卽位，以會稽王攝行琅邪國祀。簡文帝登阼，琅邪王無嗣。及帝臨崩，封少子道子爲琅邪王。道子後爲會稽王，更以恭帝爲琅邪王。帝既卽位，琅邪國除。

武陵莊王澹字思弘。初爲冗從僕射，後封東武公，邑五千二百戶。轉前將軍、中護軍。性忌害，無孝友之行。弟東安王繇有令名，爲父母所愛，澹惡之如讐，遂譖繇於汝南王亮，亮素與繇有隙，奏廢徙之。趙王倫作亂，以澹爲領軍將軍。澹素與河內郭俶、俶弟侃親善。酒酣，俶等言張華之冤，澹性酗酒，因並殺之，送首于倫，其酗虐如此。

澹妻郭氏，賈后內妹也。初恃勢，無禮於澹母。齊王冏輔政，澹母諸葛太妃表澹不孝，乞還繇，由是澹與妻子徙遼東。其子禧年五歲，不肯隨去，曰：「要當爲父求還，無爲俱徙。」陳訴歷年，太妃薨，繇被害，然後得還。拜光祿大夫、尚書、太子太傅，改封武陵王。永嘉末爲石勒所害，子哀王喆立。喆字景林，拜散騎常侍，亦爲勒所害。無子，其後元帝立皇子晞爲武陵王，以奉澹祀焉。

東安王繇字思玄。初拜東安公，歷散騎黃門侍郎，遷散騎常侍。美鬚髯，性剛毅，有威望，博學多才，事親孝，居喪盡禮。誅楊駿之際，繇屯雲龍門，兼統諸軍，以功拜右衞將軍，領射聲校尉，進封郡王，邑二萬戶，加侍中，兼典軍大將軍，領右衞如故。遷尚書右僕射，加散騎常侍。是日誅賞三百餘人，皆自繇出。東夷校尉文俶父欽爲繇外祖諸葛誕所殺，〔五〕繇慮俶爲舅家之患，是日亦以非罪誅俶。

繇兄澹屢構繇於汝南王亮，亮不納。至是以繇專行誅賞，澹因隙譖之，亮惑其說，遂免繇官，以公就第，坐有悖言，廢徙帶方。永康初，〔六〕徵繇，復封，拜宗正卿，遷尚書，轉左僕射。惠帝之討成都王穎，時繇遭母喪在鄴，勸穎解兵而降。及王師敗績，穎怨繇，乃害之。後立琅邪王覲子長樂亭侯渾爲東安王，以奉繇祀。尋薨，國除。

淮陵元王漼字思沖。初封廣陵公，食邑二千九百戶。歷左將軍、散騎常侍。趙王倫之篡也，三王起義，漼與左衞將軍王輿攻殺孫秀，因而廢倫。以功進封淮陵王，入爲尚書，加侍中，轉宗正、光祿大夫。薨，子貞王融立。薨，無子，安帝時立武陵威王孫蘊爲淮陵王，以奉元王之祀，位至散騎常侍。薨，無子，以臨川王寶子安之爲嗣。宋受禪，國除。

清惠亭侯京

清惠亭侯京字子佐，魏末以公子賜爵。年二十四薨，追贈射聲校尉，以文帝子機字太玄爲嗣。泰始元年，封燕王，邑六千六百六十三戶。機之國，咸寧初徵爲步兵校尉，以漁陽郡益其國，加侍中之服。拜青州都督、鎮東將軍、假節，以北平、上谷、廣甯郡一萬三百三十七戶增燕國爲二萬戶。〔七〕薨，無子，齊王冏表以子幾嗣。〔八〕後冏敗，國除。

扶風王駿 子暢 歆

扶風武王駿字子臧。幼聰惠，年五六歲能書疏，諷誦經籍，見者奇之。及長，淸貞守道，宗室之中最爲儁望。魏景初中，封平陽亭侯。齊王芳立，駿年八歲，爲散騎常侍侍講焉。尋遷步兵、屯騎校尉，常侍如故。進爵鄉侯，出爲平南將軍、假節、都督淮北諸軍事，改封平壽侯，轉安東將軍。咸熙初，徙封東牟侯，轉安東大將軍，鎮許昌。

武帝踐阼，進封汝陰王，邑萬戶，都督豫州諸軍事。吳將丁奉寇芍陂，駿督諸軍距退之。遷使持節、都督揚州諸軍事，代石苞鎮壽春。尋復都督豫州，還鎮許昌。遷鎮西大將軍、使持節、都督雍涼等州諸軍事，代汝南王亮鎮關中，加袞冕侍中之服。

駿善撫御，有威恩，勸督農桑，與士卒分役，己及僚佐并將帥兵士等人限田十畝，具以表聞。詔遣普下州縣，使各務農事。

咸寧初，羌虜樹機能等叛，遣衆討之，斬三千餘級。進位征西大將軍，開府辟召，儀同三司，持節、都督如故。又詔駿遣七千人代涼州守兵。樹機能、侯彈勃等欲先劫佃兵，駿命平虜護軍文俶督涼、秦、雍諸軍各進屯以威之。機能乃遣所領二十部及彈勃面縛軍門，各遣入質子。安定、北地、金城諸胡吉軻羅、侯金多及北虜熱冏等二十萬口又來降。其年入朝，徙封扶風王，以氐戶在國界者增封，給羽葆、鼓吹。太康初，進拜驃騎將軍，開府、持節、都督如故。

駿有孝行，母伏太妃隨兄亮在官，駿常涕泣思慕，若聞有疾，輒憂懼不食，或時委官定省。少好學，能著論，與荀顗論仁孝先後，文有可稱。及齊王攸出鎮，駿表諫懇切，以帝不從，遂發病薨。追贈大司馬，加侍中、假黃鉞。西土聞其薨也，泣者盈路，百姓爲之樹碑，長老見碑無不下拜，其遺愛如此。有子十人，暢、歆最知名。

暢字玄舒。改封順陽王，拜給事中、屯騎校尉、游擊將軍。永嘉末，劉聰入洛，不知所終。

新野莊王歆字弘舒。武王薨後，兄暢推恩請分國封歆。太康中，詔封新野縣公，邑千八百戶，儀比縣王。歆雖少貴，而謹身履道。母臧太妃薨，居喪過禮，以孝聞。拜散騎常侍。趙王倫篡位，以爲南中郎將。齊王冏舉義兵，移檄天下，歆未知所從。嬖人王綏曰：「趙親而强，齊疏而弱，公宜從趙。」參軍孫洵大言於衆曰：〔九〕「趙王凶逆，天下當共討之，大義滅親，古之明典。」歆從之。乃使洵詣冏，冏迎執其手曰：「使我得成大節者，新野公也。」冏入洛，歆躬貫甲冑，率所領導冏。以勳進封新野郡王，邑二萬戶。遷使持節、都督荆州諸軍事、鎭南大將軍、開府儀同三司。

歆將之鎭，與冏同乘謁陵，因說冏曰：「成都至親，同建大勳，今宜留之與輔政。若不能爾，當奪其兵權。」冏不從。俄而冏敗，歆懼，自結於成都王穎。

歆爲政嚴刻，蠻夷並怨。及張昌作亂於江夏，歆表請討之。時長沙王乂執政，與成都王穎有隙，疑歆與穎連謀，不聽歆出兵，昌衆日盛。時孫洵爲從事中郎，謂歆曰：「古人有言，一日縱敵，數世之患。公荷藩屏之任，居推轂之重，拜表輒行，有何不可！而使姦凶滋蔓，禍釁不測，豈維翰王室，鎭靜方夏之謂乎！」歆將出軍，王綏又曰：「昌等小賊，偏裨自足制之，不煩違帝命，親矢石也！」乃止。昌至樊城，歆出距之，衆潰，爲昌所害。追贈驃騎將軍。無子，以兄子劭爲後，永嘉末沒於石勒。

梁王肜

梁孝王肜字子徽。淸修恭愼，無他才能，以公子封平樂亭侯。及五等建，改封開平子。武帝踐阼，封梁王，邑五千三百五十八戶。及之國，遷北中郎將，督鄴城守事。

時諸王自選官屬，肜以汝陰上計吏張蕃爲中大夫。蕃素無行，本名雄，妻劉氏解音樂，爲曹爽教伎。蕃又往來何晏所，而恣爲姦淫。晏誅，徙河閒，乃變名自結於肜。爲有司所奏，詔削一縣。咸寧中，復以陳國、汝南南頓增封爲次國。太康中，代孔洵監豫州軍事，〔一〇〕加平東將軍，鎭許昌。頃之，又以本官代下邳王晃監靑徐州軍事，進號安東將軍。元康初，轉征西將軍，代秦王柬都督關中軍事，領護西戎校尉。加侍中，進督梁州。尋徵爲衞將軍、錄尙書事，行太子太保，給千兵百騎。久之，復爲征西大將軍，代趙王倫鎭關中，都督涼、雍諸軍事，置左右長史、司馬。又領西戎校尉，屯好畤，督建威將軍周處、振威將軍盧播等伐氐賊齊萬年於六陌。肜與處有隙，促令進軍而絕其後，播又不救之，故處見害。朝廷尤之。尋徵拜大將軍、尚書令、領軍將軍、錄尚書事。〔二〕

肜嘗大會，謂參軍王銓曰：「我從兄爲尚書令，不能啖大臠。大臠故難。」銓曰：「公在此獨嚼，尚難矣。」肜曰：「長史大臠爲誰？」曰：「盧播是也。」肜曰：「是家吏，隱之耳。」銓曰：「天下咸是家吏，便恐王法不可復行。」肜又曰：「我在長安，作何等不善！」因指單衣補幪以爲清。銓答曰：「朝野望公舉薦賢才，使不仁者遠。而位居公輔，以衣補幪，以此爲清，無足稱也。」肜有慚色。

永康初，共趙王倫廢賈后，詔以肜爲太宰、守尚書令，增封二萬戶。趙王倫輔政，有星變，占曰「不利上相」。孫秀懼倫受災，乃省司徒爲丞相，以授肜，猥加崇進，欲以應之。或曰：「肜無權，不益也。」肜固讓不受。及倫篡位，以肜爲阿衡，給武賁百人，軒懸之樂十人。倫滅，詔以肜爲太宰，領司徒，又代高密王泰爲宗師。

永康二年薨，〔三〕喪葬依汝南文成王亮故事。博士陳留蔡克議謚曰：「肜位爲宰相，責深任重，屬尊親近，且爲宗師，朝所仰望，下所具瞻。而臨大節，無不可奪之志；當危事，不能舍生取義；愍懷之廢，不聞一言之諫；淮南之難，不能因勢輔義；趙王倫篡逆，不能引身去朝。宋有蕩氏之亂，華元自以不能居官，曰『君臣之訓，我所司也。公室卑而不正，吾罪大矣』！夫以區區之宋，猶有不素餐之臣，而況帝王之朝，而有苟容之相，此而不貶，法將何施！謹案諡法『不勤成名曰靈』，彤見義不爲，不可謂勤，宜諡曰靈。」梁國常侍孫霖及彤親黨稱枉，臺乃下符曰：「賈氏專權，趙王倫篡逆，皆力制朝野，彤勢不得去，而責其不能引身去朝，義何所據？」克重議曰：「彤爲宗臣，而國亂不能匡，主顛不能扶，非所以爲相。故春秋譏華元樂舉，謂之不臣。且賈氏之酷烈，不甚於呂后，而王陵猶得杜門；趙王倫之無道，不甚於殷紂，而微子猶得去之。近者太尉陳準，異姓之人，加弟徽有射鉤之隙，〔一三〕亦得託疾辭位，不涉僞朝。何至於彤親倫之兄，而獨不得去乎？趙盾入諫不從，出亡不遠，猶不免於責，況彤不能去位，北面事僞主乎？宜如前議，加其貶責，以廣爲臣之節，明事君之道。」於是朝廷從克議。彤故吏復追訴不已，故改焉。

無子，以武陵王澹子禧爲後，是爲懷王。拜征虜將軍，與澹俱沒於石勒。元帝時，以西陽王羕子悝爲彤嗣，早薨，是爲殤王。至是懷王子翻自石氏歸國得立，是爲聲王，官至散騎常侍。薨，無子，詔以武陵威王子璲爲翻嗣，歷永安太僕，與父晞俱廢徙新安。薨，太元中復國，子鯀立。薨，子珍之立。桓玄篡位，國臣孔璞奉珍之奔于壽陽，義熙初乃歸，累遷左衞將軍、太常卿。劉裕伐姚泓，請爲諮議參軍，爲裕所害，國除。

文六王

文帝九男，文明王皇后生武帝、齊獻王攸、城陽哀王兆、遼東悼惠王定國、廣漢殤王廣德，其樂安平王鑒、燕王機、皇子永祚、樂平王延祚不知母氏。燕王機繼清惠亭侯，別有傳。永祚早亡，無傳。

齊王攸 子蕤 贊 寔

齊獻王攸字大猷。少而岐嶷。及長，清和平允，親賢好施，愛經籍，能屬文，善尺牘，爲世所楷。才望出武帝之右，宣帝每器之。景帝無子，命攸爲嗣。從征王淩，封長樂亭侯。及景帝崩，攸年十歲，哀動左右，大見稱歎。襲封舞陽侯。〔一四〕奉景獻羊后於別第，事后以孝聞。復歷散騎常侍、步兵校尉，時年十八，綏撫營部，甚有威惠。五等建，改封安昌侯，遷衞將軍。

居文帝喪，哀毀過禮，杖而後起。左右以稻米乾飯雜理中丸進之，攸泣而不受。太后自往勉喻曰：「若萬一加以他疾，將復如何！宜遠慮深計，不可專守一志。」常遣人逼進飲食，司馬嵇喜又諫曰：「毀不滅性，聖人之教。且大王地卽密親，任惟元輔。匹夫猶惜其命，以爲祖宗，況荷天下之大業，輔帝室之重任，而可盡無極之哀，與顏閔爭孝！不可令賢人笑，愚人幸也。」喜躬自進食，攸不得已，爲之强飯。喜退，攸謂左右曰：「嵇司馬將令我不忘居喪之節，得存區區之身耳。」

武帝踐阼，封齊王。時朝廷草創，而攸總統軍事，撫寧內外，莫不景附焉。詔議藩王令自選國內長吏，攸奏議曰：「昔聖王封建萬國，以親諸侯，軌跡相承，莫之能改。誠以君不世居，則人心偷幸；人無常主，則風俗僞薄。是以先帝深覽經遠之統，思復先哲之軌，分土畫疆，建爵五等，或以進德，或以酬功。伏惟陛下應期創業，樹建親戚，聽使藩國自除長吏。而今草創，制度初立，雖庸蜀順軌，吳猶未賓，宜俟清泰，乃議復古之制。」書比三上，輒報不許。其後國相上長吏缺，典書令請求差選。攸下令曰：「忝受恩禮，不稱惟憂。至於官人敍才，皆朝廷之事，非國所宜裁也。其令自上請之。」時王家人衣食皆出御府，攸表租秩足以自供，求絕之。前後十餘上，帝又不許。攸雖未之國，文武官屬，下至士卒，分租賦以給之，疾病死喪賜與之。而時有水旱，國內百姓則加振貸，須豐年乃責，十減其二，國內賴之。

遷驃騎將軍，開府辟召，禮同三司。降身虛己，待物以信。常歎公府不案吏，然以董御戎政，復有威克之宜，乃下教曰：「夫先王馭世，明罰敕法，鞭扑作敎，以正逋慢。且唐虞之朝，猶須督責。前欲撰次其事，使粗有常。懼煩簡之宜，未審其要，故令劉、程二君詳定。

然思惟之，鄭鑄刑書，叔向不韙；范宣議制，仲尼譏之。令皆如舊，無所增損。其常節度所不及者，隨事處決。諸吏各竭乃心，思同在公古人之節。如有所闕，以賴股肱匡救之規，庶以免負。」於是內外祇肅。時驃騎當罷營兵，兵士數千人戀攸恩德，不肯去，遮京兆主言之，帝乃還攸兵。

攸每朝政大議，悉心陳之。詔以比年饑饉，議所節省。攸奏議曰：「臣聞先王之教，莫不先正其本。務農重本，國之大綱。當今方隅清穆，武夫釋甲，廣分休假，以就農業。然守相不能勤心恤公，以盡地利。昔漢宣歎曰：『與朕理天下者，惟良二千石乎！』勤加賞罰，黜陟幽明，于時翕然，用多名守。計今地有餘羨，而不農者衆，加附業之人復有虛假，通天下謀之，〔一五〕則飢者必不少矣。今宜嚴敕州郡，檢諸虛詐害農之事，督實南畝，上下同奉所務。則天下之穀可復古政，豈患於暫一水旱，便憂飢餒哉！考績黜陟，畢使嚴明，畏威懷惠，莫不自厲。又都邑之內，游食滋多，巧伎末業，服飾奢麗，富人兼美，猶有魏之遺弊，染化日淺，靡財害穀，動復萬計。宜申明舊法，必禁絕之。使去奢卽儉，不奪農時，畢力稼穡，以實倉廩。則榮辱禮節，由之而生，興化反本，於茲爲盛。」

轉鎮軍大將軍，加侍中，羽葆、鼓吹，行太子少傅。數年，授太子太傅，獻箴於太子曰：「伊昔上皇，建國立君，仰觀天文，俯察地理，創業恢道，以安人承祀，祚延統重，故援立太子。尊以弘道，固以貳己，儲德既立，邦有所恃。夫親仁者功成，邇佞者國傾，故保相之材，必擇賢明。昔在周成，旦奭作傅，外以明德自輔，內以親親立固，德以義濟，親則自然。嬴廢公族，其崩如山；劉建子弟，漢祚永傳。楚以無極作亂，宋以伊戾興難。張禹佞給，卒危强漢。輔弼不忠，禍及乃躬；匪徒乃躬，乃喪乃邦。無曰父子不間，昔有江充；無曰至親匪貳，或容潘崇。諛言亂眞，譖潤離親，驪姬之讒，晉侯疑申。固親以道，勿固以恩；修身以敬，勿託以尊。自損者有餘，自益者彌昏。庶事不可以不恤，大本不可以不敦。見亡戒危，覩安思存。冢子司義，敢告在閽。」世以爲工。

咸寧二年，代賈充爲司空，侍中、太傅如故。初，攸特爲文帝所寵愛，每見攸，輒撫牀呼其小字曰「此桃符座也」，幾爲太子者數矣。及帝寢疾，慮攸不安，爲武帝敍漢淮南王、魏陳思故事而泣。臨崩，執攸手以授帝。先是太后有疾，既瘳，帝與攸奉觴上壽，攸以太后前疾危篤，因歔欷流涕，帝有愧焉。攸嘗侍帝疾，恒有憂戚之容，時人以此稱歎之。及太后臨崩，亦流涕謂帝曰：「桃符性急，而汝爲兄不慈，我若遂不起，恐必不能相容。以是屬汝，勿忘我言。」

及帝晚年，諸子並弱，而太子不令，朝臣內外，皆屬意於攸。中書監荀勖、侍中馮紞皆諂諛自進，攸素疾之。勖等以朝望在攸，恐其爲嗣，禍必及己，乃從容言於帝曰：「陛下萬歲之後，太子不得立也。」帝曰：「何故？」勖曰：「百僚內外皆歸心於齊王，太子焉得立乎！陛下試詔齊王之國，必舉朝以爲不可，則臣言有徵矣。」紞又言曰：「陛下遣諸侯之國，成五等之制者，宜先從親始。親莫若齊王。」

帝既信勖言，又納紞說，太康三年乃下詔曰：「古者九命作伯，或入毗朝政，或出御方嶽。周之呂望，五侯九伯，實得征之。侍中、司空、齊王攸，明德清暢，忠允篤誠。以母弟之親，受台輔之任，佐命立勳，劬勞王室，宜登顯位，以稱具瞻。其以爲大司馬、都督青州諸軍事，侍中如故，假節，將本營千人，親騎帳下司馬大車皆如舊，增鼓吹一部，官騎滿二十人，置騎司馬五人。餘主者詳案舊制施行。」攸不悅，主簿丁頤曰：「昔太公封齊，猶表東海；桓公九合，以長五伯。況殿下誕德欽明，恢弼大藩，穆然東軫，莫不得所。何必絳闕，乃弘帝載！」攸曰：「吾無匡時之用，卿言何多。」

明年，策攸曰：「於戲！惟命不于常，天既遷有魏之祚。我有晉既受順天明命，光建羣后，越造王國于東土，錫茲青社，用藩翼我邦家。茂哉無怠，以永保宗廟。」又詔下太常，議崇錫之物，以濟南郡益齊國。又以攸子寔爲北海王。於是備物典策，設軒懸之樂、六佾之舞，黃鉞朝車乘輿之副從焉。

攸知勖、紞構己，憤怨發疾，乞守先后陵，不許。帝遣御醫診視，諸醫希旨，皆言無疾。

疾轉篤，猶催上道。攸自强入辭，素持容儀，疾雖困，尙自整厲，舉止如常，帝益疑無疾。辭出信宿，歐血而薨，時年三十六。帝哭之慟，馮紞侍側曰：「齊王名過其實，而天下歸之。今自薨隕，社稷之福也，陛下何哀之過！」帝收淚而止。詔喪禮依安平王孚故事，廟設軒懸之樂，配饗太廟。子冏立，別有傳。

攸以禮自拘，鮮有過事。就人借書，必手刊其謬，然後反之。加以至性過人，有觸其諱者，輒泫然流涕。雖武帝亦敬憚之，每引之同處，必擇言而後發。三子：蕤、贊、寔。〔一六〕

蕤字景回，出繼遼東王定國。太康初，徙封東萊王。元康中，歷步兵、屯騎校尉。蕤性强暴，使酒，數陵侮弟冏，冏以兄故容之。冏起義兵，趙王倫收蕤及弟北海王寔繫廷尉，當誅。倫太子中庶子祖納上疏諫曰：「罪不相及，惡止其身，此先哲之弘謨，百王之達制也。是故鯀旣殛死，禹乃嗣興；二叔誅放，而邢衞無責。逮乎戰國，及至秦漢，明恕之道寢，猜嫌之情用，乃立質任以御衆，設從罪以發姦。其所由來，蓋三代之弊法耳。蕤、寔，獻王之子，明德之胤，宜蒙特宥，以全穆親之典。」會孫秀死，蕤等悉得免。冏擁衆入洛，蕤於路迎之。冏不卽見，須符付前頓。蕤恚曰：「吾坐爾殆死，曾無友于之情！」

及冏輔政，詔以蕤爲散騎常侍，加大將軍，〔一七〕領後軍、侍中、特進，增邑滿二萬戶。又從冏求開府，冏曰：「武帝子吳、豫章尚未開府，宜且須後。」蕤以是益怨，密表冏專權，與左衞將軍王輿謀共廢冏。事覺，免爲庶人。尋詔曰：「大司馬以經識明斷，高謀遠略，猥率同盟，安復社稷。自書契所載，周召之美未足比勳，故授公上宰。東萊王蕤潛懷忌妬，包藏禍心，與王輿密謀，圖欲譖害。收輿之日，蕤與青衣共載，微服奔走，經宿乃還。姦凶赫然，妖惑外內。又前表冏所言深重，雖管蔡失道，牙慶亂宗，不復過也。春秋之典，大義滅親，其徙蕤上庸。」後封微陽侯。永寧初，上庸內史陳鍾承冏旨害蕤。冏死，詔誅鍾，復蕤封，改葬以王禮。

贊字景期，繼廣漢殤王廣德後。年六歲，太康元年薨，謚沖王。

寔字景深，初爲長樂亭侯。攸以贊薨，又以寔繼廣漢殤王後，改封北海王。永寧初爲平東將軍、假節，加散騎常侍，代齊王冏鎮許昌。尋進安南將軍、都督豫州軍事，增邑滿二萬戶。未發，留爲侍中、上軍將軍，給千兵百騎。

城陽王兆

城陽哀王兆字千秋，年十歲而夭。武帝踐阼，詔曰：「亡弟千秋少聰慧，有夙成之質。不幸早亡，先帝先后特所哀愍。先后欲紹立其後，而竟未遂，每追遺意，情懷感傷。其以皇子景度爲千秋後，雖非典禮，亦近世之所行，且以述先后本旨也。」於是追加兆封謚。景度以泰始六年薨，復以第五子憲繼哀王後。薨，復以第六子祗爲東海王，繼哀王後。薨，咸寧初又封第十三子遐爲清河王，以繼兆後。

遼東王定國

遼東悼惠王定國，年三歲薨。咸寧初追加封謚，齊王攸以長子蕤爲嗣。蕤薨，子遵嗣。

廣漢王廣德

廣漢殤王廣德，年二歲薨。咸寧初追加封謚，齊王攸以第五子贊紹封。薨，攸更以第二子寔嗣廣德。

樂安王鑒

樂安平王鑒字大明，初封臨泗亭侯。武帝踐阼，封樂安王。帝爲鑒及燕王機高選師友，下詔曰：「樂安王鑒、燕王機並以長大，宜得輔導師友，取明經儒學，有行義節儉，使足嚴憚。昔韓起與田蘇遊而好善，宜必得其人。」

泰始中，拜越騎校尉。咸寧初，以齊之梁鄒益封，因之國，服侍中之服。元康初，徵爲散騎常侍、上軍大將軍，領射聲校尉。尋遷使持節、都督豫州軍事、安南將軍，代清河王遐鎮許昌，以疾不行。七年薨，子殤王籥立。薨，無子，齊王冏以子冰紹鑒後。以濟陰萬一千二百一十九戶改爲廣陽國，立冰爲廣陽王。冏敗，廢。

樂平王延祚

樂平王延祚字大思，少有篤疾，不任封爵。太康初，詔曰：「弟祚早孤無識，情所哀愍。幼得篤疾，日冀其差，今遂廢痼，無復後望，意甚傷之。其封爲樂平王，使有名號，以慰吾心。」尋薨，無子。

史臣曰：平原性理不恒，世莫之測。及其處亂離之際，屬交爭之秋，而能遠害全身，享茲介福，其愚不可及已！琅邪武功既暢，飾之以溫恭，扶風文教克宣，加之以孝行，抑宗室之可稱者也。齊王以兩獻之親，弘二南之化，道光雅俗，望重台衡，百辟具瞻，萬方屬意。

既而地疑致逼，文雅見疵，紞勖陳蔓草之邪謀，武皇深翼子之滯愛。遂乃褫龍章於衰職，徙侯服於下藩，未及戒塗，終於憤恚，惜哉！若使天假之年而除其害，奉綴衣之命，膺負圖之託，光輔嗣君，允釐邦政，求諸冥兆，或廢興之有期，徵之人事，庶勝殘之可及，何八王之敢力爭，五胡之能競逐哉！詩云「人之云亡，邦國殄瘁」，攸實有之。「讒人罔極，交亂四國」，其荀馮之謂也。

贊曰：文宣孫子，或賢或鄙。扶風遺愛，琅邪克己。澹謟凶魁，肜參釁始。榦雖靜退，性乖恒理。彼美齊獻，卓爾不羣。自家刑國，緯武經文。木摧於秀，蘭燒以薰。

校勘記

〔一〕亮及倫別有傳　亮上原衍「汝南王亮」四字，今從吳本。

〔二〕始置二卿　「卿」原誤作「鄉」，據通典三一、通志五六改。

〔三〕假節徐州諸軍事　周校：「假節」下脫「都督」。

〔四〕哀早薨更以皇子煥爲琅邪王　册府二八三作「哀早薨，子哀王安國立，未踰年薨，更以皇子煥爲琅邪王」。哀傳亦云「子哀王安國立，未踰年薨」。哀卒于建武元年十月，煥立于太興元年十二月，中間一年當是哀王安國嗣立之時，紀傳並漏書。

〔五〕文俶　見卷三校記。

〔六〕永康初　校文：繇復封據惠紀在永寧元年九月，此「康」字疑「寧」字之誤。

〔七〕以北平上谷廣甯郡一萬三百三十七戶增燕國爲二萬戶　原封六千六百六十三戶，當增一萬三千三百三十七戶，始合二萬戶之數，「一萬」下疑脫「三千」二字。

〔八〕齊王冏表以子幾嗣　勞校：據冏傳，冏三子，淮南王超、樂安王冰、濟陽王英，無「幾」名。且「幾」既爲「機」嗣，則不當亦名「幾」，疑傳誤。

〔九〕孫洵　通鑑八四作「孫詢」。

〔一〇〕孔洵　王濟傳、庾純傳、魏志倉慈傳注引孔氏譜、册府四五八、御覽二一九並作「孔恂」。

〔一一〕徵拜大將軍尚書令領軍將軍錄尚書事　姚鼐惜抱軒筆記：既爲大將軍，卽不爲領軍，既爲尚書令，亦不爲錄矣。按：通鑑八三作「徵梁王肜爲大將軍、錄尚書事」，此「尚書令領軍將軍」七字疑衍。

〔一二〕永康二年薨　諸史考異：惠紀，太安元年五月肜薨，是年十二月改元，五月尚是永寧二年。斠注：永康無二年，當是永寧之譌。

〔一三〕加弟徽有射鉤之隙　「徽」，各本作「微」，今從宋本。通志八〇亦作「徽」。勞校：卽淮南王允傳中之太子左衞率陳徽。

〔一四〕襲封舞陽侯　「舞陽」原作「武陽」，蓋誤。司馬懿于魏明帝卽位之初受封舞陽侯，見宣紀。此「襲封」，卽襲此封爵。賈充傳、裴秀傳皆稱「舞陽侯攸」，亦可證。今依改。

〔一五〕通天下謀之　「謀之」，各本作「之謀」，今依殿本。

〔一六〕三子莚贊寔　據下廣德傳謂贊爲第五子，寔爲第二子。

〔一七〕加大將軍　大將軍例應開府，而下文云求開府不得，疑「大將軍」上脫軍號。

晉書卷三十九

列傳第九

王沈 子浚

王沈字處道，太原晉陽人也。祖柔，漢匈奴中郎將。父機，魏東郡太守。沈少孤，養於從叔司空昶，〔一〕事昶如父，奉繼母寡嫂以孝義稱。好書，善屬文。大將軍曹爽辟爲掾，累遷中書門下侍郎。及爽誅，以故吏免。後起爲治書侍御史，轉祕書監。正元中，遷散騎常侍、侍中，典著作。與荀顗、阮籍共撰魏書，多爲時諱，未若陳壽之實錄也。

時魏高貴鄉公好學有文才，引沈及裴秀數於東堂講讌屬文，號沈爲文籍先生，秀爲儒林丈人。及高貴鄉公將攻文帝，召沈及王業告之，沈、業馳白帝，以功封安平侯，邑二千戶。沈既不忠於主，甚爲衆論所非。

尋遷尚書，出監豫州諸軍事、奮武將軍、豫州刺史。至鎭，乃下敎曰：「自古賢聖，樂聞誹謗之言，聽輿人之論，芻蕘有可錄之事，負薪有廊廟之語故也。自至鎮日，未聞逆耳之言，豈未明虛心，故令言者有疑。其宣下屬城及士庶，若能舉遺逸於林藪，黜姦佞於州國，陳長吏之可否，說百姓之所患，興利除害，損益昭然者，給穀五百斛。若達一至之言，說刺史得失，朝政寬猛，令剛柔得適者，給穀千斛。謂余不信，明如皎日。」

主簿陳廞、褚翜曰：「奉省教旨，伏用感歎。勞謙日昃，思聞苦言。愚謂上之所好，下無不應。而近未有極諫之辭，遠無傳言之箴者，誠得失之事將未有也。今使教命班下，示以賞勸，將恐拘介之士，或憚賞而不言；貪賕之人，將慕利而妄舉。苟不合宜，賞不虛行，則遠聽者未知當否之所在，徒見言之不用，謂設有而不行。愚以告下之事，可小須後。」

沈又教曰：「夫德薄而位厚，功輕而祿重，貪夫之所徇，高士之所不處也。若陳至言於刺史，興益於本州，達幽隱之賢，去祝鮀之佞，立德於上，受分於下，斯乃君子之操，何不言之有！直言至理，忠也。惠加一州，仁也。功成辭賞，廉也。兼斯而行，仁智之事，何故懷其道而迷其國哉！」褚翜復白曰：「堯、舜、周公所以能致忠諫者，以其款誠之心著也。冰炭不言，而冷熱之質自明者，以其有實也。若好忠直，如冰炭之自然，則諤諤之臣，將濟濟而盈庭；逆耳之言，不求而自至。若德不足以配唐虞，明不足以並周公，實不可以同冰炭，雖懸重賞，忠諫之言未可致也。昔魏絳由和戎之功，蒙女樂之賜，管仲有興齊之勳，而加上卿之禮，功勳明著，然後賞勸隨之。未聞張重賞以待諫臣，懸穀帛以求盡言也。」沈無以奪之，遂從詔議。

沈探尋善政，案賈逵以來法制禁令，諸所施行，擇善者而從之。又教曰：「後生不聞先王之教，而望政道日興，不可得也。文武並用，長久之道也。俗化陵遲，不可不革。革俗之要，實在敦學。昔原伯魯不悅學，閔馬父知其必亡。將吏子弟，優閑家門，若不教之，必致游戲，傷毀風俗矣。」於是九郡之士，咸悅道教，移風易俗。

遷征虜將軍、持節、都督江北諸軍事。五等初建，封博陵侯，班在次國。平蜀之役，吳人大出，聲爲救蜀，振蕩邊境。沈鎮御有方，寇聞而退。轉鎮南將軍。武帝即王位，拜御史大夫，守尚書令，加給事中。沈以才望，顯名當世，是以創業之事，羊祜、荀勖、裴秀、賈充等，皆與沈諮謀焉。

及帝受禪，以佐命之勳，轉驃騎將軍、錄尚書事，加散騎常侍，統城外諸軍事。封博陵郡公，固讓不受，乃進爵爲縣公，邑千八百戶。帝方欲委以萬機，泰始二年，薨。帝素服舉哀，賜祕器朝服一具、衣一襲、錢三十萬、布百匹、葬田一頃，謚曰元。明年，帝追思沈勳，詔曰：「夫表揚往行，所以崇賢垂訓，慎終紀遠，厚德興教也。故散騎常侍、驃騎將軍、博陵元公沈蹈禮居正，執心清粹，經綸墳典，才識通洽。入歷常伯納言之位，出榦監牧方嶽之任，內著謀猷，外宣威略。建國設官，首登公輔，兼統中朝，出納大命，實有翼亮佐世之勳。其贈沈司空公，以寵靈既往，使沒而不朽。又前以翼贊之勳，當受郡公之封，而固辭懇至，嘉其讓德，不奪其志。可以郡公官屬送葬。沈素清儉，不營產業。其使所領兵作屋五十間。」子浚嗣。後沈夫人荀氏卒，將合葬，沈棺櫬已毁，更賜東園祕器。咸寧中，復追封沈爲郡公。

浚字彭祖。母趙氏婦，良家女也，貧賤，出入沈家，遂生浚，沈初不齒之。年十五，沈薨，無子，親戚共立浚爲嗣，拜駙馬都尉。太康初，與諸王侯俱就國。三年來朝，除員外散騎侍郎。元康初，轉員外常侍，遷越騎校尉、右軍將軍。出補河內太守，以郡公不得爲二千石，轉東中郎將，鎮許昌。

及愍懷太子幽于許昌，浚承賈后旨，與黃門孫慮共害太子。遷寧北將軍、青州刺史。尋徙寧朔將軍、持節、都督幽州諸軍事。于時朝廷昏亂，盜賊蜂起，浚爲自安之計，結好夷狄，以女妻鮮卑務勿塵，又以一女妻蘇恕延。

及趙王倫篡位，三王起義兵，浚擁衆挾兩端，遏絕檄書，使其境內士庶不得赴義，成都王穎欲討之而未暇也。倫誅，進號安北將軍。及河間王顒、成都王穎興兵內向，害長沙王乂，而浚有不平之心。穎表請幽州刺史石堪爲右司馬，以右司馬和演代堪，密使演殺浚，幷其衆。演與烏丸單于審登謀之，於是與浚期游薊城南清泉水上。薊城內西行有二道，演、浚各從一道。演與浚欲合鹵簿，因而圖之。值天暴雨，兵器霑溼，不果而還。單于由是與其種人謀曰：「演圖殺浚，事垂克而天卒雨，使不得果，是天助浚也。違天不祥，我不可久與演同。」乃以謀告浚。浚密嚴兵，與單于圍演。演持白幡詣浚降，遂斬之，自領幽州。大營器械，召務勿塵，率胡晉合二萬人，進軍討潁。以主簿祁弘爲前鋒，遇潁將石超於平棘，擊敗之。浚乘勝遂克鄴城，士衆暴掠，死者甚多。鮮卑大略婦女，浚命敢有挾藏者斬，於是沈於易水者八千人。黔庶荼毒，自此始也。

浚還薊，聲實益盛。東海王越將迎大駕，浚遣祁弘率烏丸突騎爲先驅。惠帝旋洛陽，轉浚驃騎大將軍、都督東夷河北諸軍事，領幽州刺史，以燕國增博陵之封。懷帝卽位，以浚爲司空，領烏丸校尉，務勿塵爲大單于。浚又表封務勿塵遼西郡公，其別部大飄滑及其弟渴末別部大屠瓮等皆爲親晉王。

永嘉中，石勒寇冀州，浚遣鮮卑文鴦討勒，勒走南陽。明年，勒復寇冀州，刺史王斌爲勒所害，浚又領冀州。詔進浚爲大司馬，加侍中、大都督、督幽冀諸軍事。使者未及發，會洛京傾覆，浚大樹威令，專征伐，遣督護王昌、中山太守阮豹等，率諸軍及務勿塵世子疾陸眷并弟文鴦、從弟末柸，攻石勒於襄國。勒率衆來距，昌逆擊敗之。末柸逐北入其壘門，爲勒所獲。勒質末柸，遣間使求和，疾陸眷遂以鎧馬二百五十匹、金銀各一簏贖末柸，結盟而退。

其後浚布告天下，稱受中詔承制，乃以司空荀藩爲太尉，光祿大夫荀組爲司隸，大司農華薈爲太常，中書令李絙爲河南尹。〔三〕又遣祁弘討勒，及於廣宗。時大霧，弘引軍就道，卒與勒遇，爲勒所殺。由是劉琨與浚爭冀州。琨使宗人劉希還中山合衆，代郡、上谷、廣甯三郡人皆歸于琨。浚患之，遂輟討勒之師，而與琨相距。浚遣燕相胡矩督護諸軍，與疾陸眷幷力攻破希。驅略三郡士女出塞，琨不復能爭。

浚還，欲討勒，使棗嵩督諸軍屯易水，召疾陸眷，將與之俱攻襄國。浚爲政苛暴，將吏又貪殘，並廣占山澤，引水灌田，潰陷冢墓，調發殷煩，下不堪命，多叛入鮮卑。從事韓咸切諫，浚怒，殺之。疾陸眷自以前後違命，恐浚誅之。勒亦遣使厚賂，疾陸眷等由是不應召。浚怒，以重幣誘單于猗盧子右賢王日律孫，令攻疾陸眷，反爲所破。

時劉琨大爲劉聰所迫，諸避亂游士多歸于浚。浚日以强盛，乃設壇告類，建立皇太子，備置衆官。浚自領尚書令，以棗嵩、裴憲並爲尚書，使其子居王宮，持節，領護匈奴中郎將，以妻舅崔毖爲東夷校尉。又使嵩監司冀幷兗諸軍事、行安北將軍，以田徽爲兗州，李惲爲青州。惲爲石勒所殺，以薄盛代之。

浚以父字處道，爲「當塗高」應王者之讖，謀將僭號。胡矩諫浚，盛陳其不可。浚忿之，出矩爲魏郡守。前渤海太守劉亮、從子北海太守搏、〔三〕司空掾高柔並切諫，浚怒，誅之。浚素不平長史燕國王悌，遂因他事殺之。時童謠曰：「十囊五囊入棗郎。」棗嵩，浚之子壻也。浚聞，責嵩而不能罪之也。又謠曰：「幽州城門似藏戶，中有伏尸王彭祖。」有狐踞府門，翟雉入聽事。時燕國霍原，北州名賢，浚以僭位事示之，原不答，浚遂害之。由是士人憤怨，內外無親。以矜豪日甚，不親爲政，所任多苛刻；加亢旱災蝗，士卒衰弱。

浚之承制也，參佐皆內敘，唯司馬游統外出。統怨，密與石勒通謀。勒乃詐降於浚，許奉浚爲主。時百姓內叛，疾陸眷等侵逼。浚喜勒之附己，勒遂爲卑辭以事之，獻遺珍寶，使驛相繼。浚以勒爲誠，不復設備。勒乃遣使剋日上尊號於浚，浚許之。

勒屯兵易水，督護孫緯疑其詐，馳白浚，而引軍逆勒。浚不聽，使勒直前。衆議皆曰：「胡貪而無信，必有詐，請距之。」浚怒，欲斬諸言者，衆遂不敢復諫。盛張設以待勒。勒至城，便縱兵大掠。浚左右復請討之，不許。及勒登聽事，浚乃走出堂皇，勒衆執以見勒。勒遂與浚妻並坐，立浚于前。浚罵曰：「胡奴調汝公，何凶逆如此！」勒數浚不忠於晉，并責以百姓餒乏，積粟五十萬斛而不振給。遂遣五百騎先送浚于襄國，收浚麾下精兵萬人，盡殺之。停二日而還，孫緯遮擊之，勒僅而得免。勒至襄國，斬浚，而浚竟不爲之屈，大罵而死。

無子。太元二年，詔興滅繼絕，封沈從孫道素爲博陵公。卒，子崇之嗣。義熙十一年，改封東莞郡公。宋受禪，國除。

荀顗

荀顗字景倩，潁川人，魏太尉彧之第六子也。幼爲姊壻陳羣所賞。性至孝，總角知名，博學洽聞，理思周密。魏時以父勳除中郎。宣帝輔政，見顗奇之，曰「荀令君之子也」。擢拜散騎侍郎，累遷侍中。爲魏少帝執經，拜騎都尉，賜爵關內侯。難鍾會易無互體，又與扶風王駿論仁孝孰先，見稱於世。

時曹爽專權，何晏等欲害太常傅嘏，顗營救得免。及高貴鄉公立，顗言於景帝曰：「今上踐阼，權道非常，宜速遣使宣德四方，且察外志。」毌丘儉、文欽果不服，舉兵反。顗預討儉等有功，進爵萬歲亭侯，邑四百戶。文帝輔政，遷尙書。帝征諸葛誕，留顗鎭守。顗甥陳泰卒，顗代泰爲僕射，領吏部，四辭而後就職。顗承泰後，加之淑愼，綜核名實，風俗澄正。咸熙中，遷司空，進爵鄉侯。

顗年踰耳順，孝養蒸蒸，以母憂去職，毀幾滅性，海內稱之。文帝奏，宜依漢太傅胡廣喪母故事，給司空吉凶導從。及蜀平，興復五等，命顗定禮儀。顗上請羊祜、任愷、庾峻、應貞、孔顥共刪改舊文，撰定晉禮。

咸熙初，封臨淮侯。武帝踐阼，進爵爲公，食邑一千八百戶。又詔曰：「昔禹命九官，契敷五教，所以弘崇王化，示人軌儀也。朕承洪業，昧于大道，思訓五品，以康四海。侍中、司空顗，明允篤誠，思心通遠，翼亮先皇，遂輔朕躬，實有佐命弼導之勳。宜掌教典，以隆時雍。其以顗爲司徒。」尋加侍中，遷太尉、都督城外牙門諸軍事，置司馬親兵百人。頃之，又詔曰：「侍中、太尉顗，溫恭忠允，至行純備，博古洽聞，耆艾不殆。其以公行太子太傅，侍中、太尉如故。」

時以正德、大豫雅頌未合，〔四〕命顗定樂。事未終，以泰始十年薨。帝爲舉哀，皇太子臨喪，二宮賻贈，禮秩有加。詔曰：「侍中、太尉、行太子太傅、臨淮公顗，清純體道，忠允立朝，歷司外內，茂績既崇，訓傅東宮，徽猷弘著，可謂行歸于周，有始有卒者矣。不幸薨殂，朕甚痛之。其賜溫明祕器、朝服一具、衣一襲。謚曰康。」又詔曰：「太尉不恤私門，居無館宇，素絲之志，沒而彌顯。其賜家錢二百萬，使立宅舍。」咸寧初，詔論次功臣，將配饗宗廟。所司奏顗等十二人銘功太常，配饗淸廟。

顗明三禮，知朝廷大儀，而無質直之操，唯阿意苟合於荀勖、賈充之間。初，皇太子將納妃，顗上言賈充女姿德淑茂，可以參選，以此獲譏於世。

顗無子，以從孫徽嗣。中興初，以顗兄玄孫序爲顗後，封臨淮公。序卒，又絶，孝武帝又封序子恒繼顗後。恒卒，子龍符嗣。宋受禪，國除。

荀勖 子藩 藩子邃 闓 藩弟組 組子奕

荀勖字公曾，潁川潁陰人，漢司空爽曾孫也。祖棐，射聲校尉。父肸，早亡。勖依于舅氏。岐嶷夙成，年十餘歲能屬文。從外祖魏太傅鍾繇曰：「此兒當及其曾祖。」既長，遂博學，達於從政。仕魏，辟大將軍曹爽掾，遷中書通事郎。爽誅，門生故吏無敢往者，勖獨臨赴，衆乃從之。爲安陽令，轉驃騎從事中郎。勖有遺愛，安陽生爲立祠。遷廷尉正，參文帝大將軍軍事，賜爵關內侯，轉從事中郎，領記室。

高貴鄉公欲爲變時，大將軍掾孫佑等守閶闔門。帝弟安陽侯榦聞難欲入，佑謂榦曰：「未有入者，可從東掖門。」及榦至，帝遲之，榦以狀白，帝欲族誅佑。勖諫曰：「孫佑不納安陽，誠宜深責。然事有逆順，用刑不可以喜怒爲輕重。今成倅刑止其身，佑乃族誅，恐義士私議。」乃免佑爲庶人。

時官騎路遺求爲刺客入蜀，勖言於帝曰：「明公以至公宰天下，宜杖正義以伐違貳。而名以刺客除賊，非所謂刑于四海，以德服遠也。」帝稱善。

及鍾會謀反，審問未至，而外人先告之。帝待會素厚，未之信也。勖曰：「會雖受恩，然其性未可許以見得思義，不可不速爲之備。」帝卽出鎭長安，主簿郭奕、參軍王深以勖是會從甥，少長舅氏，勸帝斥出之。帝不納，而使勖陪乘，待之如初。先是，勖啓「伐蜀，宜以衞瓘爲監軍」。及蜀中亂，賴瓘以濟。會平，還洛，與裴秀、羊祜共管機密。

時將發使聘吳，並遣當時文士作書與孫晧，帝用勖所作。晧既報命和親，帝謂勖曰：「君前作書，使吳思順，勝十萬之衆也。」帝卽晉王位，以勖爲侍中，封安陽子，邑千戶。武帝受禪，改封濟北郡公。勖以羊祜讓，乃固辭爲侯。拜中書監，加侍中，領著作，與賈充共定律令。

充將鎭關右也，勖謂馮紞曰：「賈公遠放，吾等失勢。太子婚尙未定，若使充女得爲妃，則不留而自停矣。」勖與紞伺帝間並稱「充女才色絕世，若納東宮，必能輔佐君子，有關雎后妃之德。」遂成婚。當時甚爲正直者所疾，而獲佞媚之譏焉。久之，進位光祿大夫。

既掌樂事，又修律呂，並行於世。初，勖於路逢趙賈人牛鐸，識其聲。及掌樂，音韻未調，乃曰：「得趙之牛鐸則諧矣。」遂下郡國，悉送牛鐸，果得諧者。又嘗在帝坐進飯，謂在坐人曰：「此是勞薪所炊。」咸未之信。帝遣問膳夫，乃云：「實用故車脚。」舉世伏其明識。

俄領祕書監，與中書令張華依劉向別錄，整理記籍。又立書博士，置弟子教習，以鍾、胡爲法。

咸寧初，與石苞等並爲佐命功臣，列於銘饗。及王濬表請伐吳，勖與賈充固諫不可，帝不從，而吳果滅。以專典詔命，論功封子一人爲亭侯，邑一千戶，賜絹千匹。又封孫顯爲潁陽亭侯。

及得汲郡冢中古文竹書，詔勖撰次之，以爲中經，列在祕書。

時議遣王公之國，帝以問勖，勖對曰：「諸王公已爲都督，而使之國，則廢方任。又分割郡縣，人心戀本，必用嗷嗷。國皆置軍，官兵還當給國，而闕邊守。」帝重使勖思之，勖又陳曰：「如詔準古方伯選才，使軍國各隨方面爲都督，誠如明旨。至於割正封疆，使親疏不同，誠爲佳矣。然分裂舊土，猶懼多所搖動，必使人心恩擾，思惟竊宜如前。若於事不得不時有所轉封，而不至分割土域，有所損奪者，可隨宜節度。其五等體國經遠，實不成制度。然但虛名，其於實事，略與舊郡縣鄉亭無異。若造次改奪，恐不能不以爲恨。今方了其大者，以爲五等可須後裁度。凡事雖有久而益善者，若臨時或有不解，亦不可忽。」帝以勖言爲允，多從其意。

時又議省州郡縣半吏以赴農功，勖議以爲：「省吏不如省官，省官不如省事，省事不如清心。昔蕭曹相漢，載其淸靜，致畫一之歌，此淸心之本也。漢文垂拱，幾致刑措，此省事也。光武幷合吏員，縣官國邑裁置十一，此省官也。魏太和中，遣王人四出，減天下吏員，正始中亦幷合郡縣，此省吏也。今必欲求之於本，則宜以省事爲先。凡居位者，使務思蕭曹之心，以翼佐大化。篤義行，崇敦睦，使昧寵忘本者不得容，而僞行自息，浮華者懼矣。重敬讓，尙止足，令賤不妨貴，少不陵長，遠不間親，新不間舊，小不加大，淫不破義，則上下相安，遠近相信矣。位不可以進趣得，譽不可以朋黨求，則是非不妄而明，官人不惑於聽矣。去奇技，抑異說，好變舊以徼非常之利者必加其誅，則官業有常，人心不遷矣。事留則政稽，政稽則功廢。處位者而孜孜不怠，奉職司者而夙夜不懈，則雖在挈瓶而守不假器矣。使信若金石，小失不害大政，忍忿悁以容之。簡文案，略細苛，令之所施，必使人易視聽。願之如陽春，畏之如雷震。勿使微文煩撓，爲百吏所黷，二三之命，爲百姓所饜，則吏竭其誠，下悅上命矣。設官分職，委事責成。君子心競而不力爭，量能受任，思不出位，則官無異業，政典不奸矣。凡此皆愚心謂省事之本也。苟無此愆，雖不省吏，天下必謂之省矣。若欲省官，私謂九寺可幷於尙書，蘭臺宜省付三府。然施行歷代，世之所習，是以久抱愚懷而不敢言。至於省事，實以爲善。若直作大例，皆減其半，恐文武衆官郡國職業，及事之興廢，不得皆同。凡發號施令，典而當則安，儻有駁者，或致壅否。凡職所臨履，先精其得失。

使忠信之官，明察之長，各裁其中，先條上言之。然後混齊大體，詳宜所省，則令下必行，不可搖動。如其不爾，恐適惑人聽。比前行所省，皆須臾輒復，或激而滋繁，亦不可不重。」勖論議損益多此類。

太康中詔曰：「勖明哲聰達，經識天序，有佐命之功，兼博洽之才。久典內任，著勳弘茂，詢事考言，謀猷允誠。宜登大位，毗贊朝政。今以勖爲光祿大夫、儀同三司、開府辟召，守中書監、侍中、侯如故。」時太尉賈充、司徒李胤並薨，太子太傅又缺。勖表陳：「三公保傅，宜得其人。若使楊珧參輔東宮，必當仰稱聖意。尚書令衞瓘、吏部尚書山濤皆可爲司徒。若以瓘新爲令未出者，濤即其人。」帝並從之。

明年秋，諸州郡大水，兗土尤甚。勖陳宜立都水使者。其後門下啓通事令史伊羨、趙咸爲舍人，對掌文法。詔以問勖，勖曰：「今天下幸賴陛下聖德，六合爲一，望道化隆洽，垂之將來。而門下上稱程咸、張惲，下稱此等，欲以文法爲政，皆愚臣所未達者。昔張釋之諫漢文，謂獸圈嗇夫不宜見用；邴吉住車，明調和陰陽之本。此二人豈不知小吏之惠，誠重惜大化也。昔魏武帝使中軍司荀攸典刑獄，明帝時猶以付內常侍。以臣所聞，明帝時唯有通事劉泰等官，不過與殿中同號耳。又頃言論者皆云省官減事，而求益吏者相尋矣。多云尚書郎太令史不親文書，乃委付書令史及榦，誠吏多則相倚也。增置文法之職，適恐更耗擾臺閣，臣竊謂不可。」

時帝素知太子闇弱，恐後亂國，遣勖及和嶠往觀之。勖還盛稱太子之德，而嶠云太子如初。於是天下貴嶠而賤勖。帝將廢賈妃，勖與馮紞等諫請，故得不廢。時議以勖傾國害時，孫資、劉放之匹。然性愼密，每有詔令大事，雖已宣布，然終不言，不欲使人知己豫聞也。族弟良曾勸勖曰：「公大失物情，有所進益者自可語之，則懷恩多矣。」其壻武統亦說勖「宜有所營置，令有歸戴者」。勖並默然不應，退而語諸子曰：「人臣不密則失身，樹私則背公，是大戒也。汝等亦當宦達人間，宜識吾此意。」久之，以勖守尙書令。

勖久在中書，專管機事。及失之，甚罔罔悵恨。或有賀之者，勖曰：「奪我鳳皇池，諸君賀我邪！」及在尙書，課試令史以下，覈其才能，有闇於文法，不能決疑處事者，卽時遣出。帝嘗謂曰：「魏武帝言『荀文若之進善，不進不止；荀公達之退惡，不退不休』。二令君之美，亦望於君也。」居職月餘，以母憂上還印綬，帝不許。遣常侍周恢喩旨，勖乃奉詔視職。勖久管機密，有才思，探得人主微旨，不犯顏迕爭，故得始終全其寵祿。太康十年卒，詔贈司徒，賜東園祕器、朝服一具、錢五十萬、布百匹。遣兼御史持節護喪，謚曰成。勖有十子，其達者輯、藩、組。

輯嗣，官至衞尉。卒，謚曰簡。子畯嗣。卒，謚曰烈。無適子，以弟息識爲嗣。輯子綽。

綽字彥舒，博學有才能，撰晉後書十五篇，〔三〕傳於世。永嘉末，爲司空從事中郎，沒於石勒，爲勒參軍。

藩字大堅。元康中，爲黃門侍郎，受詔成父所治鍾磬。以從駕討齊王冏勳，封西華縣公。累遷尚書令。永嘉末，轉司空，未拜而洛陽陷沒，藩出奔密。王浚承制，奉藩爲留臺太尉。及愍帝爲太子，委藩督攝遠近。建興元年薨於開封，年六十九，因葬亡所。謚曰成，追贈太保。藩二子：邃、闓。

邃字道玄，解音樂，善談論。弱冠辟趙王倫相國掾，遷太子洗馬。長沙王乂以爲參軍。乂敗，成都王爲皇太弟，精選僚屬，以邃爲中舍人。鄴城不守，隨藩在密。元帝召爲丞相從事中郎，以道險不就。愍帝就加左將軍、陳留相。父憂去職，服闋，襲封。愍帝欲納邃女，先徵爲散騎常侍。邃懼西都危逼，故不應命，而東渡江，元帝以爲軍諮祭酒。太興初，拜侍中。邃與刁協婚親，時協執權，欲以邃爲吏部尚書，邃深距之。尋而王敦討協，協黨與並及於難，唯邃以疏協獲免。敦表爲廷尉，以疾不拜。遷太常，轉尚書。蘇峻作亂，邃與王導、荀崧並侍天子於石頭。峻平後卒，贈金紫光祿大夫，謚曰靖。子汪嗣。

闓字道明，亦有名稱，京都爲之語曰：「洛中英英荀道明。」大司馬、齊王冏辟爲掾。冏敗，暴尸已三日，莫敢收葬。闓與冏故吏李述、嵇含等露板請葬，朝議聽之，論者稱焉。爲太傅主簿、中書郎。與邃俱渡江，拜丞相軍諮祭酒。中興建，遷右軍將軍，轉少府。明帝嘗從容問王廙曰：「二荀兄弟孰賢？」廙答以闓才明過邃。帝以語庾亮，亮曰：「邃眞粹之地，亦闓所不及。」由是議者莫能定其兄弟優劣。歷御史中丞、侍中、尚書，封射陽公。太寧二年卒，追贈衞尉，謚曰定。子達嗣。

組字大章。弱冠，太尉王衍見而稱之曰：「夷雅有才識。」初爲司徒左西屬，補太子舍人。司徒王渾請爲從事中郎，轉左長史，歷太子中庶子、滎陽太守。

趙王倫爲相國，欲收大名，選海內德望之士，以江夏李重及組爲左右長史，東平王堪、沛國劉謨爲左右司馬。倫篡，以組爲侍中。及長沙王乂敗，惠帝遣組及散騎常侍閭丘沖詣成都王穎，慰勞其軍。帝西幸長安，以組爲河南尹。遷尙書，轉衞尉，賜爵成陽縣男，加散騎常侍、中書監。轉司隸校尉，加特進、光祿大夫，常侍如故。于時天下已亂，組兄弟貴盛，懼不容於世，雖居大官，並諷議而已。

永嘉末，復以組爲侍中，領太子太保。未拜，會劉曜、王彌逼洛陽，組與藩俱出奔。懷帝蒙塵，司空王浚以組爲司隸校尉。組與藩移檄天下，以琅邪王爲盟主。愍帝稱皇太子，組卽太子之舅，又領司隸校尉，行豫州刺史事，與藩並保滎陽之開封。建興初，詔藩行留臺事。俄而藩薨，帝更以組爲司空，領尚書左僕射，又兼司隸，復行留臺事，州征郡守皆承制行焉。進封臨潁縣公，加太夫人、世子印綬。明年，進位太尉，領豫州牧、假節。

元帝承制，以組都督司州諸軍，加散騎常侍，餘如故。頃之，又除尚書令，表讓不拜。及西都不守，組乃遣使移檄天下共勸進。帝欲以組爲司徒，以問太常賀循。循曰：「組舊望清重，忠勤顯著，遷訓五品，實允衆望。」於是拜組爲司徒。

組逼於石勒，不能自立。太興初，自許昌率其屬數百人渡江，給千兵百騎，組先所領仍皆統攝。頃之，詔組與太保、西陽王羕並錄尚書事，各加班劍六十人。永昌初，遷太尉，領太子太保。未拜，薨，年六十五。諡曰元。子奕嗣。

奕字玄欣。少拜太子舍人、駙馬都尉，侍講東宮。出爲鎭東參軍，行揚武將軍、新汲令。愍帝爲皇太子，召爲中舍人，尋拜散騎侍郎，皆不就。隨父渡江。元帝踐阼，拜中庶子，遷給事黃門郎。父憂去職，服闋，補散騎常侍、侍中。

時將繕宮城，尚書符下陳留王，使出城夫。奕駁曰：「昔虞賓在位，書稱其美；詩詠有客，載在雅頌。今陳留王位在三公之上，坐在太子之右，故答表曰書，賜物曰與。此古今之所崇，體國之高義也。謂宜除夫役。」時尚書張闓、僕射孔愉難奕，以爲：「昔宋不城周，陽秋所譏。特蠲非體，宜應減夫。」奕重駁，以爲：「陽秋之末，文武之道將墜于地，新有子朝之亂，于時諸侯逋替，莫肯率職。宋之于周，實有列國之權。且同已勤王而主之者晉，客而辭役，責之可也。今之陳留，無列國之勢，此之作否，何益有無！臣以爲宜除，於國職爲全。」詔從之。

時又通議元會日帝應敬司徒王導不。博士郭熙、杜援等以爲禮無拜臣之文，謂宜除敬。侍中馮懷議曰：「天子修禮，莫盛於辟雍。當爾之日，猶拜三老，況今先帝師傅。謂宜盡敬。」事下門下，奕議曰：「三朝之首，宜明君臣之體，則不應敬。若他日小會，自可盡禮。又至尊與公書手詔則曰『頓首言』，中書爲詔則云『敬問』，散騎優册則曰『制命』。今詔文尚異，況大會之與小會，理豈得同！」詔從之。

咸和七年卒，追贈太僕，謚曰定。

馮紞

馮紞字少胄，安平人也。祖浮，魏司隸校尉。父員，汲郡太守。紞少博涉經史，識悟機辯。歷仕爲魏郡太守，轉步兵校尉，徙越騎。得幸於武帝，稍遷左衞將軍。承顏悅色，寵愛日隆，賈充、荀勖並與之親善。充女之爲皇太子妃也，紞有力焉。及妃之將廢，紞、勖乾沒救請，故得不廢。伐吳之役，紞領汝南太守，以郡兵隨王濬入秣陵。遷御史中丞，轉侍中。

帝病篤得愈，紞與勖見朝野之望，屬在齊王攸。攸素薄勖。勖以太子愚劣，恐攸得立，有害於己，乃使紞言於帝曰：「陛下前者疾若不差，太子其廢矣。齊王爲百姓所歸，公卿所仰，雖欲高讓，其得免乎！宜遣還藩，以安社稷。」帝納之。及攸薨，朝野悲恨。初，帝友于之情甚篤，既納紞、勖邪說，遂爲身後之慮，以固儲位。既聞攸殞，哀慟特深。紞侍立，因言曰：「齊王名過於實，今得自終，此乃大晉之福。陛下何乃過哀！」帝收淚而止。

初謀伐吳，紞與賈充、荀勖同共苦諫不可。吳平，紞內懷慚懼，疾張華如讎。及華外鎭，威德大著，朝論當徵爲尙書令。紞從容侍帝，論晉魏故事，因諷帝，言華不可授以重任，帝默然而止。事具華傳。

太康七年，紞疾，詔以紞爲散騎常侍，賜錢二十萬、牀帳一具。尋卒。二子：播、熊。播，

大長秋。熊字文羆，中書郎。紞兄恢，自有傳。〔六〕

史臣曰：夫立身之道，曰仁與義。動靜既形，悔吝斯及。有莘之媵，殊北門之情；渭濱之叟，匪西山之節。湯武有以濟其功，夏殷不能譏其志。王沈才經文武，早尸人爵，在魏參席上之珍，居晉爲幄中之士，桐宮之謀遽泄，武闈之禍遂臻。是知田光之口，豈燕丹之可絕；豫讓之形，非智氏之能變。動靜之際，有據蒺藜，仁義之方，求之彌遠矣。彭祖謁由捧雉，孕本貿絲，因家乏主，遂登顯秩。擁北州之士馬，偶東京之糜沸，自可感召諸侯，宣力王室。而乘間伺隙，潛圖不軌，放肆獯虜，遷播乘輿。遂使漳滏蕭然，黎元塗地。縱貪夫於藏戶，戮高士於燕垂，阻越石之內難，邀世龍之外府。惡稔毒痛，坐致焚燎，假手仇敵，方申凶獷，慶封之戮，慢罵何補哉！公曾，慈明之孫；景倩，文若之子，踐隆堂而高視，齊逸軌而長騖。孝敬足以承親，周愼足以事主，刊姬公之舊典，採蕭相之遺法。然而援朱均以貳極，煽褒閻而偶震。雖廢興有在，隆替靡常，稽之人事，乃二荀之力也。至於斗粟興謠，踰里成詠，勖之階禍，又已甚焉。馮紞外騁戚施，內窮狙詐，斃攸安賈，交勖讎張，心滔楚費，過踰晉伍。爰絲獻壽，空取慰於仁心，紞之陳說，幸收哀於迷慮，投畀之罰無聞，青蠅之詩不作矣。

贊曰：處道文林，胡貳爾心？彭祖凶孽，自貽伊慼。臨淮翼翼，孝形于色。安陽英英，匪懈其職。傾齊附魯，是爲蟊賊。紞之不臧，交亂罔極。

校勘記

〔一〕司空昶　「司空」，各本作「司徒」，今從宋本。魏志王昶傳、通志一二二下亦並作「司空」。

〔二〕中書令李絚　斠注：閻鼎傳作「李暅」。按：愍紀作「中書郎李昕」。

〔三〕北海太守搏　通鑑八八「搏」作「摶」。

〔四〕時以正德大豫雅頌未合　「大豫」原作「大序」。周校：「大序」當作「大豫」，「豫」一省作「予」，由此誤。按：周說是，今據改。

〔五〕晉後書十五篇　斠注：隋志、舊唐志並作晉後略記，新唐志作晉後略，均五卷。宋志作晉略九卷。

〔六〕兄恢自有傳　勞校：今本晉書無恢傳。

晉書卷四十

列傳第十

賈充 孫謐 充弟混 族子模 郭彰

賈充字公閭，平陽襄陵人也。父逵，魏豫州刺史、陽里亭侯。逵晚始生充，言後當有充閭之慶，故以爲名字焉。充少孤，居喪以孝聞。襲父爵爲侯。拜尚書郎，典定科令，兼度支考課。辯章節度，事皆施用。累遷黃門侍郎、汲郡典農中郎將。參大將軍軍事，從景帝討毌丘儉、文欽於樂嘉。帝疾篤，還許昌，留充監諸軍事，以勞增邑三百五十戶。

後爲文帝大將軍司馬，轉右長史。帝新執朝權，恐方鎭有異議，使充詣諸葛誕，圖欲伐吳，陰察其變。充既論說時事，因謂誕曰：「天下皆願禪代，君以爲如何？」誕厲聲曰：「卿非賈豫州子乎，世受魏恩，豈可欲以社稷輸人乎！若洛中有難，吾當死之。」充默然。及還，白帝曰：「誕再在揚州，威名夙著，能得人死力。觀其規略，爲反必也。今徵之，反速而事小；不徵，事遲而禍大。」帝乃徵誕爲司空，而誕果叛。復從征誕，充進計曰：「楚兵輕而銳，若深溝高壘以逼賊城，可不戰而克也。」帝從之。城陷，帝登壘以勞充。帝先歸洛陽，使充統後事。進爵宣陽鄉侯，增邑千戶。遷廷尉，充雅長法理，有平反之稱。

轉中護軍，高貴鄉公之攻相府也，充率衆距戰於南闕。軍將敗，騎督成倅弟太子舍人濟謂充曰：「今日之事如何？」充曰：「公等養汝，〔一〕正擬今日，復何疑！」濟於是抽戈犯蹕。及常道鄉公卽位，進封安陽鄉侯，增邑千二百戶，統城外諸軍，加散騎常侍。

鍾會謀反於蜀，帝假充節，以本官都督關中、隴右諸軍事，西據漢中，未至而會死。時軍國多事，朝廷機密，皆與籌之。帝甚信重充，與裴秀、王沈、羊祜、荀勖同受腹心之任。帝又命充定法律。假金章，賜甲第一區。五等初建，封臨沂侯，爲晉元勳，深見寵異，祿賜常優於羣官。

充有刀筆才，能觀察上旨。初，文帝以景帝恢贊王業，方傳位於舞陽侯攸。充稱武帝寬仁，且又居長，有人君之德，宜奉社稷。及文帝寢疾，武帝請問後事。文帝曰：「知汝者賈公閭也。」帝襲王位，拜充晉國衞將軍、儀同三司、給事中，改封臨潁侯。及受禪，充以建明大命，轉車騎將軍、散騎常侍、尚書僕射，更封魯郡公，母柳氏爲魯國太夫人。

充所定新律既班于天下，百姓便之。詔曰：「漢氏以來，法令嚴峻。故自元成之世，及建安、嘉平之間，咸欲辯章舊典，刪革刑書。述作體大，歷年無成。先帝愍元元之命陷於密網，親發德音，釐正名實。車騎將軍賈充，奬明聖意，諮詢善道。太傅鄭沖，又與司空荀顗、中書監荀勖、中軍將軍羊祜、中護軍王業，及廷尉杜友、守河南尹杜預、散騎侍郎裴楷、潁川太守周雄、齊相郭頎、騎都尉成公綏荀煇、〔三〕尚書郎柳軌等，典正其事。朕每鑒其用心，常慨然嘉之。今法律既成，始班天下，刑寬禁簡，足以克當先旨。昔蕭何以定律受封，叔孫通以制儀爲奉常，賜金五百斤，弟子皆爲郎。夫立功立事，古之所重。自太傅、車騎以下，皆加祿賞，其詳依故典。」於是賜充子弟一人關內侯，絹五百匹。固讓，不許。

後代裴秀爲尚書令，常侍、車騎將軍如故。尋改常侍爲侍中，賜絹七百匹。以母憂去職，詔遣黃門侍郎慰問。又以東南有事，遣典軍將軍楊囂宣諭，使六旬還內。

充爲政，務農節用，幷官省職，帝善之。又以文武異容，求罷所領兵。及羊祜等出鎭，充復上表欲立勳邊境，帝並不許。從容任職，褒貶在己，頗好進士，每有所薦達，必終始經緯之，是以士多歸焉。帝舅王恂嘗毀充，而充更進恂。或有背充以要權貴者，充皆陽以素意待之。而充無公方之操，不能正身率下，專以諂媚取容。

侍中任愷、中書令庾純等剛直守正，咸共疾之。又以充女爲齊王妃，懼後益盛。及氐羌反叛，時帝深以爲慮，愷因進說，請充鎮關中。乃下詔曰：「秦涼二境，比年屢敗，胡虜縱暴，百姓荼毒。遂使異類扇動，害及中州。雖復吳蜀之寇，未嘗至此。誠由所任不足以內撫夷夏，外鎮醜逆，輕用其衆而不能盡其力。非得腹心之重，推轂委成，大臣其弊，恐爲患未已。每慮斯難，忘寢與食。侍中、守尚書令、車騎將軍賈充，雅量弘高，達見明遠，武有折衝之威，文懷經國之慮，信結人心，名震域外。使權統方任，綏靜西夏，則吾無西顧之念，而遠近獲安矣。其以充爲使持節、都督秦涼二州諸軍事，侍中、車騎將軍如故，假羽葆、鼓吹，給第一駙馬。」朝之賢良欲進忠規獻替者，皆幸充此舉，望隆惟新之化。

充既外出，自以爲失職，深銜任愷，計無所從。將之鎮，百僚餞于夕陽亭，荀勖私焉。充以憂告，勖曰：「公，國之宰輔，而爲一夫所制，不亦鄙乎！然是行也，辭之實難。獨有結婚太子，不頓駕而自留矣。」充曰：「然。孰可寄懷？」對曰：「勖請言之。」俄而侍宴，論太子婚姻事，勖因言充女才質令淑，宜配儲宮。而楊皇后及荀顗亦並稱之。帝納其言。會京師大雪，平地二尺，軍不得發。既而皇儲當婚，遂不西行。詔充居本職。先是羊祜密啓留充，及是，帝以語充。充謝祜曰：「始知君長者。」

時吳將孫秀降，拜爲驃騎大將軍。帝以充舊臣，欲改班，使車騎居驃騎之右。充固讓，見聽。尋遷司空，侍中、尚書令、領兵如故。

會帝寢疾，充及齊王攸、荀勖參醫藥。及疾愈，賜絹各五百匹。初，帝疾篤，朝廷屬意於攸。河南尹夏侯和謂充曰：「卿二女壻，親疏等耳，立人當立德。」充不答。及是，帝聞之，徙和光祿勳，乃奪充兵權，而位遇無替。尋轉太尉、行太子太保、錄尚書事。咸寧三年，日蝕於三朝，充請遜位，不許。更以沛國之公丘益其封，寵倖愈甚，朝臣咸側目焉。

河南尹王恂上言：「弘訓太后入廟，合食於景皇帝，齊王攸不得行其子禮。」充議以爲：「禮，諸侯不得祖天子，公子不得禰先君，皆謂奉統承祀，非謂不得復其父祖也。攸身宜服三年喪事，自如臣制。」有司奏：「若如充議，服子服，行臣制，未有前比。宜如恂表，攸喪服從諸侯之例。」帝從充議。

伐吳之役，詔充爲使持節、假黃鉞、大都督，總統六師，給羽葆、鼓吹、緹幢、兵萬人、騎二千，置左右長史、司馬、從事中郎，增參軍、騎司馬各十人，帳下司馬二十人，大車、官騎各三十人。充慮大功不捷，表陳「西有昆夷之患，北有幽并之戍，天下勞擾，年穀不登，興軍致討，懼非其時。又臣老邁，非所克堪」。詔曰：「君不行，吾便自出。」充不得已，乃受節鉞，將中軍，爲諸軍節度，以冠軍將軍楊濟爲副，南屯襄陽。吳江陵諸守皆降，充乃徙屯項。

王濬之克武昌也，充遣使表曰：「吳未可悉定，方夏，江淮下溼，疾疫必起，宜召諸軍，以爲後圖。雖腰斬張華，不足以謝天下。」華豫平吳之策，故充以爲言。中書監荀勖奏，宜如充表。帝不從。杜預聞充有奏，馳表固爭，言平在旦夕。使及至轘轅，而孫晧已降。吳平，軍罷。帝遣侍中程咸犒勞，賜充帛八千匹，增邑八千戶；分封從孫暢新城亭侯，蓋安陽亭侯，弟陽里亭侯混、從孫關內侯衆增戶邑。

充本無南伐之謀，固諫不見用。及師出而吳平，大慚懼，議欲請罪。帝聞充當詣闕，豫幸東堂以待之。罷節鉞、僚佐，仍假鼓吹、麾幢。充與羣臣上告成之禮，請有司具其事。帝謙讓不許。

及疾篤，上印綬遜位。帝遣侍臣諭旨問疾，殿中太醫致湯藥，賜牀帳錢帛，自皇太子宗室躬省起居。太康三年四月薨，時年六十六。帝爲之慟，使使持節、太常奉策追贈太宰，加袞冕之服、綠綟綬、御劍，賜東園祕器、朝服一具、衣一襲，大鴻臚護喪事，假節鉞、前後部羽葆、鼓吹、緹麾，大路、鑾路、轀輬車、帳下司馬大車，椎斧文衣武賁、輕車介士。葬禮依霍光及安平獻王故事，給塋田一頃。與石苞等爲王功配饗廟庭，謚曰武。追贈充子黎民爲魯殤公。

充婦廣城君郭槐，性妬忌。初，黎民年三歲，乳母抱之當閤。黎民見充入，喜笑，充就而拊之。槐望見，謂充私乳母，卽鞭殺之。黎民戀念，發病而死。後又生男，過朞，復爲乳母所抱，充以手摩其頭。郭疑乳母，又殺之，兒亦思慕而死。充遂無胤嗣。

及薨，槐輒以外孫韓謐爲黎民子，奉充後。郎中令韓咸、中尉曹軫諫槐曰：「禮，大宗無後，以小宗支子後之，無異姓爲後之文。無令先公懷腆后土，良史書過，豈不痛心。」槐不從。咸等上書求改立嗣，事寢不報。槐遂表陳是充遺意。帝乃詔曰：「太宰、魯公充，崇德立勳，勤勞佐命，背世殂隕，每用悼心。又胤子早終，世嗣未立。古者列國無嗣，取始封支庶，以紹其統，而近代更除其國。至於周之公旦，漢之蕭何，或豫建元子，或封爵元妃，蓋尊顯勳庸，不同常例。太宰素取外孫韓謐爲世子黎民後。吾退而斷之，外孫骨肉至近，推恩計情，合於人心。其以謐爲魯公世孫，以嗣其國。自非功如太宰，始封無後如太宰，所取必以己自出不如太宰，〔三〕皆不得以爲比。」

及下禮官議充謚，博士秦秀議謚曰荒，帝不納。博士段暢希旨，建議謚曰武，帝乃從之。自充薨至葬，賻賜二千萬。惠帝卽位，賈后擅權，加充廟備六佾之樂，母郭爲宜城君。及郭氏亡，謚曰宣，特加殊禮。時人譏之，而莫敢言者。

初，充前妻李氏淑美有才行，生二女褒、裕，褒一名荃，裕一名濬。父豐誅，李氏坐流徙。後娶城陽太守郭配女，卽廣城君也。武帝踐阼，李以大赦得還，帝特詔充置左右夫人，充母亦敕充迎李氏。郭槐怒，攘袂數充曰：「刊定律令，爲佐命之功，我有其分。李那得與我並！」充乃答詔，託以謙沖，不敢當兩夫人盛禮，實畏槐也。而荃爲齊王攸妃，欲令充遣郭而還其母。時沛國劉含母，及帝舅羽林監王虔前妻，皆毌丘儉孫女。此例既多，質之禮官，俱不能決。雖不遣後妻，多異居私通。充自以宰相爲海內準則，乃爲李築室於永年里而不往來。荃、濬每號泣請充，充竟不往。會充當鎮關右，公卿供帳祖道，荃、濬懼充遂去，乃排幔出於坐中，叩頭流血，向充及羣僚陳母應還之意。衆以荃王妃，皆驚起而散。充甚愧愕，遣黃門將宮人扶去。既而郭槐女爲皇太子妃，帝乃下詔斷如李比皆不得還，後荃恚憤而薨。

初，槐欲省李氏，充曰：「彼有才氣，卿往不如不往。」及女爲妃，槐乃盛威儀而去。既入戶，李氏出迎，槐不覺腳屈，因遂再拜。自是充每出行，槐輒使人尋之，恐其過李也。初，充母柳見古今重節義，竟不知充與成濟事，以濟不忠，數追罵之。侍者聞之，無不竊笑。及將亡，充問所欲言，柳曰：「我教汝迎李新婦尚不肯，安問他事！」遂無言。及充薨後，李氏二女乃欲令其母祔葬，〔四〕賈后弗之許也。及后廢，李氏乃得合葬。李氏作女訓行於世。

謐字長深。〔五〕母賈午，充少女也。父韓壽，字德真，南陽堵陽人，魏司徒暨曾孫。美姿貌，善容止，賈充辟爲司空掾。充每讌賓僚，其女輒於青瑣中窺之，見壽而悅焉。問其左右識此人不，有一婢說壽姓字，云是故主人。女大感想，發於寤寐。婢後往壽家，具說女意，并言其女光麗艷逸，端美絕倫。壽聞而心動，便令爲通殷勤。婢以白女，女遂潛修音好，厚相贈結，呼壽夕入。壽勁捷過人，踰垣而至，家中莫知，惟充覺其女悅暢異於常日。時西域有貢奇香，一著人則經月不歇，帝甚貴之，惟以賜充及大司馬陳騫。其女密盜以遺壽，充僚屬與壽燕處，聞其芬馥，稱之於充。自是充意知女與壽通，而其門閤嚴峻，不知所由得入。乃夜中陽驚，託言有盜，因使循牆以觀其變。左右白曰：「無餘異，惟東北角如狐狸行處。」充乃考問女之左右，具以狀對。充祕之，遂以女妻壽。壽官至散騎常侍、河南尹。元康初卒，贈驃騎將軍。

謐好學，有才思。既爲充嗣，繼佐命之後，又賈后專恣，謐權過人主，至乃鏁繫黃門侍郎，其爲威福如此。負其驕寵，奢侈踰度，室宇崇僭，器服珍麗，歌僮舞女，選極一時。開閤延賓，海內輻湊，貴游豪戚及浮競之徒，莫不盡禮事之。或著文章稱美謐，以方賈誼。渤海石崇歐陽建、滎陽潘岳、吳國陸機陸雲、蘭陵繆徵、〔六〕京兆杜斌摯虞、琅邪諸葛詮、〔七〕弘農王粹、襄城杜育、南陽鄒捷、齊國左思、清河崔基、沛國劉瓌、汝南和郁周恢、安平牽秀、〔八〕潁川陳眕、太原郭彰、高陽許猛、彭城劉訥、中山劉輿劉琨皆傅會於謐，號曰二十四友，其餘不得預焉。

歷位散騎常侍、後軍將軍。廣城君薨，去職。喪未終，起爲祕書監，掌國史。先是，朝廷議立晉書限斷，中書監荀勖謂宜以魏正始起年，著作郎王瓚欲引嘉平已下朝臣盡入晉史，于時依違未有所決。惠帝立，更使議之。謐上議，請從泰始爲斷。於是事下三府，司徒王戎、司空張華、領軍將軍王衍、侍中樂廣、黃門侍郎嵇紹、國子博士謝衡皆從謐議。騎都尉濟北侯荀畯、侍中荀藩、黃門侍郎華混以爲宜用正始開元。博士荀熙、刁協謂宜嘉平起年。謐重執奏戎、華之議，事遂施行。

尋轉侍中，領祕書監如故。謐時從帝幸宣武觀校獵，諷尚書於會中召謐受拜，誡左右勿使人知，於是衆疑其有異志矣。謐既親貴，數入二宮，共愍懷太子遊處，無屈降心。常與太子弈棊爭道，成都王穎在坐，正色曰：「皇太子，國之儲君，賈謐何得無禮！」謐懼，言之於后，遂出穎爲平北將軍，鎮鄴。

及爲常侍，侍講東宮，太子意有不悅，謐患之。而其家數有妖異，飄風吹其朝服飛上數百丈，墜於中丞臺，又蛇出其被中，夜暴雷震其室，柱陷入地，壓毀牀帳，謐益恐。及遷侍中，專掌禁內，遂與后成謀，誣陷太子。及趙王倫廢后，以詔召謐於殿前，將戮之。走入西鍾下，呼曰：「阿后救我！」乃就斬之。韓壽少弟蔚有器望，及壽兄鞏令保、弟散騎侍郎預、吳王友鑒、謐母賈午皆伏誅。

初，充伐吳時，嘗屯項城，軍中忽失充所在。充帳下都督周勤時晝寢，夢見百餘人錄充，引入一逕。勷驚覺，聞失充，乃出尋索，忽覩所夢之道，遂往求之。果見充行至一府舍，侍衞甚盛。府公南面坐，聲色甚厲，謂充曰：「將亂吾家事，必爾與荀勖，旣惑吾子，又亂吾孫。間使任愷黜汝而不去，又使庾純詈汝而不改。今吳寇當平，汝方表斬張華。汝之闇戇，皆此類也。若不悛愼，當旦夕加罪。」充因叩頭流血。公曰：「汝所以延日月而名器如此者，是衞府之勳耳。終當使係嗣死於鍾虡之間，大子斃於金酒之中，小子困於枯木之下。荀勖亦宜同，然其先德小濃，故在汝後，數世之外，國嗣亦替。」言畢，命去。充忽然得還營，顏色憔悴，性理昏喪，經日乃復。及是，謐死於鍾下，賈后服金酒而死，賈午考竟用大杖，終皆如所言。

趙王倫之敗，朝廷追述充勳，議立其後。欲以充從孫散騎侍郎衆爲嗣，衆陽狂自免。以子禿後充，封魯公，又病死。永興中，立充從曾孫湛爲魯公，奉充後，遭亂死，國除。泰始中，人爲充等謠曰：「賈、裴、王，亂紀綱。王、裴、賈，濟天下。」言亡魏而成晉也。

充弟混字宮奇，篤厚自守，無殊才能。太康中，爲宗正卿。歷鎭軍將軍，領城門校尉，加侍中，封永平侯。卒，贈中軍大將軍、儀同三司。

充從子彝、遵並有鑒裁，俱爲黃門郎。遵弟模最知名。

焉。模字思範，少有志尙。頗覽載籍，而沈深有智算，確然難奪。深爲充所信愛，每事籌之。充年衰疾劇，恒憂己謚傳，模曰：「是非久自見，不可掩也。」起家爲邵陵令，遂歷事二宮尙書吏部郎，以公事免，起爲車騎司馬。豫誅楊駿，封平陽鄉侯，邑千戶。及楚王瑋矯詔害汝南王亮、太保衞瓘，詔使模將中騶二百人救之。是時賈后既豫朝政，欲委信親黨，拜模散騎常侍，二日擢爲侍中。模乃盡心匡弼，推張華、裴頠同心輔政。數年之中，朝野寧靜，模之力也。乃加授光祿大夫。然模潛執權勢，外形欲遠之，每有啓奏賈后事，入輒取急，或託疾以避之。至於素有嫌忿，多所中陷，朝廷甚憚之。加貪冒聚斂，富擬王公。但賈后性甚强暴，模每盡言爲陳禍福，后不能從，反謂模毀己。於是委任之情日衰，而讒間之徒遂進。模不得志，憂憤成疾。卒，追贈車騎將軍、開府儀同三司，謚曰成。子游字彥將嗣，歷官太子侍講、員外散騎侍郎。

郭彰字叔武，太原人，賈后從舅也。與賈充素相親遇，充妻待彰若同生。歷散騎常侍、尙書、衞將軍，封冠軍縣侯。及賈后專朝，彰豫參權勢，物情歸附，賓客盈門。世人稱爲「賈郭」，謂謐及彰也。卒，謚曰烈。

楊駿 弟珧 濟

楊駿字文長，弘農華陰人也。少以王官爲高陸令、驍騎、鎭軍二府司馬。後以后父超居重位，自鎭軍將軍遷車騎將軍，封臨晉侯。識者議之曰：「夫封建諸侯，所以藩屏王室也。后妃，所以供粢盛，弘內教也。后父始封而以臨晉爲侯，兆於亂矣。」尙書褚䂮、郭奕並表駿小器，不可以任社稷之重。武帝不從。帝自太康以後，天下無事，不復留心萬機，惟耽酒色，始寵后黨，請謁公行。而駿及珧、濟勢傾天下，時人有「三楊」之號。

及帝疾篤，未有顧命，佐命功臣，皆已沒矣，朝臣惶惑，計無所從。而駿盡斥羣公，親侍左右，因輒改易公卿，樹其心腹。會帝小間，見所用者非，乃正色謂駿曰：「何得便爾！」乃詔中書，以汝南王亮與駿夾輔王室。駿恐失權寵，從中書借詔觀之，得便藏匿。中書監華廙恐懼，自往索之，終不肯與。信宿之間，上疾遂篤，后乃奏帝以駿輔政，帝頷之。便召中書監華廙、令何劭，口宣帝旨使作遺詔，曰：「昔伊望作佐，勳垂不朽；周霍拜命，名冠往代。侍中、車騎將軍、行太子太保，領前將軍楊駿，經德履喆，鑒識明遠，毗翼二宮，忠肅茂著，宜正位上台，擬跡阿衡。其以駿爲太尉、太子太傅、假節、都督中外諸軍事，侍中、錄尙書、領前將軍如故。置參軍六人、步兵三千人、騎千人，移止前衞將軍珧故府。若止宿殿中宜有翼衞，其差左右衞三部司馬各二十人、殿中都尉司馬十人給駿，令得持兵仗出入。」詔成，后對廙、劭以呈帝，帝親視而無言。自是二日而崩，駿遂當寄託之重，居太極殿。梓宮將殯，六宮出辭，而駿不下殿，以武賁百人自衞。不恭之迹，自此而始。

惠帝卽位，進駿爲太傅、大都督、假黃鉞，錄朝政，百官總己。慮左右間己，乃以其甥段廣、張劭爲近侍之職。凡有詔命，帝省訖，入呈太后，然後乃出。駿知賈后情性難制，甚畏憚之。又多樹親黨，皆領禁兵。於是公室怨望，天下憤然矣。駿弟珧、濟並有儁才，數相諫止，駿不能用，因廢於家。駿闇於古義，動違舊典。武帝崩未踰年而改元，議者咸以爲違春秋踰年書卽位之義。朝廷惜於前失，令史官沒之，故明年正月復改年焉。

駿自知素無美望，懼不能輯和遠近，乃依魏明帝卽位故事，遂大開封賞，欲以悅衆。爲政嚴碎，愎諫自用，不允衆心。馮翊太守孫楚素與駿厚，說之曰：「公以外戚，居伊霍之重，握大權，輔弱主，當仰思古人至公至誠謙順之道。於周則周召爲宰，在漢則朱虛、東牟，未有庶姓專朝，而克終慶祚者也。今宗室親重，藩王方壯，而公不與共參萬機，內懷猜忌，外樹私昵，禍至無日矣。」駿不能從。弘訓少府蒯欽，駿之姑子，少而相昵，直亮不回，屢以正言犯駿，珧、濟爲之寒心。欽曰：「楊文長雖闇，猶知人之無罪不可妄殺，必當疏我。我得疏外，可以不與俱死。不然，傾宗覆族，其能久乎！」

殿中中郎孟觀、李肇，素不爲駿所禮，陰搆駿將圖社稷。賈后欲預政事，而憚駿未得逞其所欲，又不肯以婦道事皇太后。黃門董猛，始自帝之爲太子卽爲寺人監，在東宮給事於賈后。后密通消息於猛，謀廢太后。猛乃與肇、觀潛相結託。賈后又令肇報大司馬、汝南王亮，使連兵討駿。亮曰：「駿之凶暴，死亡無日，不足憂也。」肇報楚王瑋，瑋然之，於是求入朝。駿素憚瑋，先欲召入，防其爲變，因遂聽之。

及瑋至，觀、肇乃啓帝，夜作詔，中外戒嚴，遣使奉詔廢駿，以侯就第。東安公繇率殿中四百人隨其後以討駿。段廣跪而言於帝曰：「楊駿受恩先帝，竭心輔政。且孤公無子，豈有反理？願陛下審之。」帝不答。

時駿居曹爽故府，在武庫南，聞內有變，召衆官議之。太傅主簿朱振說駿曰：「今內有變，其趣可知，必是閹豎爲賈后設謀，不利於公。宜燒雲龍門以示威，索造事者首，開萬春門，引東宮及外營兵，公自擁翼皇太子，入宮取姦人。殿內震懼，必斬送之，可以免難。」駿素怯懦，不決，乃曰：「魏明帝造此大功，奈何燒之！」侍中傅祗夜白駿，請與武茂俱入雲龍門觀察事勢。祗因謂羣僚「宮中不宜空」，便起揖，於是皆走。

尋而殿中兵出，燒駿府，又令弩士於閣上臨駿府而射之，駿兵皆不得出。駿逃于馬廐，以戟殺之。觀等受賈后密旨，誅駿親黨，皆夷三族，死者數千人。又令李肇焚駿家私書，賈

后不欲令武帝顧命手詔聞于四海也。駿既誅，莫敢收者，惟太傅舍人巴西閻纂殯斂之。〔九〕

初，駿徵高士孫登，遺以布被。登截被於門，大呼曰：「斫斫刺刺。」旬日託疾詐死，及是，其言果驗。永熙中，溫縣有人如狂，造書曰：「光光文長，大戟爲牆。毒藥雖行，戟還自傷。」及駿居內府，以戟爲衞焉。

永寧初，詔曰：「舅氏失道，宗族隕墜，渭陽之思，孔懷感傷。其以蓩亭侯楊超爲奉朝請、騎都尉，以慰蓼莪之思焉。」

珧字文琚，歷位尚書令、衞將軍。素有名稱，得幸於武帝，時望在駿前。以兄貴盛，知權寵不可居，自乞遜位，前後懇至，終不獲許。初，聘后，珧表曰：「歷觀古今，一族二后，未嘗以全，而受覆宗之禍。乞以表事藏之宗廟，若如臣之言，得以免禍。」從之。右軍督趙休上書陳：「王莽五公，兄弟相代。今楊氏三公，並在大位，而天變屢見，臣竊爲陛下憂之。」由此珧益懼，固求遜位，聽之，賜錢百萬、絹五千匹。

珧初以退讓稱，晚乃合朋黨，搆出齊王攸。中護軍羊琇與北軍中候成粲謀欲因見珧而手刃之。珧知而辭疾不出，諷有司奏琇，轉爲太僕。自是舉朝莫敢枝梧，而素論盡矣。珧臨刑稱冤，云：「事在石函，可問張華。」當時皆謂宜爲申理，合依鍾毓事例。〔一〇〕而賈氏族黨待諸楊如讎，促行刑者遂斬之，時人莫不嗟歎焉。

濟字文通，歷位鎭南、征北將軍，遷太子太傅。濟有才藝，嘗從武帝校獵北芒下，與侍中王濟俱著布袴褶，騎馬執角弓在輦前。猛獸突出，帝命王濟射之，應弦而倒。須臾復一出，濟受詔又射殺之，六軍大叫稱快。帝重兵官，多授貴戚淸望，濟以武藝號爲稱職。與兄珧深慮盛滿，乃與諸甥李斌等共切諫。駿斥出王佑爲河東太守，建立皇儲，皆濟謀也。

初，駿忌大司馬汝南王亮，催使之藩。濟與斌數諫止之，駿遂疏濟。濟謂傅咸曰：「若家兄徵大司馬入，退身避之，門戶可得免耳。不爾，行當赤族。」咸曰：「但徵還，共崇至公，便立太平，無爲避也。夫人臣不可有專，豈獨外戚！今宗室疏，因外戚之親以得安，外戚危，倚宗室之重以爲援，所謂脣齒相依，計之善者。」濟益懼而問石崇曰：「人心云何？」崇曰：「賢兄執政，疏外宗室，宜與四海共之。」濟曰：「見兄，可及此。」崇見駿，及焉，駿不納。

後與諸兄俱見害。難發之夕，東宮召濟。濟謂裴楷曰：「吾將何之？」楷曰：「子爲保傅，當至東宮。」濟好施，久典兵馬，所從四百餘人皆秦中壯士，射則命中，皆欲救濟。濟已入宮，莫不歎恨。

史臣曰：賈充以諂諛陋質，刀筆常材，幸屬昌辰，濫叨非據。抽戈犯順，曾無猜憚之心；杖鉞推亡，遽有知難之請，非惟魏朝之悖逆，抑亦晉室之罪人者歟！然猶身極寵光，任兼文武，存荷台衡之寄，沒有從享之榮，可謂無德而祿，殃將及矣。逮乎貽厥，乃乞丐之徒，嗣惡稔之餘基，縱姦邪之凶德。煽茲哲婦，索彼惟家，雖及誅夷，曷云塞責。昔當塗闕翦，公閭實肆其勞，典午分崩，南風亦盡其力，可謂「君以此始，必以此終」，信乎其然矣。楊駿階緣寵幸，遂荷棟梁之任，敬之猶恐弗逮，驕奢淫泆，庸可免乎？括母以明智全身，會昆以先言獲宥，文琚識同曩烈，而罰異昔人，悲夫！

贊曰：公閭便佞，心乖雅正。邀遇時來，遂階榮命。乞丐承緒，凶家亂政。瑣瑣文長，遂居棟梁。據非其位，乃底滅亡。珧雖先覺，亦罹禍殃。

校勘記

〔一〕公等養汝　當作「公養汝等」。魏志高貴鄉公紀注引漢晉春秋作「畜養汝等」、干寶晉紀作「公畜養汝等」，並可證。

〔二〕荀煇　刑法志載定新律者十四人，無荀煇；御覽六三七引、册府六一〇亦無此人。魏志荀彧傳注引荀氏家傳煇曾與充定音律。

〔三〕所取必以己自出不如太宰 「不」字疑衍。「所取必以己自出」者，謂立謐出自充意，卽上文「太宰素取外孫韓謐爲世子黎民後」也。秦秀傳正無「不」字可證。

〔四〕李氏二女 各本「氏」誤作「郭」，今從殿本。

〔五〕長深 斠注：書鈔五七、文選答賈長淵詩注引王隱晉書均作「長淵」，唐諱「淵」改「深」。

〔六〕繆徵 斠注：張軌傳有祕書監繆世徵，唐諱「世」，故但稱「繆徵」。

〔七〕諸葛詮 懷紀、諸葛夫人傳「詮」並作「銓」。

〔八〕牽秀 原作「索秀」，據牽秀傳、通鑑八二、册府九四五改。

〔九〕閻纂 本傳「纂」作「纘」，見卷四八校記。

〔一〇〕合依鍾毓事例 「毓」，各本作「繇」，今依宋本。本書音義、通志一二二下、通鑑八二均作「毓」。鍾毓事見魏志本傳。

晉書卷四十一

列傳第十一

魏舒

魏舒字陽元，任城樊人也。少孤，爲外家甯氏所養。甯氏起宅，相宅者云：「當出貴甥。」外祖母以魏氏甥小而慧，意謂應之。舒曰：「當爲外氏成此宅相。」久乃別居。身長八尺二寸，姿望秀偉，飲酒石餘，而遲鈍質朴，不爲鄉親所重。從叔父吏部郎衡，有名當世，亦不之知，使守水碓，每歎曰：「舒堪數百戶長，我願畢矣！」舒亦不以介意。不修常人之節，不爲皎厲之事，每欲容才長物，終不顯人之短。性好騎射，著韋衣，入山澤，以漁獵爲事。唯太原王乂謂舒曰：「卿終當爲台輔，然今未能令妻子免飢寒，吾當助卿營之。」常振其匱乏，舒受而不辭。

舒嘗詣野王，主人妻夜產，俄而聞車馬之聲，相問曰：「男也，女也？」曰：「男，書之，十五以兵死。」復問：「寢者爲誰？」曰：「魏公舒。」後十五載，詣主人，問所生兒何在，曰：「因條桑爲斧傷而死。」舒自知當爲公矣。

年四十餘，郡上計掾察孝廉。宗黨以舒無學業，勸令不就，可以爲高耳。舒曰：「若試而不中，其負在我，安可虛竊不就之高以爲己榮乎！」於是自課，百日習一經，因而對策升第。除澠池長，遷浚儀令，入爲尚書郎。時欲沙汰郎官，非其才者罷之。舒曰：「吾卽其人也。」樸被而出。同僚素無淸論者咸有愧色，談者稱之。

累遷後將軍鍾毓長史，毓每與參佐射，舒常爲畫籌而已。後遇朋人不足，以舒滿數。毓初不知其善射。舒容範閑雅，發無不中，舉坐愕然，莫有敵者。毓歎而謝曰：「吾之不足以盡卿才，有如此射矣，豈一事哉！」

轉相國參軍，封劇陽子。府朝碎務，未嘗見是非；至於廢興大事，衆人莫能斷者，舒徐爲籌之，多出衆議之表。文帝深器重之，每朝會坐罷，目送之曰：「魏舒堂堂，人之領袖也。」遷宜陽、滎陽二郡太守，甚有聲稱。徵拜散騎常侍。出爲冀州刺史，在州三年，以簡惠稱。入爲侍中。武帝以舒淸素，特賜絹百匹。遷尚書，以公事當免官，詔以贖論。舒三娶妻皆亡，是歲自表乞假還本郡葬妻，詔賜葬地一頃，錢五十萬。

太康初，拜右僕射。舒與衞瓘、山濤、張華等以六合混一，宜用古典封禪東嶽，前後累陳其事，帝謙讓不許。以舒爲左僕射，領吏部。舒上言：「今選六宮，聘以玉帛，而舊使御府丞奉聘，宣成嘉禮，贊重使輕。以爲拜三夫人宜使卿，九嬪使五官中郎將，美人、良人使謁者，於典制爲弘。」有詔詳之，衆議異同，遂寢。加右光祿大夫、儀同三司。

及山濤薨，以舒領司徒，有頃卽眞。舒有威重德望，祿賜散之九族，家無餘財。陳留周震累爲諸府所辟，辟書旣下，公輒喪亡，僉號震爲殺公掾，莫有辟者。舒乃命之，而竟無患，識者以此稱其達命。

以年老，每稱疾遜位。中復暫起，署兗州中正，尋又稱疾。尚書左丞郤詵與舒書曰：「公久疾小差，視事是也，唯上所念。何意起訖還臥，曲身迴法，甚失具瞻之望。公少立巍巍，一旦棄之，可不惜哉！」舒稱疾如初。

後以災異遜位，帝不聽。後因正旦朝罷還第，表送章綬。帝手詔敦勉，而舒執意彌固，乃下詔曰：「司徒、劇陽子舒，體道弘粹，思量經遠，忠肅居正，在公盡規。入管銓衡，官人允敍；出贊袞職，敷弘五教。惠訓播流，德聲茂著，可謂朝之俊乂者也。而屢執沖讓，辭旨懇誠，申覽反覆，省用憮然。蓋成人之美，先典所與，難違至情。今聽其所執，以劇陽子就第，位同三司，祿賜如前。几杖不朝，賜錢百萬，牀帳簟褥自副。以舍人四人爲劇陽子舍人，置官騎十人。使光祿勳奉策，主者詳案典禮，令皆如舊制。」於是賜安車駟馬，門施行馬。舒爲事必先行而後言，遜位之際，莫有知者。時論以爲晉興以來，三公能辭榮善終者，未之有也。司空衞瓘與舒書曰：「每與足下共論此事，日日未果，可謂瞻之在前，忽焉在後矣。」太熙元年薨，時年八十二。帝甚傷悼，賵賻優厚，謚曰康。

子混字延廣，淸惠有才行，爲太子舍人。年二十七，先舒卒，朝野咸爲舒悲惜。舒每哀慟，退而歎曰：「吾不及莊生遠矣，豈以無益自損乎！」於是終服不復哭。詔曰：「舒惟一子，薄命短折。舒告老之年，處窮獨之苦，每念怛然，爲之嗟悼。思所以散愁養氣，可更增滋味品物。仍給賜陽燧四望繐牕戶皁輪車牛一乘，庶出入觀望，或足散憂也。」以庶孫融嗣。又早卒，從孫晃嗣。

李憙

李憙字季和，上黨銅鞮人也。父佺，漢大鴻臚。憙少有高行，博學研精，與北海管寧以賢良徵，不行。累辟三府，不就。宣帝復辟憙爲太傅屬，固辭疾，郡縣扶輿上道。時憙母疾篤，乃竊踰泫氏城而徒還，遂遭母喪，論者嘉其志節。後爲幷州別駕，時驍騎將軍秦朗過幷州，州將畢軌敬焉，令乘車至閤。憙固諫以爲不可，軌不得已從之。

景帝輔政，命憙爲大將軍從事中郎，憙到，引見，謂憙曰：「昔先公辟君而君不應，今孤命君而君至，何也？」對曰：「先君以禮見待，憙得以禮進退。明公以法見繩，憙畏法而至。」帝甚重之。轉司馬，尋拜右長史。從討毌丘儉還，遷御史中丞。當官正色，不憚强禦，百僚震肅焉。薦樂安孫璞，亦以道德顯，時人稱爲知人。尋遷大司馬，〔一〕以公事免。

司馬伷爲寧北將軍，鎭鄴，以憙爲軍司。頃之，除涼州刺史，加揚威將軍、假節，領護羌校尉，綏御華夷，甚有聲績。羌虜犯塞，憙因其隙會，不及啓聞，輒以便宜出軍深入，遂大克獲，以功重免譴，時人比之漢朝馮、甘焉。於是請還，許之。居家月餘，拜冀州刺史，累遷司隸校尉。

及魏帝告禪于晉，憙以本官行司徒事，副太尉鄭沖奉策。泰始初，封祁侯。憙上言：「故立進令劉友、〔二〕前尙書山濤、中山王睦、故尙書僕射武陔各占官三更稻田，請免濤、睦等官。陔已亡，請貶謚。」詔曰：「法者，天下取正，不避親貴，然後行耳，吾豈將枉縱其間哉！然案此事皆是友所作，侵剝百姓，以繆惑朝士。姦吏乃敢作此，其考竟友以懲邪佞。濤等不貳其過者，皆勿有所問。易稱『王臣蹇蹇，匪躬之故』。今憙亢志在公，當官而行，可謂『邦之司直』者矣。光武有云『貴戚且歛手以避二鮑』，豈其然乎！其申敕羣僚，各愼所司，寬宥之恩，不可數遇也。」憙爲二代司隸，朝野稱之。以公事免。

其年，皇太子立，以憙爲太子太傅。自魏明帝以後，久曠東宮，制度廢闕，官司不具，詹事、左右率、庶子、中舍人諸官並未置，唯置衞率令典兵，二傅幷攝衆事。憙在位累年，訓道盡規。

遷尚書僕射，拜特進、光祿大夫，以年老遜位。詔曰：「光祿大夫、特進李憙，杖德居義，當升台司，毗亮朕躬，而以年尊致仕。雖優游無爲，可以頤神，而虛心之望，能不憮然！其因光祿之號，改假金紫，置官騎十人，賜錢五十萬，祿賜班禮，一如三司，門施行馬。」

初，憙爲僕射時，涼州虜寇邊，憙唱義遣軍討之。朝士謂出兵不易，虜未足爲患，竟不從之。後虜果大縱逸，涼州覆沒，朝廷深悔焉。以憙清素貧儉，賜絹百匹。及齊王攸出鎭，憙上疏諫爭，辭甚懇切。

憙自歷仕，雖淸非異衆，而家無儲積，親舊故人乃至分衣共食，未嘗私以王官。及卒，追贈太保，謚曰成。子贊嗣。

少子儉字仲約，歷左積弩將軍、屯騎校尉。儉子弘字世彥，少有淸節，永嘉末，歷給事黃門侍郎、散騎常侍。

劉寔 弟智

劉寔字子眞，平原高唐人也。漢濟北惠王壽之後也，父廣，斥丘令。寔少貧苦，賣牛衣以自給。然好學，手約繩，口誦書，博通古今。清身潔己，行無瑕玷。郡察孝廉，州舉秀才，皆不行。以計吏入洛，調爲河南尹丞，遷尙書郎、廷尉正。後歷吏部郎，參文帝相國軍事，封循陽子。

鍾會、鄧艾之伐蜀也，有客問寔曰：「二將其平蜀乎？」寔曰：「破蜀必矣，而皆不還。」客問其故，笑而不答，竟如其言。寔之先見，皆此類也。

以世多進趣，廉遜道闕，乃著崇讓論以矯之。其辭曰：

古之聖王之化天下，所以貴讓者，欲以出賢才，息爭競也。夫人情莫不欲己之賢也，故勸令讓賢以自明賢也，豈假讓不賢哉！故讓道興，賢能之人不求而自出矣，至公之舉自立矣，百官之副亦豫具矣。一官缺，擇衆官所讓最多者而用之，審之道也。〔三〕在朝之士相讓於上，草廬之人咸皆化之，推賢讓能之風從此生矣。爲一國所讓，則一國士也；天下所共推，則天下士也。推讓之風行，則賢與不肖灼然殊矣。此道之行，在上者無所用其心，因成清議，隨之而已。故曰，蕩蕩乎堯之爲君，莫之能名。言天下自安矣，不見堯所以化之，故不能名也。又曰，舜禹之有天下而不與焉，無爲而化者其舜也歟。賢人相讓於朝，大才之人恒在大官，小人不爭於野，天下無事矣。以賢才化無事，至道興矣。已仰其成，復何與焉！故可以歌南風之詩，彈五弦之琴也。成此功者非有他，崇讓之所致耳。孔子曰，能以禮讓爲國，則不難也。

在朝之人不務相讓久矣，天下化之。自魏代以來，登進辟命之士，及在職之吏，臨見受敍，雖自辭不能，終莫肯讓有勝己者。夫推讓之風息，爭競之心生。孔子曰，上興讓則下不爭，明讓不興下必爭也。推讓之道興，則賢能之人日見推舉；爭競之心生，則賢能之人日見謗毁。夫爭者之欲自先，甚惡能者之先，不能無毁也。故孔墨不能免世之謗己，況不及孔墨者乎！議者僉然言，〔四〕世少高名之才，朝廷不有大才之人可以爲大官者。山澤人小官吏亦復云，朝廷之士雖有大官名德，皆不及往時人也。余以爲此二言皆失之矣。〔五〕非時獨乏賢也，時不貴讓。一人有先衆之譽，毁必隨之，名不得成使之然也。雖令稷契復存，亦不復能全其名矣。能否混雜，優劣不分，士無素定之價，官職有缺，主選之吏不知所用，但案官次而舉之。同才之人先用者，非勢家之子，則必爲有勢者之所念也。非能獨賢，因其先用之資，而復遷之無已。遷之無已，不勝其任之病發矣。觀在官之人，政績無聞，自非勢家之子，率多因資次而進也。

向令天下貴讓，士必由於見讓而後名成，名成而官乃得用之。諸名行不立之人，在官無政績之稱，讓之者必矣，官無因得而用之也。所以見用不息者，由讓道廢，因資用人之有失久矣。故自漢魏以來，時開大舉，令衆官各舉所知，唯才所任，不限階次，如此者甚數矣。其所舉必有當者，不聞時有擢用，不知何誰最賢故也。所舉必有不當，而罪不加，不知何誰最不肖也。所以不可得知，由當時之人莫肯相推，賢愚之名不別，令其如此。舉者知在上者察不能審，故敢漫舉而進之。或舉所賢，因及所念，一頓而至，人數猥多，各言所舉者賢，加之高狀，相似如一，難得而分矣。參錯相亂，眞僞同貫，更復由此而甚。雖舉者不能盡忠之罪，亦由上開聽察之路濫，令其爾也。昔齊王好聽竽聲，必令三百人合吹而後聽之，廩以數人之俸。南郭先生不知吹竽者也，以三百人合吹可以容其不知，因請爲王吹竽，虛食數人之俸。嗣王覺而改之，難彰先王之過。乃下令曰：「吾之好聞竽聲有甚於先王，欲一一列而聽之。」先生於此逃矣。推賢之風不立，濫舉之法不改，則南郭先生之徒盈於朝矣。才高守道之士日退，馳走有勢之門日多矣。雖國有典刑，弗能禁矣。

夫讓道不興之弊，非徒賢人在下位，不得時進也，國之良臣荷重任者，亦將以漸受罪退矣。何以知其然也？孔子以爲顏氏之子不貳過耳，明非聖人皆有過。寵貴之地欲之者多矣，惡賢能者塞其路，其過而毁之者亦多矣。夫謗毁之生，非徒空設，必因人之微過而甚之者也。毁謗之言數聞，在上者雖欲弗納，不能不杖所聞，因事之來而微察之也，無以，其驗至矣。〔六〕得其驗，安得不理其罪。若知而縱之，王之威日衰，令之不行自此始矣。知而皆理之，受罪退者稍多，大臣有不自固之心。夫賢才不進，貴臣日疏，此有國者之深憂也。詩曰：「受祿不讓，至于已斯亡。」不讓之人憂亡不暇，而望其益國朝，不亦難乎！

竊以爲改此俗甚易耳。何以知之？夫一時在官之人，雖雜有凡猥之才，其中賢明者亦多矣，豈可謂皆不知讓賢爲貴邪！直以其時皆不讓，習以成俗，故遂不爲耳。人臣初除，皆通表上聞，名之謝章，所由來尚矣。原謝章之本意，欲進賢能以謝國恩也。昔舜以禹爲司空，禹拜稽首，讓于稷契及咎繇。使益爲虞官，讓于朱虎、熊、羆。使伯夷典三禮，讓于夔龍。唐虞之時，衆官初除，莫不皆讓也。謝章之義，蓋取於此。書記之者，欲以永世作則。季世所用，不賢不能讓賢，虛謝見用之恩而已。相承不變，習俗之失也。

夫敍用之官得通章表者，其讓賢推能乃通，其不能有所讓徒費簡紙者，皆絕不通。人臣初除，各思推賢能而讓之矣，讓之文付主者掌之。三司有缺，擇三司所讓最多者而用之。此爲一公缺，三公已豫選之矣。且主選之吏，不必任公而選三公，不如令三公自共選一公爲詳也。四征缺，擇四征所讓最多者而用之，此爲一征缺，四征已豫選之矣，必詳於停缺而令主者選四征也。尚書缺，擇尚書所讓最多者而用之，此爲八尚書共選一尚書，詳於臨缺令主者選八尚書也。郡守缺，擇衆郡所讓最多者而用之，詳於任主者令選百郡守也。

夫以衆官百郡之讓，與主者共相比，不可同歲而論也。雖復令三府參舉官，本不委以舉選之任，各不能以根其心也。其所用心者裁之不二三，但令主者案官次而舉之，不用精也。賢愚皆讓，百姓耳目盡爲國耳目。夫人情爭則欲毀己所不知，〔七〕讓則競推於勝己。故世爭則毀譽交錯，優劣不分，難得而讓也。時讓則賢智顯出，能否之美歷歷相次，不可得而亂也。當此時也，能退身修己者，讓之者多矣。雖欲守貧賤，不可得也。馳騖進趣而欲人見讓，猶卻行而求前也。夫如此，愚智咸知進身求通，非修之於己則無由矣。游外求者，於此相隨而歸矣。浮聲虛論，不禁而自息矣。人人無所用其心，任衆人之議，而天下自化矣。不言之化行，巍巍之美於此著矣。讓可以致此，豈可不務之哉！

春秋傳曰：「范宣子之讓，其下皆讓。欒黶雖汰，弗敢違也。晉國以平，數世賴之。」上世之化也，君子尚能而讓其下，小人力農以事其上，上下有禮，讒慝遠黜，由不爭也。及其亂也，國家之弊，恒必由之。篤論了了如此。在朝君子典選大官，能不以人廢言，舉而行之，各以讓賢舉能爲先務，則羣才猥出，能否殊別，蓋世之功，莫大於此。

泰始初，進爵爲伯，累遷少府。咸寧中爲太常，轉尚書。杜預之伐吳也，寔以本官行鎮南軍司。

初，寔妻盧氏生子躋而卒，華氏將以女妻之。寔弟智諫曰：「華家類貪，必破門戶。」辭之不得，竟婚華氏而生子夏。寔竟坐夏受賂，免官。頃之爲大司農，又以夏罪免。

寔每還州里，鄉人載酒肉以候之。寔難逆其意，輒共啖而返其餘。或謂寔曰：「君行高一世，而諸子不能遵。何不旦夕切磋，使知過而自改邪！」寔曰：「吾之所行，是所聞見，不相祖習，豈復教誨之所得乎！」世以寔言爲當。

後起爲國子祭酒、散騎常侍。愍懷太子初封廣陵王，高選師友，以寔爲師。元康初，進爵爲侯，累遷太子太保，加侍中、特進、右光祿大夫、開府儀同三司，領冀州都督。九年，策拜司空，遷太保，轉太傅。

太安初，寔以老病遜位，賜安車駟馬、錢百萬，以侯就第。及長沙成都之相攻也，寔爲軍人所掠，潛歸鄉里。

惠帝崩，寔赴山陵。懷帝即位，復授太尉。寔自陳年老，固辭，不許。左丞劉坦上言曰：「夫堂高級遠，主尊相貴。是以古之哲王莫不師其元臣，崇養老之教，訓示四海，使少長有禮。七十致仕，亦所以優異舊德，厲廉高之風。太尉寔體淸素之操，執不渝之潔，懸車告老，二十餘年，浩然之志，老而彌篤。可謂國之碩老，邦之宗模。臣聞老者不以筋力爲禮，寔年踰九十，命在日制，遂自扶輿，冒險而至，展哀山陵，致敬闕庭，大臣之節備矣。聖詔殷勤，必使寔正位上台，光飪鼎實，斷章敦喻，經涉二年。而寔頻上露板，辭旨懇誠。臣以爲古之養老，以不事爲優，不以吏之爲重，謂宜聽寔所守。」

三年，詔曰：「昔虞任五臣，致垂拱之化，漢相蕭何，興寧一之譽，故能光隆於當時，垂裕于百代。朕紹天明命，臨御萬邦，所以崇顯政道者，亦賴之於元臣庶尹，畢力股肱，以副至望。而君年耆告老，確然難違。今聽君以侯就第，位居三司之上，秩祿準舊，賜几杖不朝及宅一區。國之大政，將就諮于君，副朕意焉。」歲餘薨，時年九十一，謚曰元。

寔少貧窶，杖策徒行，每所憩止，不累主人，薪水之事，皆自營給。及位望通顯，每崇儉素，不尙華麗。嘗詣石崇家，如廁，見有絳紋帳，裀褥甚麗，兩婢持香囊。寔便退，笑謂崇曰：「誤入卿內。」崇曰：「是廁耳。」寔曰：「貧士未嘗得此。」乃更如他廁。雖處榮寵，居無第宅，所得俸祿，贍卹親故。雖禮教陵遲，而行己以正。喪妻爲廬杖之制，終喪不御內。輕薄者笑之，寔不以介意。自少及老，篤學不倦，雖居職務，卷弗離手。尤精三傳，辨正公羊，以爲衞輒不應辭以王父命，祭仲失爲臣之節，舉此二端以明臣子之體，遂行於世。又撰春秋條例二十卷。

有二子，躋、夏。躋字景雲，官至散騎常侍。夏以貪污棄放於世。

弟智字子房，貞素有兄風。少貧窶，每負薪自給，讀誦不輟，竟以儒行稱。歷中書黄門吏部郎，出爲潁川太守。平原管輅嘗謂人曰：「吾與劉潁川兄弟語，使人神思清發，昏不假寐。自此之外，殆白日欲寢矣。」入爲秘書監，領南陽王師，加散騎常侍，遷侍中、尚書、太常。著喪服釋疑論，多所辨明。太康末卒，謚曰成。

高光

高光字宣茂，陳留圉城人，魏太尉柔之子也。光少習家業，明練刑理。初以太子舍人累遷尚書郎，出爲幽州刺史、潁州太守。是時武帝置黄沙獄，以典詔囚。以光歷世明法，用爲黄沙御史，秩與中丞同。遷廷尉。

元康中，拜尚書，典三公曹。時趙王倫篡逆，光於其際，守道全貞。〔八〕及倫賜死，齊王冏輔政，復以光爲廷尉，遷尚書，加奉車都尉。後從駕討成都王穎有勳，封延陵縣公，邑千八百戶。于時朝廷咸推光明於用法，故頻典理官。惠帝爲張方所逼，幸長安，朝臣奔散，莫有從者，光獨侍帝而西。遷尚書左僕射，加散騎常侍。

光兄誕爲上官巳等所用，歷徐、雍二州刺史。誕性任放無倫次，而決烈過人，與光異操。常謂光小節，恒輕侮之，光事誕愈謹。

帝既還洛陽，時太弟新立，重選傳訓，以光爲少傅，加光祿大夫，常侍如故。及懷帝即位，加光祿大夫金章紫綬，與傅祗並見推崇。尋爲尚書令，本官如故。以疾卒，贈司空、侍中。屬京洛傾覆，竟未加謚。

子韜字子遠，放佚無檢。光爲廷尉時，韜受貨賕，有司奏案之，而光不知。時人雖非光不能防閑其子，以其用心有素，不以爲累。初，光詣長安留臺，以韜兼右衞將軍。韜與殿省小人交通，及光卒，仍於喪中往來不絕。時東海王越輔政，不朝覲。韜知人心有望，密與太傅參軍姜贖、京兆杜概等謀討越，事泄伏誅。

史臣曰：下士競而文，中庸靜而質，不若進不足而退有餘也。魏舒、劉寔發慮精華，結綬登槐，覽止成務。季和切問近對，當官正色。詩云「貪人敗類」，豈劉夏之謂歟！

贊曰：舒言不矜，寔對千乘。子眞、宣茂，雅志難陵。進忠能舉，退讓攸興。皎皎瑚器，來光玉繩。

校勘記

〔一〕尋遷大司馬　勞校：「司馬」下當有脫文。按：大司馬，三公，不得以御史中丞轉，蓋爲大司馬掾屬。勞謂下有脫文，卽此意。

〔二〕故立進令　「故」，各本誤作「攻」，今依宋本。通鑑七九亦作「故」。

〔三〕審之道也　類聚二一、御覽四二四引「審」下有「才」字。

〔四〕議者僉然言　羣書治要二九及通典一六引無「然」字。

〔五〕余以爲此二言皆失之矣　「言」，各本作「者」，今從宋本。羣書治要二九、通典一六引「者」並作「言」。

〔六〕因事之來至其驗至矣　通典一六作「因事之來而微察之，察之無已，其驗至矣」。

〔七〕夫人情爭則欲毁己所不知　通鑑八二「知」作「如」。

〔八〕守道全貞　「全貞」，各本倒作「貞全」，今依殿本。

晉書卷四十二

列傳第十二

王渾 子濟

王渾字玄沖，太原晉陽人也。父昶，魏司空。渾沈雅有器量。襲父爵京陵侯，辟大將軍曹爽掾。爽誅，隨例免。起爲懷令，參文帝安東軍事，累遷散騎黃門侍郎、散騎常侍。咸熙中爲越騎校尉。

武帝受禪，加揚烈將軍，遷徐州刺史。時年荒歲饑，渾開倉振贍，百姓賴之。泰始初，增封邑千八百戶。久之，遷東中郎將，監淮北諸軍事，鎮許昌。數陳損益，多見納用。轉征虜將軍、監豫州諸軍事、假節，領豫州刺史。渾與吳接境，宣布威信，前後降附甚多。吳將薛瑩、魯淑衆號十萬，淑向弋陽，瑩向新息。時州兵並放休息，衆裁一旅，浮淮潛濟，出其不意，瑩等不虞晉師之至。渾擊破之，以功封次子尚爲關內侯。

遷安東將軍、都督揚州諸軍事，鎮壽春。吳人大佃皖城，圖爲邊害。渾遣揚州刺史應綽督淮南諸軍攻破之，幷破諸別屯，焚其積穀百八十餘萬斛、稻苗四千餘頃、船六百餘艘。渾遂陳兵東疆，視其地形險易，歷觀敵城，察攻取之勢。

及大舉伐吳，渾率師出橫江，遣參軍陳愼、都尉張喬攻尋陽瀨鄉，又擊吳牙門將孔忠，皆破之，獲吳將周興等五人。又遣殄吳護軍李純據高望城，討吳將俞恭，破之，多所斬獲。吳厲武將軍陳代、平虜將軍朱明懼而來降。吳丞相張悌、大將軍孫震等率衆數萬指城陽，渾遣司馬孫疇、揚州刺史周浚擊破之，臨陣斬二將，及首虜七千八百級，吳人大震。

孫晧司徒何植、建威將軍孫晏送印節詣渾降。既而王濬破石頭，降孫晧，威名益振。明日，渾始濟江，登建鄴宮，釃酒高會。自以先據江上，破晧中軍，案甲不進，致在王濬之後。意甚愧恨，有不平之色，頻奏濬罪狀，時人譏之。帝下詔曰：「使持節、都督揚州諸軍事、安東將軍、京陵侯王渾，督率所統，遂逼秣陵，令賊孫晧救死自衞，不得分兵上赴，以成西軍之功。又摧大敵，獲張悌，使晧塗窮勢盡，面縛乞降。遂平定秣陵，功勳茂著。其增封八千戶，進爵爲公，封子澄爲亭侯、弟湛爲關內侯，賜絹八千匹。」

轉征東大將軍，復鎮壽陽。渾不尙刑名，處斷明允。時吳人新附，頗懷畏懼。渾撫循羇旅，虛懷綏納，座無空席，門不停賓。於是江東之士莫不悅附。

徵拜尚書左僕射，加散騎常侍。會朝臣立議齊王攸當之藩，渾上書諫曰：「伏承聖詔，憲章古典，進齊王攸爲上公，崇其禮儀，遣攸之國。昔周氏建國，大封諸姬，以藩帝室，永世作憲。至於公旦，武王之弟，左右王事，輔濟大業，不使歸藩。明至親義著，不可遠朝故也。是故周公得以聖德光弼幼主，忠誠著於金縢，光述文武仁聖之德。攸於大晉，姬旦之親也。宜贊皇朝，與聞政事，實爲陛下腹心不貳之臣。且攸爲人，修潔義信，加以懿親，志存忠貞。今陛下出攸之國，假以都督虛號，而無典戎幹方之實，去離天朝，不預王政。傷母弟至親之體，虧友于款篤之義，懼非陛下追述先帝、文明太后待攸之宿意也。若以攸望重，於事宜出者，今以汝南王亮代攸。亮，宣皇帝子，文皇帝弟，伷、駿各處方任，有內外之資，論以後慮，亦不爲輕。攸今之國，適足長異同之論，以損仁慈之美耳。而令天下窺陛下有不崇親親之情，臣竊爲陛下不取也。若以妃后外親，任以朝政，則有王氏傾漢之權，呂產專朝之禍。若以同姓至親，則有吳楚七國逆亂之殃。歷觀古今，苟事輕重，所在無不爲害也。不可事事曲設疑防，慮方來之患者也，唯當任正道而求忠良。若以智計猜物，雖親見疑，至於疏遠者亦何能自保乎！人懷危懼，非爲安之理，此最有國有家者之深忌也。愚以爲太子太保缺，宜留攸居之，與太尉汝南王亮、衞將軍楊珧共爲保傅，幹理朝事。三人齊位，足相持正，進有輔納廣義之益，退無偏重相傾之勢。令陛下有篤親親之恩，使攸蒙仁覆之惠。臣同國休戚，義在盡言，心之所見，不能默已。私慕魯女存國之志，敢陳愚見，觸犯天威。欲陛下事每盡善，冀萬分之助。臣而不言，誰當言者。」帝不納。

太熙初，遷司徒。惠帝卽位，加侍中，又京陵置士官，如睢陵比。及誅楊駿，崇重舊臣，乃加渾兵。渾以司徒文官，主史不持兵，持兵乃吏屬絳衣。自以偶因時寵，權得持兵，非是舊典，皆令皁服。論者美其謙而識體。

楚王瑋將害汝南王亮等也，公孫宏說瑋曰：「昔宣帝廢曹爽，引太尉蔣濟參乘，以增威重。大王今舉非常事，宜得宿望，鎭厭衆心。司徒王渾宿有威名，爲三軍所信服，可請同乘，使物情有憑也。」瑋從之。渾辭疾歸第，以家兵千餘人閉門距瑋。瑋不敢逼。俄而瑋以矯詔伏誅，渾乃率兵赴官。帝嘗訪渾元會問郡國計吏方俗之宜，渾奏曰：「陛下欽明聖哲，光于遠近，明詔沖虛，詢及芻蕘，斯乃周文疇咨之求，仲尼不恥下問也。舊三朝元會前計吏詣軒下，侍中讀詔，計吏跪受。臣以詔文相承已久，無他新聲，非陛下留心方國之意也。可令中書指宣明詔，問方土異同，賢才秀異，風俗好尚，農桑本務，刑獄得無寃濫，守長得無侵虐。其勤心政化興利除害者，授以紙筆，盡意陳聞。以明聖指垂心四遠，不復因循常辭。且察其答對文義，以觀計吏人才之實。又先帝時，正會後東堂見征鎭長史司馬、諸王國卿、諸州別駕。今若不能別見，可前詣軒下，使侍中宣問，以審察方國，於事爲便。」帝然之。又詔渾錄尚書事。

渾所歷之職，前後著稱，及居台輔，聲望日減。元康七年薨，時年七十五，謚曰元。長子尚早亡，次子濟嗣。〔一〕

濟字武子。少有逸才，風姿英爽，氣蓋一時。好弓馬，勇力絕人，善易及莊老，文詞俊茂，伎藝過人，有名當世，與姊夫和嶠及裴楷齊名。尚常山公主。年二十，起家拜中書郎，〔二〕以母憂去官。起爲驍騎將軍，累遷侍中，與侍中孔恂、王恂、楊濟同列，爲一時秀彥。武帝嘗會公卿藩牧於式乾殿，顧濟、恂而謂諸公曰：「朕左右可謂恂恂濟濟矣！」每侍見，未嘗不諮論人物及萬機得失。濟善於清言，修飾辭令，諷議將順，朝臣莫能尙焉，帝益親貴之。仕進雖速，論者不以主壻之故，咸謂才能致之。然外雖弘雅，而內多忌刻，好以言傷物，儕類以此少之。以其父之故，每排王濬，時議譏焉。

齊王攸當之藩，濟既陳請，又累使公主與甄德妻長廣公主俱入，稽顙泣請帝留攸。帝怒謂侍中王戎曰：「兄弟至親，今出齊王，自是朕家事。而甄德、王濟連遣婦來生哭人！」以忤旨，左遷國子祭酒，常侍如故。

數年，入爲侍中。時渾爲僕射，主者處事或不當，濟性峻厲，明法繩之。素與從兄佑不平，佑黨頗謂濟不能顧其父，由是長同異之言。出爲河南尹，未拜，坐鞭王官吏免官，而王佑始見委任。而濟遂被斥外，於是乃移第北芒山下。

性豪侈，麗服玉食。時洛京地甚貴，濟買地爲馬埒，編錢滿之，時人謂爲「金溝」。〔三〕王愷以帝舅奢豪，有牛名「八百里駁」，常瑩其蹄角。濟請以錢千萬與牛對射而賭之。愷亦自恃其能，令濟先射。一發破的，因據胡牀，叱左右速探牛心來，須臾而至，一割便去。和嶠性至儉，家有好李，帝求之，不過數十。濟候其上直，率少年詣園，共啖畢，伐樹而去。帝嘗幸其宅，供饌甚豐，悉貯琉璃器中。蒸肫甚美，帝問其故，答曰：「以人乳蒸之。」帝色甚不平，食未畢而去。

濟善解馬性，嘗乘一馬，著連乾鄣泥，前有水，終不肯渡。濟云：「此必是惜鄣泥。」使人解去，便渡。故杜預謂濟有馬癖。

帝嘗謂和嶠曰：「我將罵濟而後官爵之，何如？」嶠曰：「濟俊爽，恐不可屈。」帝因召濟，切讓之，既而曰：「知愧不？」濟答曰：「尺布斗粟之謠，常爲陛下恥之。他人能令親疏，臣不能使親親，以此愧陛下耳。」帝默然。

帝嘗與濟弈棊，而孫皓在側，謂皓曰：「何以好剝人面皮？」皓曰：「見無禮於君者則剝之。」濟時伸腳局下，而皓譏焉。

尋使白衣領太僕。年四十六，先渾卒，追贈驃騎將軍。及其將葬，時賢無不畢至。孫楚雅敬濟，而後來，哭之甚悲，賓客莫不垂涕。哭畢，向靈牀曰：「卿常好我作驢鳴，我爲卿作之。」體似聲眞，賓客皆笑。楚顧曰：「諸君不死，而令王濟死乎！」

初，濟尚主，主兩目失明，而妬忌尤甚，然終無子，有庶子二人。卓字文宣，嗣渾爵，拜給事中。次聿，字茂宣，襲公主封敏陽侯。濟二弟，澄字道深，汶字茂深，皆辯慧有才藻，並歷淸顯。

王濬

王濬字士治，弘農湖人也。家世二千石。濬博涉墳典，美姿貌，不修名行，不爲鄉曲所稱。晚乃變節，疏通亮達，恢廓有大志。嘗起宅，開門前路廣數十步。人或謂之何太過，濬曰：「吾欲使容長戟幡旗。」衆咸笑之，濬曰：「陳勝有言，燕雀安知鴻鵠之志。」

州郡辟河東從事。守令有不廉潔者，皆望風自引而去。刺史燕國徐邈有女才淑，擇夫未嫁。邈乃大會佐吏，令女於內觀之。女指濬告母，邈遂妻之。後參征南軍事，羊祜深知待之。祜兄子曁白祜：「濬爲人志太，奢侈不節，不可專任，宜有以裁之。」祜曰：「濬有大才，將欲濟其所欲，必可用也。」轉車騎從事中郎，識者謂祜可謂能舉善焉。

除巴郡太守。郡邊吳境，兵士苦役，生男多不養。濬乃嚴其科條，寬其傜課，其產育者皆與休復，所全活者數千人。轉廣漢太守，垂惠布政，百姓賴之。濬夜夢懸三刀於臥屋梁上，須臾又益一刀，濬驚覺，意甚惡之。主簿李毅再拜賀曰：「三刀爲州字，又益一者，明府其臨益州乎？」及賊張弘殺益州刺史皇甫晏，果遷濬爲益州刺史。濬設方略，悉誅弘等，以勳封關內侯。懷輯殊俗，待以威信，蠻夷徼外，多來歸降。徵拜右衞將軍，除大司農。車騎將軍羊祜雅知濬有奇略，乃密表留濬，於是重拜益州刺史。

武帝謀伐吳，詔濬修舟艦。濬乃作大船連舫，方百二十步，受二千餘人。以木爲城，起樓櫓，開四出門，其上皆得馳馬來往。又畫鷁首怪獸於船首，以懼江神。舟楫之盛，自古未有。濬造船於蜀，其木柹蔽江而下。吳建平太守吾彥取流柹以呈孫皓曰：〔四〕「晉必有攻吳之計，宜增建平兵。建平不下，終不敢渡。」皓不從。尋以謠言拜濬爲龍驤將軍、監梁益諸軍事。語在羊祜傳。

時朝議咸諫伐吳，濬乃上疏曰：「臣數參訪吳楚同異，孫皓荒淫凶逆，荊揚賢愚無不嗟怨。且觀時運，宜速征伐。若今不伐，天變難預。令皓卒死，更立賢主，文武各得其所，則強敵也。臣作船七年，日有朽敗，又臣年已七十，死亡無日。三者一乖，則難圖也，誠願陛下無失事機。」帝深納焉。賈充、荀勖陳諫以爲不可，唯張華固勸。又杜預表請，帝乃發詔，分命諸方節度。濬於是統兵。先在巴郡之所全育者，皆堪傜役供軍，其父母戒之曰：「王府君生爾，爾必勉之，無愛死也！」

太康元年正月，濬發自成都，率巴東監軍、廣武將軍唐彬攻吳丹楊，克之，擒其丹楊監盛紀。吳人於江險磧要害之處，並以鐵鎖橫截之，又作鐵錐長丈餘，暗置江中，以逆距船。先是，羊祜獲吳間諜，具知情狀。濬乃作大筏數十，亦方百餘步，縛草爲人，被甲持杖，令善水者以筏先行，筏遇鐵錐，錐輒著筏去。又作火炬，長十餘丈，大數十圍，灌以麻油，在船前，遇鎖，然炬燒之，須臾，融液斷絕，於是船無所礙。二月庚申，克吳西陵，獲其鎮南將軍留憲、征南將軍成據、〔五〕宜都太守虞忠。壬戌，克荊門、夷道二城，獲監軍陸晏。乙丑，克樂鄉，獲水軍督陸景。平西將軍施洪等來降。乙亥，詔進濬爲平東將軍、假節、都督益梁諸軍事。

濬自發蜀，兵不血刃，攻無堅城，夏口、武昌，無相支抗。於是順流鼓棹，徑造三山。皓遣游擊將軍張象率舟軍萬人禦濬，象軍望旗而降。皓聞濬軍旌旗器甲，屬天滿江，威勢甚盛，莫不破膽。用光祿勳薛瑩、中書令胡沖計，送降文於濬曰：「吳郡孫皓叩頭死罪。昔漢室失御，九州幅裂，先人因時略有江南，遂阻山河，與魏乖隔。大晉龍興，德覆四海，闇劣偷安，未喻天命。至于今者，猥煩六軍，衡蓋露次，還臨江渚。舉國震惶，假息漏刻，敢緣天朝，含弘光大。謹遣私署太常張夔等奉所佩璽綬，委質請命。」壬寅，濬入于石頭。皓乃備亡國之禮，素車白馬，肉袒面縛，銜璧牽羊，大夫衰服，士輿櫬，率其僞太子瑾、瑾弟魯王虔等二十一人，造于壘門。濬躬解其縛，受璧焚櫬，送于京師。收其圖籍，封其府庫，軍無私焉。帝遣使者犒濬軍。

初，詔書使濬下建平，受杜預節度，至秣陵，受王渾節度。預至江陵，謂諸將帥曰：「若濬得下建平，則順流長驅，威名已著，不宜令受制於我。若不能克，則無緣得施節度。」濬至西陵，預與之書曰：「足下既摧其西藩，便當徑取秣陵，討累世之逋寇，釋吳人於塗炭。自江入淮，逾于泗汴，泝河而上，振旅還都，亦曠世一事也。」濬大悅，表呈預書。

及濬將至秣陵，王渾遣信要令暫過論事，濬舉帆直指，報曰：「風利，不得泊也。」王渾久破皓中軍，斬張悌等，頓兵不敢進。而濬乘勝納降，渾恥而且忿，乃表濬違詔不受節度，誣罪狀之。有司遂按濬檻車徵，帝弗許，詔讓濬曰：「伐國事重，宜令有一。前詔使將軍受安東將軍渾節度，渾思謀深重，案甲以待將軍。云何徑前，不從渾命，違制昧利，甚失大義。將軍功勳，簡在朕心，當率由詔書，崇成王法，而於事終恃功肆意，朕將何以令天下？」濬上書自理曰：

臣前被庚戌詔書曰：「軍人乘勝，猛氣益壯，便當順流長騖，直造秣陵。」臣被詔之日，卽便東下。又前被詔書云「太尉賈充總統諸方，自鎭東大將軍伷及渾、濬、彬等皆受充節度」，無令臣別受渾節度之文。

臣自達巴丘，所向風靡，知孫皓窮踧，勢無所至。十四日至牛渚，去秣陵二百里，宿設部分，爲攻取節度。前至三山，見渾軍在北岸，遣書與臣，可暫來過，共有所議，亦不語臣當受節度之意。臣水軍風發，乘勢造賊城，加宿設部分行有次第，無緣得於長流之中迴船過渾，令首尾斷絕。須臾之間，皓遣使歸命。臣卽報渾書，幷寫皓牋，具以示渾，使速來，當於石頭相待。軍以日中至秣陵，暮乃被渾所下當受節度之符，欲令臣明十六日悉將所領，還圍石頭，備皓越逸。又索蜀兵及鎭南諸軍人名定見。臣以爲皓已來首都亭，無緣共合空圍。又兵人定見，不可倉卒，皆非當今之急，不可承用。中詔謂臣忽棄明制，專擅自由。伏讀嚴詔，驚怖悚慄，不知軀命當所投厝。豈惟老臣獨懷戰灼，三軍上下咸盡喪氣。臣受國恩，任重事大，常恐託付不效，孤負聖朝。故投身死地，轉戰萬里，被蒙寬恕之恩，得從臨履之宜。是以憑賴威靈，幸而能濟，皆是陛下神策廟算。臣承指授，效鷹犬之用耳，有何勳勞而恃功肆意，寧敢昧利而違聖詔。

臣以十五日至秣陵，而詔書以十六日起洛陽，其間懸闊，不相赴接，則臣之罪責宜蒙察恕。假令孫皓猶有螳蜋舉斧之勢，而臣輕軍單入，有所虧喪，罪之可也。臣所統八萬餘人，乘勝席卷。皓以衆叛親離，無復羽翼，匹夫獨立，不能庇其妻子，雀鼠貪生，苟乞一活耳。而江北諸軍不知其虛實，不早縛取，自爲小誤。臣至便得，更見怨恚，並云守賊百日，而令他人得之，言語噂𠴲，不可聽聞。

案春秋之義，大夫出疆，由有專輒。臣雖愚蠢，以爲事君之道，唯當竭節盡忠，奮不顧身，量力受任，臨事制宜，苟利社稷，死生以之。若其顧護嫌疑，以避咎責，此是人臣不忠之利，實非明主社稷之福也。臣不自料，忘其鄙劣，披布丹心，輸寫肝腦，欲竭股肱之力，加之以忠貞，庶必掃除兇逆，淸一宇宙，願令聖世與唐虞比隆。陛下粗察臣之愚款，而識其欲自效之誠，是以授臣以方牧之任，委臣以征討之事。雖燕主之信樂毅，漢祖之任蕭何，無以加焉。受恩深重，死且不報，而以頑疏，舉錯失宜。陛下弘恩，財加切讓，惶怖怔營，無地自厝，願陛下明臣赤心而已。

渾又騰周浚書，云濬軍得吳寶物。濬復表曰：

被壬戌詔書，下安東將軍所上揚州刺史周浚書，謂臣諸軍得孫皓寶物，又謂牙門將李高放火燒皓僞宮。輒公文上尙書，具列本末。又聞渾案陷上臣。臣受性愚忠，行事舉動，信心而前，期於不負神明而已。秣陵之事，皆如前所表，而惡直醜正，實繁有徒，欲構南箕，成此貝錦，公於聖世，反白爲黑。

夫佞邪害國，自古而然。故無極破楚，宰嚭滅吳，及至石顯，傾亂漢朝，皆載在典籍，爲世所戒。昔樂毅伐齊，下城七十，而卒被讒間，脫身出奔。樂羊旣反，謗書盈篋。況臣頑疏，能免讒慝之口！然所望全其首領者，實賴陛下聖哲欽明，使浸潤之譖不得行焉。然臣孤根獨立，朝無黨援，久棄遐外，人道斷絕，而結恨强宗，取怨豪族。以累卵之身，處雷霆之衝；繭栗之質，當豺狼之路，其見吞噬，豈抗脣齒！

夫犯上干主，其罪可救，乖忤貴臣，則禍在不測。故朱雲折檻，嬰逆鱗之怒，慶忌救之，成帝不問。望之、周堪違忤石顯，雖闔朝嗟歎，而死不旋踵。此臣之所大怖也。今渾之支黨姻族內外，皆根據磐互，並處世位。聞遣人在洛中，專共交構，盜言孔甘，疑惑觀聽。夫曾參之不殺人，亦以明矣，然三人傳之，其母投杼。今臣之信行，未若曾參之著；而讒構沸騰，非徒三夫之對，外內扇助，爲二五之應。夫猛獸當塗，麒麟恐懼，況臣脆弱，敢不悚慄！

僞吳君臣，今皆生在，便可驗問，以明虛實。前僞中郎將孔攄說，去二月武昌失守，水軍行至。皓案行石頭還，左右人皆跳刀大呼云：「要當爲陛下一死戰決之。」皓意大喜，謂必能然，便盡出金寶，以賜與之。小人無狀，得便持走，皓懼，乃圖降首。降使適去，左右劫奪財物，略取妻妾，放火燒宮。皓逃身竄首，恐不脫死，臣至，遣參軍主者救斷其火耳。周浚以十六日前入晧宫，臣時遣記室吏往視書籍，浚使收縛。若有遺寶，則浚前得，不應移蹤後人，欲求苟免也。

臣前在三山得浚書云：「晧散寶貨以賜將士，府庫略盡。」而今復言「金銀篋笥，動有萬計」，疑臣軍得之。言語反覆，無復本末。臣復與軍司張牧、汝南相馮紞等共入觀晧宫，乃無席可坐。後日又與牧等共視晧舟船，渾又先臣一日上其船。船上之物，皆渾所知見。臣之案行，皆出其後，若有寶貨，渾應得之。

又臣將軍素嚴，兵人不得妄離部陣間。在秣陵諸軍，凡二十萬衆。臣軍先至，爲土地之主。百姓之心，皆歸仰臣，臣切勑所領，秋毫不犯。諸有市易，皆有伍任證左，明從券契，有違犯者，凡斬十三人，皆吳人所知也。餘軍縱横，詐稱臣軍，而臣軍類皆蜀人，幸以此自別耳。豈獨浚之將士皆是夷齊，而臣諸軍悉聚盜跖耶！時有八百餘人，緣石頭城劫取布帛。臣牙門將軍馬潛卽收得二十餘人，并疏其督將姓名，移以付浚，使得自科結，而寂無反報，疑皆縱遣，絕其端緒也。

又聞吳人言，前張悌戰時，所殺財有二千人，而渾、浚露布言以萬計。以吳剛子爲主簿，而遣剛至洛，欲令剛增斬級之數。可具問孫晧及其諸臣，則知其定審。若信如所聞，浚等虛詐，尙欺陛下，豈惜於臣！云臣屯聚蜀人，不時送晧，欲有反狀。又恐動吳人，言臣皆當誅殺，取其妻子，冀其作亂，得騁私忿。謀反大逆，尚以見加，其餘謗啗，故其宜耳。

渾案臣「瓶罄小器，蒙國厚恩，頻繁擢敍，遂過其任」。渾此言最信，內省慚懼。今年平吳，誠爲大慶，於臣之身，更受咎累。既無孟側策馬之好，而令濟濟之朝有讒邪之人，虧穆穆之風，損皇代之美。由臣頑疏，使致於此，拜表流汗，言不識次。

濬至京都，有司奏，濬表既不列前後所被七詔月日，又赦後違詔不受渾節度，大不敬，付廷尉科罪。詔曰：「濬前受詔徑造秣陵，後乃下受渾節度。詔書稽留，所下不至，便令與不受詔同責，未爲經通。濬不卽表上被渾宣詔，此可責也。濬有征伐之勞，不足以一眚掩之。」有司又奏，濬赦後燒賊船百三十五艘，輒敕付廷尉禁推。詔曰「勿推」。拜濬輔國大將軍，領步兵校尉。舊校唯五，置此營自濬始也。有司又奏，輔國依比，未爲達官，不置司馬，不給官騎。詔依征鎭給五百大車，增兵五百人爲輔國營，給親騎百人、官騎十人，置司馬。封爲襄陽縣侯，邑萬戶。封子彝楊鄉亭侯，邑千五百戶，賜絹萬匹，又賜衣一襲、錢三十萬及食物。

濬自以功大，而爲渾父子及豪强所抑，屢爲有司所奏，每進見，陳其攻伐之勞，及見枉之狀，或不勝忿憤，徑出不辭。帝每容恕之。益州護軍范通，濬之外親也，謂濬曰：「卿功則美矣，然恨所以居美者，未盡善也。」濬曰：「何謂也？」通曰：「卿旋旆之日，角巾私第，口不言平吳之事。若有問者，輒曰：『聖主之德，羣帥之力，老夫何力之有焉！』〔六〕如斯，顏老之不伐，龔遂之雅對，將何以過之。藺生所以屈廉頗，王渾能無愧乎！」濬曰：「吾始懼鄧艾之事，畏禍及，不得無言，亦不能遣諸胸中，是吾褊也。」

時人咸以濬功重報輕，博士秦秀、太子洗馬孟康、前溫令李密等並表訟濬之屈。帝乃遷濬鎮軍大將軍，加散騎常侍，領後軍將軍。王渾詣濬，濬嚴設備衞，然後見之，其相猜防如此。

濬平吳之後，以勳高位重，不復素業自居，乃玉食錦服，縱奢侈以自逸。其有辟引，多是蜀人，示不遺故舊也。後又轉濬撫軍大將軍、開府儀同三司，加特進，散騎常侍、後軍將軍如故。太康六年卒，時年八十，謚曰武。葬柏谷山，大營塋域，葬垣周四十五里，面別開一門，松柏茂盛。子矩嗣。

矩弟暢，散騎郎。暢子粹，太康十年，武帝詔粹尚潁川公主，仕至魏郡太守。

濬有二孫，過江不見齒錄。安西將軍桓溫鎮江陵，表言之曰：「臣聞崇德賞功，爲政之所先；興滅繼絕，百王之所務。故德參時雍，則奕世承祀；功烈一代，則永錫祚胤。案故撫軍王濬歷職內外，任兼文武，料敵制勝，明勇獨斷，義存社稷之利，不顧專輒之罪。荷戈長驚，席卷萬里，僭號之吳，面縛象魏。今皇澤被於九州，玄風洽於區外。襄陽之封，廢而莫續；恩寵之號，墜於近嗣。遐邇酸懷，臣竊悼之。濬今有二孫，年出六十，室如懸磬，餬口江濱，四節蒸嘗，菜羹不給。昔漢高定業，求樂毅之嗣；世祖旌賢，建葛亮之胤。夫效忠異代，立功異國，尚通天下之善，使不泯棄。況濬建元勳於當年，著嘉慶於身後，靈基託根於南垂，皇祚中興於江左，舊物克彰，神器重耀，豈不由伊人之功力也哉！誠宜加恩，少垂矜憫，追錄舊勳，纂錫茅土。則聖朝之恩，宣暢於上，忠臣之志，不墜于地矣。」卒不見省。

唐彬

唐彬字儒宗，魯國鄒人也。父臺，太山太守。彬有經國大度，而不拘行檢。少便弓馬，好游獵，身長八尺，走及奔鹿，强力兼人。晚乃敦悅經史，尤明易經，隨師受業，還家教授，恒數百人。初爲郡門下掾，轉主簿。刺史王沈集諸參佐，盛論距吳之策，以問九郡吏。彬與譙郡主簿張惲俱陳吳有可兼之勢，沈善其對。又使彬難言吳未可伐者，而辭理皆屈。還遷功曹，舉孝廉，州辟主簿，累遷別駕。

彬忠肅公亮，盡規匡救，不顯諫以自彰。又奉使詣相府計事，于時僚佐皆當世英彥，見彬莫不欽悅，稱之於文帝，薦爲掾屬。帝以問其參軍孔顥，顥忌其能，良久不答。陳騫在坐，斂板而稱曰：「彬之爲人，勝騫甚遠。」帝笑曰：「但能如卿，固未易得，何論於勝。」因辟彬爲鎧曹屬。帝問曰：「卿何以致辟？」對曰：「修業陋巷，觀古人之遺迹，言滿天下無口過，行滿天下無怨惡。」帝顧四坐曰：「名不虛行。」他日，謂孔顥曰：「近見唐彬，卿受蔽賢之責矣。」

初，鄧艾之誅也，文帝以艾久在隴右，素得士心，一旦夷滅，恐邊情搔動，使彬密察之。彬還，白帝曰：「鄧艾忌克詭狹，矜能負才，順從者謂爲見事，直言者謂之觸迕。雖長史司馬，參佐牙門，答對失指，輒見罵辱。處身無禮，大失人心。又好施行事役，數勞衆力。隴右甚患苦之，喜聞其禍，不肯爲用。今諸軍已至，足以鎮壓內外，願無以爲慮。」

俄除尙書水部郎。泰始初，賜爵關內侯。出補鄴令，彬道德齊禮，朞月化成。遷弋陽太守，明設禁防，百姓安之。以母喪去官。益州東接吳寇，監軍位缺，朝議用武陵太守楊宗及彬。武帝以問散騎常侍文立，立曰：「宗、彬俱不可失。然彬多財欲，而宗好酒，惟陛下裁之。」帝曰：「財欲可足，酒者難改。」遂用彬。尋又詔彬監巴東諸軍事，加廣武將軍。上征吳之策，甚合帝意。

後與王濬共伐吳，彬屯據衝要，爲衆軍前驅。每設疑兵，應機制勝。陷西陵、樂鄉，多所擒獲。自巴陵、沔口以東，諸賊所聚，莫不震懼，倒戈肉袒。彬知賊寇已殄，孫晧將降，未至建鄴二百里，稱疾遲留，以示不競。果有先到者爭物，後到者爭功，于時有識莫不高彬此舉。吳平，詔曰：「廣武將軍唐彬受任方隅，東禦吳寇，南臨蠻越，撫寧疆場，有綏禦之績。又每慷慨，志在立功。頃者征討，扶疾奉命，首啓戎行，獻俘授馘，勳效顯著。其以彬爲右將軍、都督巴東諸軍事。」徵拜翊軍校尉，改封上庸縣侯，食邑六千戶，賜絹六千匹。朝有疑議，每參預焉。

北虜侵掠北平，以彬爲使持節、監幽州諸軍事、領護烏丸校尉、右將軍。彬既至鎭，訓卒利兵，廣農重稼，震威耀武，宣喩國命，示以恩信。於是鮮卑二部大莫廆、擿何等並遣侍子入貢。兼修學校，誨誘無倦，仁惠廣被。遂開拓舊境，卻地千里。復秦長城塞，自溫城泊于碣石，緜亙山谷且三千里，分軍屯守，烽堠相望。由是邊境獲安，無犬吠之警，自漢魏征鎭莫之比焉。鮮卑諸種畏懼，遂殺大莫廆。彬欲討之，恐列上俟報，虜必逃散，乃發幽冀車牛。參軍許祇密奏之，詔遣御史檻車徵彬付廷尉，以事直見釋。百姓追慕彬功德，生爲立碑作頌。

彬初受學於東海閻德，門徒甚多，〔七〕獨目彬有廊廟才。及彬官成，而德已卒，乃爲之立碑。

元康初，拜使持節、前將軍、領西戎校尉、雍州刺史。下教曰：「此州名都，士人林藪。處士皇甫申叔、嚴舒龍、姜茂時、梁子遠等，並志節清妙，履行高潔。踐境望風，虛心饑渴，思加延致，待以不臣之典。幅巾相見，論道而已，豈以吏職，屈染高規。郡國備禮發遣，以副於邑之望。」於是四人皆到，彬敬而待之。元康四年卒官，時年六十，謚曰襄，賜絹二百匹，錢二十萬。長子嗣，〔八〕官至廣陵太守。少子岐，征虜司馬。

史臣曰：孫氏負江山之阻隔，恃牛斗之妖氛，奄有水鄉，抗衡上國。二王屬當戎旅，受律遄征，渾既獻捷橫江，濬亦克清建鄴。于時討吳之役，將帥雖多，定吳之功，此焉爲最。向使弘范父之不伐，慕陽夏之推功，上稟廟堂，下憑將士。豈非懋勳懋德，善始善終者歟！此而不存，彼焉是務。或矜功負氣，或恃勢驕陵，競構南箕，成茲貝錦。遂乃喧黷宸扆，斁亂彝倫，既爲戒於功臣，亦致譏于清論，豈不惜哉！王濟遂驕父之褊心，乖爭子之明義，儁材雖多，亦奚以爲也。唐彬畏避交爭，屬疾遲留，退讓之風，賢於渾濬遠矣。傳云「不拘行檢」，安得長者之行哉！

贊曰：二王總戎，淮海攸同。渾既害善，濬亦矜功。武子豪桀，夙參朝列。逞慾牛心，紆情馬埒。儒宗知退，避名全節。

校勘記

〔一〕次子濟嗣　據濟傳，濟先渾卒，濟庶子卓嗣渾爵，此云「濟嗣」，未當。

〔二〕起家拜中書郎　「拜」字疑衍，御覽二三八引晉書百官名臣、册府四五八並無。

〔三〕金溝　世說汰侈注、太平寰宇記三、御覽四九三引皆作「金埒」，食貨志云「布金埒之泉」，亦卽指此。上文云「爲馬埒」，則此作「埒」義長。

〔四〕吾彦　原誤作「吳彦」，據吾彦傳及吳志孫皓傳注引干寶晉紀改。

〔五〕獲其鎭南將軍留憲征南將軍成據　武紀「成據」作「成璩」，「獲」作「殺」，通鑑八一亦云「殺吳都督留憲等」。

〔六〕老夫何力之有焉　「夫」，各本誤作「父」，今從宋本。通鑑八一、通志一二二均作「夫」。

〔七〕彬初受學於東海閻德門徒甚多　御覽四四三引「門徒」上重「德」字，文義較明確。

〔八〕長子嗣　周校：長子某脫名。

晉書卷四十三

列傳第十三

山濤 子簡 簡子遐

山濤字巨源，河內懷人也。父曜，宛句令。〔一〕濤早孤，居貧，少有器量，介然不羣。性好莊老，每隱身自晦。與嵇康、呂安善，後遇阮籍，便爲竹林之交，著忘言之契。康後坐事，臨誅，謂子紹曰：「巨源在，汝不孤矣。」

濤年四十，始爲郡主簿、功曹、上計掾。舉孝廉，州辟部河南從事。與石鑒共宿，濤夜起蹴鑒曰：「今爲何等時而眠邪！知太傅臥何意？」鑒曰：「宰相三不朝，與尺一令歸第，卿何慮也！」濤曰：「咄！石生無事馬蹄閒邪！」投傳而去。未二年，果有曹爽之事，遂隱身不交世務。

與宣穆后有中表親，是以見景帝。帝曰：「呂望欲仕邪？」命司隸舉秀才，除郎中。轉驃騎將軍王昶從事中郎。久之，拜趙國相，遷尚書吏部郎。文帝與濤書曰：「足下在事清明，雅操邁時。念多所乏，今致錢二十萬、穀二百斛。」魏帝嘗賜景帝春服，帝以賜濤。又以母老，並賜藜杖一枚。

晚與尚書和逌交，又與鍾會、裴秀並申款昵。以二人居勢爭權，濤平心處中，各得其所，而俱無恨焉。遷大將軍從事中郎。鍾會作亂於蜀，而文帝將西征。時魏氏諸王公並在鄴，帝謂濤曰：「西偏吾自了之，後事深以委卿。」以本官行軍司馬，給親兵五百人，鎭鄴。

咸熙初，封新沓子。轉相國左長史，典統別營。時帝以濤鄉閭宿望，命太子拜之。帝以齊王攸繼景帝後，素又重攸，嘗問裴秀曰：「大將軍開建未遂，吾但承奉後事耳。故立攸，將歸功於兄，何如？」秀以爲不可，又以問濤。濤對曰：「廢長立少，違禮不祥。國之安危，恒必由之。」太子位於是乃定。太子親拜謝濤。及武帝受禪，以濤守大鴻臚，護送陳留王詣鄴。泰始初，加奉車都尉，進爵新沓伯。

及羊祜執政，時人欲危裴秀，濤正色保持之。由是失權臣意，出爲冀州刺史，加寧遠將軍。冀州俗薄，無相推轂。濤甄拔隱屈，搜訪賢才，旌命三十餘人，皆顯名當時。人懷慕尚，風俗頗革。轉北中郎將，督鄴城守事。入爲侍中，遷尚書。以母老辭職，詔曰：「君雖乃心在於色養，然職有上下，旦夕不廢醫藥，且當割情，以隆在公。」濤心求退，表疏數十上，久乃見聽。除議郎，帝以濤清儉無以供養，特給日契，加賜牀帳茵褥。禮秩崇重，時莫爲比。後除太常卿，以疾不就。會遭母喪，歸鄉里。濤年踰耳順，居喪過禮，負土成墳，手植松柏。詔曰：「吾所共致化者，官人之職是也。方今風俗陵遲，人心進動，宜崇明好惡，鎮以退讓。〔二〕山太常雖尙居諒闇，情在難奪，方今務殷，何得遂其志邪！其以濤爲吏部尙書。」濤辭以喪病，章表懇切。會元皇后崩，遂扶輿還洛。逼迫詔命，自力就職。前後選舉，周徧內外，而並得其才。

咸寧初，轉太子少傅，加散騎常侍；除尙書僕射，加侍中，領吏部。固辭以老疾，上表陳情。章表數十上，久不攝職，爲左丞白褒所奏。〔三〕帝曰：「濤以病自聞，但不聽之耳。使濤坐執銓衡則可，何必上下邪！不得有所問。」濤不自安，表謝曰：「古之王道，正直而已。陛下不可以一老臣爲加曲私，臣亦何心屢陳日月。乞如所表，以章典刑。」帝再手詔曰：「白褒奏君甚妄，所以不卽推，直不喜凶赫耳。君之明度，豈當介意邪！便當攝職，令斷章表也。」濤志必欲退，因發從弟婦喪，〔四〕輒還外舍。詔曰：「山僕射近日暫出，遂以微苦未還，豈吾側席之意。其遣丞掾奉詔諭旨，若體力故未平康者，便以輿車輿還寺舍。」濤辭不獲已，乃起視事。

濤再居選職十有餘年，每一官缺，輒啓擬數人，詔旨有所向，然後顯奏，隨帝意所欲爲先。故帝之所用，或非舉首，衆情不察，以濤輕重任意。或譖之於帝，故帝手詔戒濤曰：「夫用人惟才，不遺疏遠單賤，天下便化矣。」而濤行之自若，一年之後衆情乃寢。濤所奏甄拔人物，各爲題目，時稱山公啓事。

濤中立於朝，晚值后黨專權，不欲任楊氏，多有諷諫，帝雖悟而不能改。後以年衰疾篤，上疏告退曰：「臣年垂八十，救命旦夕，若有毫末之益，豈遺力於聖時。迫以老耄，不復任事。今四海休息，天下思化，從而靜之，百姓自正。但當崇風尚教以敦之耳，陛下亦復何事。臣耳目聾瞑，不能自勵。君臣父子，其間無文，是以直陳愚情，乞聽所請。」乃免冠徒跣，上還印綬。詔曰：「天下事廣，加吳土初平，凡百草創，當共盡意化之。君不深識往心而以小疾求退，豈所望於君邪！朕猶側席，未得垂拱，君亦何得高尚其事乎！當崇至公，勿復爲虛飾之煩。」

濤苦表請退，詔又不許。尚書令衞瓘奏：「濤以微苦，久不視職。手詔頻煩，猶未順旨。參議以爲無專節之尚，違在公之義。〔五〕若實沈篤，亦不宜居位。可免濤官。」中詔瓘曰：「濤以德素爲朝之望，而常深退讓，至于懇切。故比有詔，欲必奪其志，以匡輔不逮。主者既不思明詔旨，而反深加詆案，虧崇賢之風，以重吾不德，何以示遠近邪！」濤不得已，又起視事。

太康初，遷右僕射，加光祿大夫，侍中、掌選如故。濤以老疾固辭，手詔曰：「君以道德爲世模表，況自先帝識君遠意。吾將倚君以穆風俗，何乃欲舍遠朝政，獨高其志耶！吾之至懷故不足以喻乎，何來言至懇切也。且當以時自力，深副至望。君不降志，朕不安席。」濤又上表固讓，不許。

吳平之後，帝詔天下罷軍役，示海內大安，州郡悉去兵，大郡置武吏百人，小郡五十人。帝嘗講武于宣武場，濤時有疾，詔乘步輦從。因與盧欽論用兵之本，以爲不宜去州郡武備，其論甚精。于時咸以濤不學孫吳，而闇與之合。帝稱之曰：「天下名言也。」而不能用。及永寧之後，屢有變難，寇賊猋起，郡國皆以無備不能制，天下遂以大亂，如濤言焉。

後拜司徒，濤復固讓。詔曰：「君年耆德茂，朝之碩老，是以授君台輔之位。而遠崇克讓，至于反覆，良用於邑。君當終始朝政，翼輔朕躬。」濤又表曰：「臣事天朝三十餘年，卒無毫釐以崇大化。陛下私臣無已，猥授三司。臣聞德薄位高，力少任重，上有折足之凶，下有廟門之咎。願陛下垂累世之恩，乞臣骸骨。」詔曰：「君翼贊朝政，保乂皇家，匡佐之勳，朕所倚賴。司徒之職，實掌邦教，故用敬授，以答羣望。豈宜沖讓以自抑損邪！」已敕斷章表，使者乃臥加章綬。濤曰：「垂沒之人，豈可污官府乎！」輿疾歸家。以太康四年薨，時年七十九。詔賜東園祕器、朝服一具、衣一襲、錢五十萬、布百匹，以供喪事，策贈司徒，蜜印紫綬，侍中貂蟬，新沓伯蜜印青朱綬，祭以太牢，謚曰康。將葬，賜錢四十萬、布百匹。左長史范晷等上言：「濤舊第屋十間，子孫不相容。」帝爲之立室。

初，濤布衣家貧，謂妻韓氏曰：「忍饑寒，我後當作三公，但不知卿堪公夫人不耳！」及居榮貴，貞慎儉約，雖爵同千乘，而無嬪媵。祿賜俸秩，散之親故。

初，陳郡袁毅嘗爲鬲令，貪濁而賂遺公卿，以求虛譽，亦遺濤絲百斤，濤不欲異於時，受而藏於閣上。後毅事露，檻車送廷尉，凡所受賂，皆見推檢。濤乃取絲付吏，積年塵埃，印封如初。

濤飲酒至八斗方醉，帝欲試之，乃以酒八斗飲濤，而密益其酒，濤極本量而止。有五子：該、淳、允、謨、簡。

該字伯倫，嗣父爵，仕至幷州刺史、太子左率，贈長水校尉。該子瑋字彥祖，翊軍校尉。次子世回，吏部郎、散騎常侍。淳字子玄，不仕。允字叔眞，奉車都尉，並少尫病，形甚短小，而聰敏過人。武帝聞而欲見之，濤不敢辭，以問於允。允自以尫陋，不肯行。濤以爲勝己，乃表曰：「臣二子尫病，宜絕人事，不敢受詔。」謨字季長，明惠有才智，官至司空掾。

簡字季倫。性溫雅，有父風，年二十餘，濤不之知也。簡歎曰：「吾年幾三十，而不爲家公所知！」後與譙國嵇紹、沛郡劉謨、弘農楊準齊名。〔六〕初爲太子舍人，累遷太子庶子、黃門郎，出爲青州刺史。徵拜侍中，頃之，轉尚書。歷鎭軍將軍、荆州刺史，領南蠻校尉，不行，復拜尚書。光熙初，轉吏部尚書。永嘉初，出爲雍州刺史、鎭西將軍。徵爲尚書左僕射，領吏部。

簡欲令朝臣各舉所知，以廣得才之路。上疏曰：「臣以爲自古興替，實在官人；苟得其才，則無物不理。書言『知人則哲，惟帝難之』。唐虞之盛，元愷登庸；周室之隆，濟濟多士。秦漢已來，風雅漸喪。至於後漢，女君臨朝，尊官大位，出於阿保，斯亂之始也。是以郭泰、許劭之倫，明淸議於草野；陳蕃、李固之徒，守忠節於朝廷。然後君臣名節，古今遺典，可得而言。自初平之元，訖於建安之末，三十年中，萬姓流散，死亡略盡，斯亂之極也。世祖武皇帝應天順人，受禪于魏，泰始之初，躬親萬機，佐命之臣，咸皆率職。時黄門侍郎王恂、庾純始於太極東堂聽政，評尚書奏事，多論刑獄，不論選擧。臣以爲不先所難，而辨其所易。陛下初臨萬國，人思盡誠，每於聽政之日，命公卿大臣先議選擧，各言所見後進儁才、鄉邑尤異、才堪任用者，皆以名奏，主者隨缺先敍。是爵人於朝，與衆共之之義也。」朝廷從之。

永嘉三年，出爲征南將軍、都督荆湘交廣四州諸軍事、假節，鎭襄陽。于時四方寇亂，天下分崩，王威不振，朝野危懼。簡優游卒歲，唯酒是耽。諸習氏，荆土豪族，有佳園池，簡每出嬉遊，多之池上，置酒輒醉，名之曰高陽池。時有童兒歌曰：「山公出何許，往至高陽池。日夕倒載歸，茗艼無所知。時時能騎馬，倒著白接䍦。舉鞭向葛彊：〔七〕『何如并州兒？』」彊家在并州，簡愛將也。

尋加督寧、益軍事。時劉聰入寇，京師危逼。簡遣督護王萬率師赴難，次于涅陽，爲宛城賊王如所破，遂嬰城自守。及洛陽陷沒，簡又爲賊嚴嶷所逼，乃遷于夏口。招納流亡，江漢歸附。時華軼以江州作難，或勸簡討之。簡曰：「與彥夏舊友，爲之惆悵。簡豈利人之機，以爲功伐乎！」其篤厚如此。時樂府伶人避難，多奔沔漢，讌會之日，僚佐或勸奏之。簡曰：「社稷傾覆，不能匡救，有晉之罪人也，何作樂之有！」因流涕慷慨，坐者咸愧焉。

年六十卒，追贈征南大將軍、儀同三司。子遐。

遐字彥林，爲餘姚令。時江左初基，法禁寬弛，豪族多挾藏戶口，以爲私附。遐繩以峻法，到縣八旬，出口萬餘。縣人虞喜以藏戶當棄市，遐欲繩喜。諸豪强莫不切齒於遐，言於執事，以喜有高節，不宜屈辱。又以遐輒造縣舍，遂陷其罪。遐與會稽內史何充牋：「乞留百日，窮翦逋逃，退而就罪，無恨也。」充申理，不能得。竟坐免官。

後爲東陽太守，爲政嚴猛。康帝詔曰：「東陽頃來竟囚，每多入重。豈郡多罪人，將捶楚所求，莫能自固邪！」遐處之自若，郡境肅然。卒于官。

史臣曰：若夫居官以潔其務，欲以啓天下之方，事親以終其身，將以勸天下之俗，非山公之具美，其孰能與於此者哉！自東京喪亂，吏曹湮滅，西園有三公之錢，蒲陶有一州之任，貪饕方駕，寺署斯滿。時移三代，世歷九王，拜謝私庭，此焉成俗。若乃餘風稍殄，理或可言。委以銓綜，則羣情自抑；通乎魚水，則專用生疑。將矯前失，歸諸後正，惠絕臣名，恩馳天口，世稱山公啓事者，豈斯之謂歟！若盧子家之前代，何足算也。

王戎 從弟衍 衍弟澄 郭舒

王戎字濬沖，琅邪臨沂人也。祖雄，幽州刺史。父渾，涼州刺史、貞陵亭侯。戎幼而穎悟，神彩秀徹。視日不眩，裴楷見而目之曰：「戎眼爛爛，如巖下電。」年六七歲，於宣武場觀戲，猛獸在檻中虓吼震地，衆皆奔走，戎獨立不動，神色自若。魏明帝於閣上見而奇之。又嘗與羣兒嬉於道側，見李樹多實，等輩競趣之，戎獨不往。或問其故，戎曰：「樹在道邊而多子，必苦李也。」取之信然。

阮籍與渾爲友。戎年十五，隨渾在郎舍。戎少籍二十歲，而籍與之交。籍每適渾，俄頃輒去，過視戎，良久然後出。謂渾曰：「濬沖淸賞，非卿倫也。共卿言，不如共阿戎談。」及渾卒於涼州，故吏賻贈數百萬，戎辭而不受，由是顯名。爲人短小，任率不修威儀，善發談端，賞其要會。朝賢嘗上巳禊洛，或問王濟曰：「昨游有何言談？」濟曰：「張華善說史漢；裴頠論前言往行，衮衮可聽；王戎談子房、季札之間，超然玄著。」其爲識鑒者所賞如此。

戎嘗與阮籍飲，時兗州刺史劉昶字公榮在坐，籍以酒少，酌不及昶，昶無恨色。戎異之，他日問籍曰：「彼何如人也？」答曰：「勝公榮，不可不與飲；若減公榮，則不敢不共飲；惟公榮可不與飲。」戎每與籍爲竹林之游，戎嘗後至。籍曰：「俗物已復來敗人意。」戎笑曰：「卿輩意亦復易敗耳！」

鍾會伐蜀，過與戎別，問計將安出。戎曰：「道家有言，『爲而不恃』，非成功難，保之難也。」及會敗，議者以爲知言。

襲父爵，辟相國掾，歷吏部黃門郎、散騎常侍、河東太守、荆州刺史，坐遣吏修園宅，應免官，詔以贖論。遷豫州刺史，加建威將軍，受詔伐吳。戎遣參軍羅尚、劉喬領前鋒，進攻武昌，吳將楊雍、孫述、江夏太守劉朗各率衆詣戎降。戎督大軍臨江，吳牙門將孟泰以蘄春、邾二縣降。吳平，進爵安豐縣侯，增邑六千戶，賜絹六千匹。

戎渡江，綏慰新附，宣揚威惠。吳光祿勳石偉方直，不容皓朝，稱疾歸家。戎嘉其清節，表薦之。詔拜偉爲議郎，以二千石祿終其身。荆土悅服。徵爲侍中。南郡太守劉肇賂戎筒中細布五十端，〔八〕爲司隸所糾，以知而未納，故得不坐，然議者尤之。帝謂朝臣曰：「戎之爲行，豈懷私苟得，正當不欲爲異耳！」帝雖以是言釋之，然爲淸愼者所鄙，由是損名。

戎在職雖無殊能，而庶績修理。後遷光祿勳、吏部尚書，以母憂去職。性至孝，不拘禮制，飲酒食肉，或觀弈棊，而容貌毀悴，杖然後起。裴頠往弔之，謂人曰：「若使一慟能傷人，濬沖不免滅性之譏也。」時和嶠亦居父喪，以禮法自持，量米而食，哀毀不踰於戎。帝謂劉毅曰：「和嶠毀頓過禮，使人憂之。」毅曰：「嶠雖寢苫食粥，乃生孝耳。至於王戎，所謂死孝，陛下當先憂之。」戎先有吐疾，居喪增甚。帝遣醫療之，并賜藥物，又斷賓客。

楊駿執政，拜太子太傅。駿誅之後，東安公繇專斷刑賞，威震外內。戎誡繇曰：「大事之後，宜深遠之。」繇不從，果得罪。轉中書令，加光祿大夫，給恩信五十人。遷尚書左僕射，領吏部。

戎始爲甲午制，凡選舉皆先治百姓，然後授用。司隸傅咸奏戎，曰：「書稱『三載考績，三考黜陟幽明』。今內外羣官，居職未朞而戎奏還，既未定其優劣，且送故迎新，相望道路，巧詐由生，傷農害政。戎不仰依堯舜典謨，而驅動浮華，虧敗風俗，非徒無益，乃有大損。宜免戎官，以敦風俗。」戎與賈、郭通親，竟得不坐。尋轉司徒。以王政將圮，苟媚取容，屬愍懷太子之廢，竟無一言匡諫。

裴頠，戎之壻也，頠誅，戎坐免官。齊王冏起義，孫秀錄戎於城內，趙王倫子欲取戎爲軍司。博士王繇曰：「濬沖譎詐多端，安肯爲少年用？」乃止。惠帝反宮，以戎爲尚書令。既而河間王顒遣使就說成都王穎，將誅齊王冏。檄書至，冏謂戎曰：「孫秀作逆，天子幽逼。孤糾合義兵，掃除元惡，臣子之節，信著神明。二王聽讒，造構大難，當賴忠謀，以和不協。卿其善爲我籌之。」戎曰：「公首舉義衆，匡定大業，開闢以來，未始有也。然論功報賞，不及有勞，朝野失望，人懷貳志。今二王帶甲百萬，其鋒不可當，若以王就第，不失故爵。委權崇讓，此求安之計也。」冏謀臣葛旟怒曰：「漢魏以來，王公就第，寧有得保妻子乎！議者可斬。」於是百官震悚，戎僞藥發墮廁，得不及禍。

戎以晉室方亂，慕蘧伯玉之爲人，與時舒卷，無蹇諤之節。自經典選，未嘗進寒素，退虛名，但與時浮沈，戶調門選而已。尋拜司徒，雖位總鼎司，而委事僚寀。間乘小馬，從便門而出游，見者不知其三公也。故吏多至大官，道路相遇輒避之。性好興利，廣收八方園田水碓，周徧天下。積實聚錢，不知紀極，每自執牙籌，晝夜算計，恒若不足。而又儉嗇，不自奉養，天下人謂之膏肓之疾。女適裴頠，貸錢數萬，久而未還。女後歸寧，戎色不悅，女遽還直，然後乃歡。從子將婚，戎遺其一單衣，婚訖而更責取。家有好李，常出貨之，恐人得種，恒鑽其核。以此獲譏於世。

其後從帝北伐，王師敗績於蕩陰，戎復詣鄴，隨帝還洛陽。車駕之西遷也，戎出奔于郟。在危難之間，親接鋒刃，談笑自若，未嘗有懼容。時召親賓，歡娛永日。永興二年，薨于郟縣，時年七十二，謚曰元。

戎有人倫鑒識，嘗目山濤如璞玉渾金，人皆欽其寶，莫知名其器；王衍神姿高徹，如瑤林瓊樹，自然是風塵表物。謂裴頠拙於用長，荀勖工於用短，陳道寧纓纓如束長竿。族弟敦有高名，戎惡之。敦每候戎，輒託疾不見。敦後果爲逆亂。其鑒賞先見如此。嘗經黃公酒壚下過，顧謂後車客曰：「吾昔與嵇叔夜、阮嗣宗酣暢於此，竹林之游亦預其末。自嵇、阮云亡，吾便爲時之所羈紲。今日視之雖近，邈若山河！」初，孫秀爲琅邪郡吏，求品於鄉議。戎從弟衍將不許，戎勸品之。及秀得志，朝士有宿怨者皆被誅，而戎、衍獲濟焉。

子萬，有美名。少而大肥，戎令食糠而肥愈甚。年十九卒。有庶子興，戎所不齒。以從弟陽平太守愔子爲嗣。

衍字夷甫，神情明秀，風姿詳雅。總角嘗造山濤，濤嗟歎良久，既去，目而送之曰：「何物老嫗，生寧馨兒！然誤天下蒼生者，未必非此人也。」父乂，爲平北將軍，常有公事，使行人列上，不時報。衍年十四，時在京師，造僕射羊祜，申陳事狀，辭甚清辯。祜名德貴重，而衍幼年無屈下之色，衆咸異之。楊駿欲以女妻焉，衍恥之，遂陽狂自免。武帝聞其名，問戎曰：「夷甫當世誰比？」戎曰：「未見其比，當從古人中求之。」

泰始八年，詔舉奇才可以安邊者，衍初好論從橫之術，故尚書盧欽舉爲遼東太守。不就，於是口不論世事，唯雅詠玄虛而已。嘗因宴集，爲族人所怒，舉樏擲其面。衍初無言，引王導共載而去。然心不能平，在車中攬鏡自照，謂導曰：「爾看吾目光乃在牛背上矣。」父卒於北平，送故甚厚，爲親識之所借貸，因以捨之。數年之間，家資罄盡，出就洛城西田園而居焉。後爲太子舍人，還尚書郎。出補元城令，終日清談，而縣務亦理。入爲中庶子、黃門侍郎。

魏正始中，何晏、王弼等祖述老莊，立論以爲：「天地萬物皆以無爲本。〔九〕無也者，開物成務，無往不存者也。陰陽恃以化生，萬物恃以成形，賢者恃以成德，不肖恃以免身。故無之爲用，無爵而貴矣。」衍甚重之。惟裴頠以爲非，著論以譏之，而衍處之自若。衍既有盛才美貌，明悟若神，常自比子貢。兼聲名藉甚，傾動當世。妙善玄言，唯談老莊爲事。每捉玉柄麈尾，與手同色。義理有所不安，隨即改更，世號「口中雌黃」。朝野翕然，謂之「一世龍門」矣。累居顯職，後進之士，莫不景慕放效。選舉登朝，皆以爲稱首。矜高浮誕，遂成風俗焉。衍嘗喪幼子，山簡弔之。衍悲不自勝，簡曰：「孩抱中物，何至於此！」衍曰：「聖人忘情，最下不及於情。然則情之所鍾，正在我輩。」簡服其言，更爲之慟。

衍妻郭氏，賈后之親，藉中宮之勢，剛愎貪戾，聚斂無厭，好干預人事，衍患之而不能禁。時有鄉人幽州刺史李陽，京師大俠也，郭氏素憚之。衍謂郭曰：「非但我言卿不可，李陽亦謂不可。」郭氏爲之小損。衍疾郭之貪鄙，故口未嘗言錢。郭欲試之，令婢以錢繞牀，使不得行。衍晨起見錢，謂婢曰：「舉阿堵物却！」其措意如此。

後歷北軍中候、中領軍、尚書令。女爲愍懷太子妃，太子爲賈后所誣，衍懼禍，自表離婚。賈后既廢，有司奏衍，曰：「衍與司徒梁王肜書，寫呈皇太子手與妃及衍書，陳見誣之狀。肜等伏讀，辭旨懇惻。衍備位大臣，應以義責也。太子被誣得罪，衍不能守死善道，卽求離婚。得太子手書，隱蔽不出。志在苟免，無忠蹇之操。宜加顯責，以厲臣節。可禁錮終身。」從之。

衍素輕趙王倫之爲人。及倫篡位，衍陽狂斫婢以自免。及倫誅，拜河南尹，轉尚書，又爲中書令。時齊王冏有匡復之功，而專權自恣，公卿皆爲之拜，衍獨長揖焉。以病去官。成都王穎以衍爲中軍師，累遷尚書僕射，領吏部，後拜尚書令、司空、司徒。衍雖居宰輔之重，不以經國爲念，而思自全之計。說東海王越曰：「中國已亂，當賴方伯，宜得文武兼資以任之。」乃以弟澄爲荊州，族弟敦爲青州。因謂澄、敦曰：「荊州有江漢之固，青州有負海之險，卿二人在外，而吾留此，足以爲三窟矣。」識者鄙之。

及石勒、王彌寇京師，以衍都督征討諸軍事、持節、假黃鉞以距之。衍使前將軍曹武、左衞將軍王景等擊賊，〔一〇〕退之，獲其輜重。遷太尉，尚書令如故。封武陵侯，辭封不受。時洛陽危逼，多欲遷都以避其難，而衍獨賣車牛以安衆心。

越之討苟晞也，衍以太尉爲太傅軍司。及越薨，衆共推爲元帥。衍以賊寇鋒起，懼不敢當。辭曰：「吾少無宦情，隨牒推移，遂至於此。今日之事，安可以非才處之。」俄而舉軍爲石勒所破，勒呼王公，與之相見，問衍以晉故。衍爲陳禍敗之由，云計不在己。勒甚悅之，與語移日。衍自說少不豫事，欲求自免，因勸勒稱尊號。勒怒曰：「君名蓋四海，身居重任，少壯登朝，至於白首，何得言不豫世事邪！破壞天下，正是君罪。」使左右扶出。謂其黨孔萇曰：「吾行天下多矣，未嘗見如此人，當可活不？」萇曰：「彼晉之三公，必不爲我盡力，又何足貴乎！」勒曰：「要不可加以鋒刃也。」使人夜排牆塡殺之。衍將死，顧而言曰：「嗚呼！吾曹雖不如古人，向若不祖尚浮虛，戮力以匡天下，猶可不至今日。」時年五十六。

衍儁秀有令望，希心玄遠，未嘗語利。王敦過江，常稱之曰：「夷甫處衆中，如珠玉在瓦石間。」顧愷之作畫贊，亦稱衍巖巖淸峙，壁立千仞。其爲人所尚如此。

子玄，字眉子，少慕簡曠，亦有俊才，與衞玠齊名。荀藩用爲陳留太守，屯尉氏。玄素名家，有豪氣，荒弊之時，人情不附，將赴祖逖，爲盜所害焉。

澄字平子。生而警悟，雖未能言，見人舉動，便識其意。衍妻郭性貪鄙，欲令婢路上擔糞。澄年十四，諫郭以爲不可。郭大怒，謂澄曰：「昔夫人臨終，以小郎屬新婦，不以新婦屬小郎。」因捉其衣裾，將杖之。澄爭得脫，踰窗而走。

衍有重名於世，時人許以人倫之鑒。尤重澄及王敦、庾敳，嘗爲天下人士目曰：「阿平第一，子嵩第二，處仲第三。」澄嘗謂衍曰：「兄形似道，而神鋒太儁。」衍曰：「誠不如卿落落穆穆然也。」澄由是顯名。有經澄所題目者，衍不復有言，輒云「已經平子矣」。

少歷顯位，累遷成都王穎從事中郎。穎嬖豎孟玖譖殺陸機兄弟，天下切齒。澄發玖私姦，勸穎殺玖，穎乃誅之，士庶莫不稱善。及穎敗，東海王越請爲司空長史。以迎大駕勳，封南鄉侯。遷建威將軍、雍州刺史，不之職。時王敦、謝鯤、庾敳、阮脩皆爲衍所親善，號爲四友，而亦與澄狎，又有光逸、胡毋輔之等亦豫焉。酣讌縱誕，窮歡極娛。

惠帝末，衍白越以澄爲荆州刺史、持節、都督，領南蠻校尉，敦爲青州。衍因問以方略，敦曰：「當臨事制變，不可豫論。」澄辭義鋒出，算略無方，一坐嗟服。澄將之鎭，送者傾朝。澄見樹上鵲巢，便脫衣上樹，探鷇而弄之，神氣蕭然，傍若無人。劉琨謂澄曰：「卿形雖散朗，而內實動俠，〔一二〕以此處世，難得其死。」澄默然不答。

澄既至鎮，日夜縱酒，不親庶事，雖寇戎急務，亦不以在懷。擢順陽人郭舒於寒悴之中，以爲別駕，委以州府。時京師危逼，澄率衆軍，將赴國難，而飄風折其節柱。會王如寇襄陽，澄前鋒至宜城，遣使詣山簡，爲如黨嚴嶷所獲。嶷僞使人從襄陽來而問之曰：「襄陽拔未？」答云：「昨旦破城，已獲山簡。」乃陰緩澄使，令得亡去。澄聞襄陽陷，以爲信然，散衆而還。既而恥之，託糧運不贍，委罪長史蔣俊而斬之，竟不能進。巴蜀流人散在荊湘者，與土人忿爭，遂殺縣令，屯聚樂鄉。澄使成都內史王機討之。賊請降，澄僞許之，既而襲之於寵洲，以其妻子爲賞，沈八千餘人於江中。於是益梁流人四五萬家一時俱反，推杜弢爲主，南破零桂，東掠武昌，敗王機于巴陵。澄亦無憂懼之意，但與機日夜縱酒，投壺博戲，數十局俱起。殺富人李才，取其家資以賜郭舒。南平太守應詹驟諫，不納。於是上下離心，內外怨叛。澄望實雖損，猶傲然自得。後出軍擊杜弢，次于作塘。山簡參軍王沖叛于豫州，自稱荊州刺史。澄懼，使杜蕤守江陵。澄遷于孱陵，尋奔沓中。郭舒諫曰：「使君臨州，雖無異政，未失衆心。今西收華容向義之兵，足以擒此小醜，奈何自棄。」澄不能從。

初，澄命武陵諸郡同討杜弢，天門太守扈瓌次于益陽。武陵內史武察爲其郡夷所害，瓌以孤軍引還。澄怒，以杜曾代瓌。夷袁遂，瓌故吏也，託爲瓌報仇，遂舉兵逐曾，自稱平晉將軍。澄使司馬毌丘邈討之，爲遂所敗。會元帝徵澄爲軍諮祭酒，於是赴召。

時王敦爲江州，鎭豫章，澄過詣敦。澄夙有盛名，出於敦右，士庶莫不傾慕之。兼勇力絕人，素爲敦所憚，澄猶以舊意侮敦。敦益忿怒，請澄入宿，陰欲殺之。而澄左右有二十人，持鐵馬鞭爲衞，澄手嘗捉玉枕以自防，故敦未之得發。後敦賜澄左右酒，皆醉，借玉枕觀之。因下牀而謂澄曰：「何與杜弢通信？」澄曰：「事自可驗。」敦欲入內，澄手引敦衣，至于絕帶。乃登于梁，因罵敦曰：「行事如此，殃將及焉。」敦令力士路戎搤殺之，時年四十四，載尸還其家。劉琨聞澄之死，歎曰：「澄自取之。」及敦平，澄故吏佐著作郎桓稚上表理澄，請加贈謚。詔復澄本官，謚曰憲。長子詹，早卒。次子徽，右軍司馬。

郭舒字稚行。幼請其母從師，歲餘便歸，粗識大義。鄉人少府范晷、宗人武陵太守郭景，咸稱舒當爲後來之秀，終成國器。始爲領軍校尉，坐擅放司馬彪，繫廷尉，世多義之。刺史夏侯含辟爲西曹，轉主簿。含坐事，舒自繫理含，事得釋。刺史宗岱命爲治中，〔三〕喪母去職。劉弘牧荆州，引爲治中。弘卒，舒率將士推弘子璠爲主，討逆賊郭勱，滅之，保全一州。

王澄聞其名，引爲別駕。澄終日酣飲，不以衆務在意，舒常切諫之。及天下大亂，又勸澄修德養威，保完州境。澄以爲亂自京都起，非復一州所能匡禦，雖不能從，然重其忠亮。荆土士人宗廞嘗因酒忤澄，澄怒，叱左右棒廞。舒厲色謂左右曰：「使君過醉，汝輩何敢妄動！」澄恚曰：「別駕狂邪，誑言我醉！」因遣掐其鼻，灸其眉頭，舒跪而受之。澄意少釋，而廞遂得免。

澄之奔敗也，以舒領南郡。澄又欲將舒東下，舒曰：「舒爲萬里紀綱，不能匡正，令使君奔亡，不忍渡江。」乃留屯沌口，採稆湖澤以自給。鄉人盜食舒牛，事覺，來謝。舒曰：「卿飢，所以食牛耳，餘肉可共啖之。」世以此服其弘量。

舒少與杜曾厚，曾嘗召之，不往，曾銜之。至是，澄又轉舒爲順陽太守，曾密遣兵襲舒，遁逃得免。

王敦召爲參軍，轉從事中郎。襄陽都督周訪卒，敦遣舒監襄陽軍。甘卓至，乃還。朝廷徵舒爲右丞，敦留不遣。敦謀爲逆，舒諫不從，使守武昌。荆州別駕宗澹忌舒才能，數譖之於王廙。廙疑舒與甘卓同謀，密以白敦，敦不受。高官督護繆坦嘗請武昌城西地爲營，太守樂凱言於敦曰：「百姓久買此地，種菜自贍，不宜奪之。」敦大怒曰：「王處仲不來江湖，當有武昌地不，而人云是我地邪！」凱懼，不敢言。舒曰：「公聽舒一言。」敦曰：「平子以卿病狂，故掐鼻灸眉頭，舊疢復發邪！」舒曰：「古之狂也直，周昌、汲黯、朱雲不狂也。昔堯立誹謗之木，舜置敢諫之鼓，然後事無枉縱。公爲勝堯舜邪？乃逆折舒，使不得言，何與古人相遠！」敦曰：「卿欲何言？」舒曰：「繆坦可謂小人，疑誤視聽，奪人私地，以强陵弱。晏子稱：君曰其可，臣獻其否，以成其可。是以舒等不敢不言。」敦卽使還地，衆咸壯之。敦重舒公亮，給賜轉豐，數詣其家。表爲梁州刺史。病卒。

樂廣

樂廣字彥輔，南陽淸陽人也。父方，參魏征西將軍夏侯玄軍事。廣時年八歲，玄常見廣在路，因呼與語，還謂方曰：「向見廣神姿朗徹，當爲名士。卿家雖貧，可令專學，必能興卿門戶也。」方早卒。廣孤貧，僑居山陽，寒素爲業，人無知者。性沖約，有遠識，寡嗜慾，與物無競。尤善談論，每以約言析理，以厭人之心，其所不知，默如也。

裴楷嘗引廣共談，自夕申旦，雅相欽挹，歎曰：「我所不如也。」王戎爲荆州刺史，聞廣爲夏侯玄所賞，乃舉爲秀才。楷又薦廣於賈充，遂辟太尉掾，轉太子舍人。尙書令衞瓘，朝之耆舊，逮與魏正始中諸名士談論，見廣而奇之，曰：「自昔諸賢旣沒，常恐微言將絕，而今乃復聞斯言於君矣。」命諸子造焉，曰：「此人之水鏡，見之瑩然，若披雲霧而覩靑天也。」王衍自言：「與人語甚簡至，及見廣，便覺已之煩。」其爲識者所歎美如此。

出補元城令，遷中書侍郎，轉太子中庶子，累遷侍中、河南尹。廣善清言而不長於筆，將讓尹，請潘岳爲表。岳曰：「當得君意。」廣乃作二百句語，述己之志。岳因取次比，便成名筆。時人咸云：「若廣不假岳之筆，岳不取廣之旨，無以成斯美也。」

嘗有親客，久闊不復來，廣問其故，答曰：「前在坐，蒙賜酒，方欲飲，見杯中有蛇，意甚惡之，既飲而疾。」于時河南聽事壁上有角，漆畫作蛇，廣意杯中蛇卽角影也。復置酒於前處，謂客曰：「酒中復有所見不？」答曰：「所見如初。」廣乃告其所以，客豁然意解，沈痾頓愈。

衞玠總角時，嘗問廣夢，廣云是想。玠曰：「神形所不接而夢，豈是想邪！」廣曰：「因也。」玠思之經月不得，遂以成疾。廣聞故，命駕爲剖析之，玠病卽愈。廣歎曰：「此賢胸中當必無膏肓之疾！」

廣所在爲政，無當時功譽，然每去職，遺愛爲人所思。凡所論人，必先稱其所長，則所短不言而自見矣。人有過，先盡弘恕，然後善惡自彰矣。廣與王衍俱宅心事外，名重於時。故天下言風流者，謂王、樂爲稱首焉。

少與弘農楊準相善。準之二子曰喬曰髦，皆知名於世。準使先詣裴頠，頠性弘方，愛喬有高韵。謂準曰：「喬當及卿，髦少減也。」又使詣廣，廣性清淳，愛髦有神檢。謂準曰：「喬自及卿，然髦亦清出。」準笑曰：「我二兒之優劣，乃裴、樂之優劣也。」論者以爲喬雖有高韵，而神檢不足，樂爲得之矣。

是時王澄、胡毋輔之等，皆亦任放爲達，或至裸體者。廣聞而笑曰：「名敎內自有樂地，何必乃爾！」其居才愛物，動有理中，皆此類也。值世道多虞，朝章紊亂，淸己中立，任誠保素而已。時人莫有見其際焉。

先是河南官舍多妖怪，前尹多不敢處正寢，廣居之不疑。嘗外戶自閉，左右皆驚，廣獨自若。顧見牆有孔，使人掘牆，得狸而殺之，其怪亦絕。

愍懷太子之廢也，詔故臣不得辭送，衆官不勝憤歎，皆冒禁拜辭。司隸校尉滿奮敕河南中部收縛拜者送獄，廣卽便解遣。衆人代廣危懼。孫琰說賈謐曰：「前以太子罪惡，有斯廢黜，其臣不懼嚴詔，冒罪而送。今若繫之，是彰太子之善，不如釋去。」謐然其言，廣故得不坐。

遷吏部尚書左僕射，後東安王繇當爲僕射，轉廣爲右僕射，領吏部，代王戎爲尚書令。始戎薦廣，而終踐其位，時人美之。

成都王穎，廣之壻也，及與長沙王乂遘難，而廣旣處朝望，羣小讒謗之。乂以問廣，廣神色不變，徐答曰：「廣豈以五男易一女。」乂猶以爲疑，廣竟以憂卒。荀藩聞廣之不免也，爲之流涕。三子：凱、肇、謨。

凱字弘緒，大司馬齊王掾，參驃騎軍事。肇字弘茂，太傅東海王掾。洛陽陷，兄弟相攜南渡江。謨字弘範，征虜將軍、吳郡內史。

史臣曰：漢相清靜，見機於曠務；周史清虛，不嫌於尸祿。豈台揆之任，有異於常班者歟！濬沖善發談端，夷甫仰希方外，登槐庭之顯列，顧漆園而高視。彼旣憑虛，朝章已亂。戎則取容於世，旁委貨財；衍則自保其身，寧論宗稷？及三方搆亂，六戎藉手，犬羊之侶，鋒鏑如雲。夷甫區區焉，佞彼兇渠，以求容貸，頹牆之隕，猶有禮也。平子肆情傲物，對鏡難堪，終失厥生，自貽伊敗。且夫衣服表容，珪璋範德，聲移宮羽，彩照山華，布武有章，立言成訓。澄之箕踞，不已甚矣。若乃解袒登枝，〔一三〕裸形捫鵲，以此爲達，謂之高致，輕薄是效，風流詎及。道睽將聖，事乖跰指，操情獨往，自夭其生者焉。昔晏嬰哭莊公之尸，樂令解愍懷之客，豈聞伯夷之風歟，愞夫能立志者也。

贊曰：晉家求士，乃構仙臺，陵雲切漢，山叟知材。濬沖居鼎，談優務劣。夷甫兩顧，退求三穴。神亂當年，忠乖曩列。平子陵侮，多於用拙。樂令披雲，高天澄澈。

校勘記

〔一〕宛句　斠注：世說政事注引虞預晉書作「冤句」。見卷一四校記。

〔二〕鎮以退讓　斠注：書鈔六〇引王隱晉書「鎮」字上有「豈宜」二字。按：依上下文意，應有「豈宜」二字。

〔三〕白褒　「褒」原作「裒」。斠注：書鈔四五、六〇引王隱晉書有左丞白褒奏濤違詔，隋書經籍志二有白褒魯國先賢傳二卷，「裒」當作「褒」。按：劉頌傳亦作「褒」，今據改。下同。

〔四〕因發從弟婦喪　李校：爾時嫂叔尚無服，況從弟婦何得發喪？疑「婦」字衍。

〔五〕違在公之義　各本皆作「至公」，惟宋本作「在公」，通志一二二亦作「在公」。蓋用詩「夙夜在公」之義長。

〔六〕楊準　「準」原作「淮」。斠注：魏志陳思王傳注引世語、荀綽冀州記，王粲傳注引晉諸公贊及樂廣傳「楊淮」皆作「楊準」。疑「淮」爲「準」之譌。按：楊佺期傳亦作「楊準」，今改成一律。

〔七〕舉鞭向葛彊　「向」，世說任誕、御覽一六八、五七〇引俱作「問」。「彊」，宋本及世說、通志一二二、御覽一六八、四六五、五七〇引俱作「强」，下同。

〔八〕筩中細布　宋本、局本誤作「筒巾」。筩中，布名，見後漢書王符傳注引揚雄蜀都賦。今據殿本、御覽二二九引、册府四八二改。

〔九〕皆以無爲本　原作「皆以無爲爲本」。王懋竑讀書記疑七：文多一「爲」字。按：王說是。通鑑八二引正少一「爲」字，今據刪。

〔一〇〕王景　通鑑八九「景」作「秉」，此蓋唐避諱改。

〔一一〕內實動俠　勞校：世說識險及注引鄧粲晉紀「動俠」作「勁狹」。按：册府八五五「俠」亦作「狹」。

〔一二〕宗岱　惠紀、李特載記作「宋岱」。參看卷四校記。

〔一三〕解祖登枝　「祖」，各本作「袒」，宋本及音義皆作「祖」，音義並引左傳「衷其祖服」爲釋。今從宋本。

晉書卷四十四

列傳第十四

鄭袤 子默 默子球

鄭袤字林叔，滎陽開封人也。高祖衆，漢大司農。父泰，揚州刺史，有高名。袤少孤，早有識鑒。荀攸見之曰：「鄭公業爲不亡矣。」隨叔父渾避難江東。時華歆爲豫章太守，渾往依之，歆素與泰善，撫養袤如己子。年十七，乃還鄉里。性淸正。時濟陰魏諷爲相國掾，名重當世，袤同郡任覽與結交。袤以諷姦雄，終必爲禍，勸覽遠之。及諷敗，論者稱焉。

魏武帝初封諸子爲侯，精選賓友，袤與徐幹俱爲臨淄侯文學，轉司隸功曹從事。司空王朗辟爲掾，袤舉高陽許允、扶風魯芝、東萊王基，朗皆命之，後咸至大位，有重名。袤遷尙書郞。出爲黎陽令，吏民悅服。太守班下屬城，特見甄異，爲諸縣之最。遷尙書右丞。轉濟陰太守，下車旌表孝悌，敬禮賢能，興立庠序，開誘後進。調補大將軍從事中郞，拜散騎常侍。會廣平太守缺，宣帝謂袤曰：「賢叔大匠垂稱於陽平、魏郡，百姓蒙惠化。且盧子家、王子雍繼踵此郡，使世不乏賢，故復相屈。」袤在廣平，以德化爲先，善作條教，郡中愛之。徵拜侍中，百姓戀慕，涕泣路隅。遷少府。高貴鄉公卽位，袤與河南尹王肅備法駕奉迎于元城，封廣昌亭侯。徙光祿勳，領宗正。

毌丘儉作亂，景帝自出征之，百官祖送于城東，袤疾病不任會。帝謂中領軍王肅曰：「唯不見鄭光祿爲恨。」肅以語袤，袤自輿追帝，及於近道。帝笑曰：「故知侯生必來也。」遂與袤共載，曰：「計將何先？」袤曰：「昔與儉俱爲臺郎，特所知悉。其人好謀而不達事情，自昔建勳幽州，志望無限。文欽勇而無算。今大軍出其不意，江淮之卒銳而不能固，深溝高壘以挫其氣，此亞夫之長也。」帝稱善。轉太常。高貴鄉公議立明堂辟雍，精選博士，袤舉劉毅、劉寔、程咸、庾峻，後並至公輔大位。及常道鄉公立，與議定策，進封安城鄉侯，邑千戶。景元初，疾病失明，屢乞骸骨，不許。拜光祿大夫。五等初建，封密陵伯。

武帝踐阼，進爵爲侯。雖寢疾十餘年，而時賢並相推薦。泰始中，詔曰：「光祿密陵侯袤，履行純正，守道沖粹，退有清和之風，進有素絲之節，宜登三階之曜，補袞職之闕。今以袤爲司空。」天子臨軒，遣五官中郎將國坦就第拜授。袤前後辭讓，遣息稱上送印綬，至于十數。謂坦曰：「魏以徐景山爲司空，吾時爲侍中，受詔譬旨。徐公語吾曰：『三公當上應天心，苟非其人，實傷和氣，不敢以垂死之年，累辱朝廷也。』終於不就。遵大雅君子之迹，可不務乎！」固辭，久之見許，以侯就第，拜儀同三司，置舍人官騎，賜牀帳簟褥、錢五十萬。

九年薨，時年八十五。帝於東堂發哀，賜祕器、朝服一具、衣一襲、錢三十萬、絹布各百匹，以供喪事。謚曰元。有子六人，長子默嗣，次質、舒、詡、稱、予，位並列卿。

默字思元。起家祕書郎，考覈舊文，删省浮穢。中書令虞松謂曰：「而今而後，朱紫別矣。」轉尚書考功郎，專典伐蜀事，封關內侯，遷司徒左長史。武帝受禪，與太原郭奕俱爲中庶子。朝廷以太子官屬宜稱陪臣，默上言：「皇太子體皇極之尊，無私於天下。宮臣皆受命天朝，不得同之藩國。」事遂施行。〔一〕出爲東郡太守，值歲荒人饑，默輒開倉振給，乃舍都亭，自表待罪。朝廷嘉默憂國，詔書褒歎，比之汲黯。班告天下，若郡縣有此比者，皆聽出給。入爲散騎常侍。

初，帝以貴公子當品，鄉里莫敢與爲輩，求之州內，于是十二郡中正僉共舉默。文帝與袤書曰：「小兒得廁賢子之流，愧有竊賢之累。」及武帝出祀南郊，詔使默驂乘，因謂默曰：「卿知何以得驂乘乎？昔州里舉卿相輩，常愧有累清談。」遂問政事，對曰：「勸穡務農，爲國之基。選人得才，濟世之道。居官久職，政事之宜。明慎黜陟，勸戒之由。崇尚儒素，化導之本。如此而已矣。」帝善之。

後以父喪去官，尋起爲廷尉。是時鬲令袁毅坐交通貨賂，大興刑獄。在朝多見引逮，唯默兄弟以潔愼不染其流。遷太常。時僕射山濤欲舉一親親爲博士，謂默曰：「卿似尹翁歸，令吾不敢復言。」默爲人敦重，柔而能整，皆此類也。

及齊王攸當之國，下禮官議崇錫典制。博士祭酒曹志等並立異議，默容過其事，坐免。尋拜大鴻臚。遭母喪，舊制，既葬還職，默自陳懇至，久而見許。遂改法定令，聽大臣終喪，自默始也。服闋，爲大司農，轉光祿勳。

太康元年卒，時年六十八，謚曰成。尚書令衞瓘奏：「默才行名望，宜居論道，五升九卿，位未稱德，宜贈三司。」而后父楊駿先欲以女妻默子豫，默曰：「吾每讀雋不疑傳，常想其人。畏遠權貴，奕世所守。」遂辭之。駿深爲恨。至此，駿議不同，遂不施行。默寬沖博愛，謙虛溫謹，不以才地矜物，事上以禮，遇下以和，雖僮豎廝養不加聲色，而猶有嫌怨，故士君子以爲居世之難。子球。

球字子瑜。少辟宰府，入侍二宮。成都王爲大將軍，起義討趙王倫，球自頓丘太守爲右長史，以功封平壽公。累遷侍中、尚書、散騎常侍、中護軍、尚書右僕射，領吏部。永嘉二

年卒，追贈金紫光祿大夫，謚曰元。球弟豫，永嘉末爲尚書

李胤

李胤字宣伯，遼東襄平人也。祖敏，漢河內太守，去官還鄉里，遼東太守公孫度欲强用之，敏乘輕舟浮滄海，莫知所終。胤父信追求積年，浮海出塞，竟無所見，欲行喪制服，則疑父尚存，情若居喪而不聘娶。後有鄰居故人與其父同年者亡，因行喪制服。燕國徐邈與之同州里，以不孝莫大於無後，勸使娶妻。既生胤，遂絕房室，恒如居喪禮，不堪其憂，數年而卒。胤既幼孤，母又改行，有識之後，降食哀戚，亦以喪禮自居。又以祖不知存亡，設木主以事之。由是以孝聞。容貌質素，積然若不足者，而知度沈邃，言必有則。

初仕郡上計掾，州辟部從事、治中，舉孝廉，參鎮北軍事。遷樂平侯相，政尚清簡。入爲尚書郎，遷中護軍司馬、吏部郎，銓綜廉平。賜爵關中侯，出補安豐太守。文帝引爲大將軍從事中郎，遷御史中丞，恭恪直繩，百官憚之。伐蜀之役，爲西中郎將、督關中諸軍事。後爲河南尹，封廣陸伯。

泰始初，拜尚書，進爵爲侯。胤奏以爲：「古者三公坐而論道，內參六官之事，外與六卿之教，或處三槐，兼聽獄訟，稽疑之典，謀及卿士。陛下聖德欽明，垂心萬機，猥發明詔，儀

刑古式，雖唐虞疇諮，周文翼翼，無以加也。自今以往，國有大政，可親延羣公，詢納讜言。其軍國所疑，延詣省中，使侍中、尚書諮論所宜。若有疾疢，不任覲會，臨時遣侍臣訊訪。」詔從之。遷吏部尚書僕射，尋轉太子少傅。詔以胤忠允高亮，有匪躬之節，使領司隸校尉。胤屢自表讓，忝傅儲宮，不宜兼監司之官。武帝以二職並須忠賢，故每不許。

咸寧初，皇太子出居東宮，帝以司隸事任峻重，而少傅有旦夕輔導之務，胤素羸，不宜久勞之，轉拜侍中，加特進。俄遷尚書令，侍中、特進如故。胤雖歷職內外，而家至貧儉，兒病無以市藥。帝聞之，賜錢十萬。其後帝以司徒舊丞相之職，詔以胤爲司徒。在位五年，簡亮持重，稱爲任職。以吳會初平，大臣多有勳勞，宜有登進，乃上疏遜位。帝不聽，遣侍中宣旨，優詔敦諭，絕其章表。胤不得已，起視事。

太康三年薨，詔遣御史持節監喪致祠，謚曰成。皇太子命舍人王贊誄之，文義甚美。帝後思胤清節，詔曰：「故司徒李胤，太常彭灌，並履忠清儉，身沒，家無餘積，賜胤家錢二百萬、穀千斛，灌家半之。」三子，固、眞長、修。固字萬基，散騎郎，先胤卒，固子志嗣爵。志字彥道，歷位散騎侍郎、建威將軍、陽平太守。眞長位至太僕卿。修黃門侍郎、太弟中庶子。

盧欽 子浮 弟珽 珽子志 志子諶

盧欽字子若，范陽涿人也。祖植，漢侍中。父毓，魏司空。世以儒業顯。欽清澹有遠識，篤志經史，舉孝廉，不行，魏大將軍曹爽辟爲掾。爽弟嘗有所屬請，欽白爽子弟不宜干犯法度，爽深納之，而罰其弟。除尚書郎。爽誅，免官。後爲侍御史，襲父爵大利亭侯，累遷琅邪太守。宣帝爲太傅，辟從事中郎，出爲陽平太守，遷淮北都督、伏波將軍，甚有稱績。徵拜散騎常侍、大司農，遷吏部尚書，進封大梁侯。

武帝受禪，以爲都督沔北諸軍事、平南將軍、假節，給追鋒軺臥車各一乘、第二駙馬二乘、騎具刀器、御府人馬鎧等，及錢三十萬。欽在鎮寬猛得中，疆埸無虞。入爲尚書僕射，加侍中、奉車都尉，領吏部。以清貧，特賜絹百匹。欽舉必以材，稱爲廉平。

咸寧四年卒，詔曰：「欽履道清正，執德貞素。文武之稱，著于方夏。入躋機衡，惟允庶事。肆勤內外，有匪躬之節。不幸薨沒，朕甚悼之。其贈衞將軍、開府儀同三司，賜祕器、朝服一具、衣一襲、布五十匹、錢三十萬。」謚曰元。又以欽忠清高潔，不營產業，身沒之後，家無所庇，特賜錢五十萬，爲立第舍。復下詔曰：「故司空王基、衞將軍盧欽、領典軍將軍楊囂，並素清貧，身沒之後，居無私積。頃者饑饉，聞其家大匱，其各賜穀三百斛。」欽歷宰州郡，不尚功名，唯以平理爲務。祿俸散之親故，不營貲產。動循禮典，妻亡，制廬杖，終喪居外。所著詩賦論難數十篇，名曰小道。子浮嗣。

浮字子雲，起家太子舍人。病疽截手，遂廢。然朝廷器重之，以爲國子博士、祭酒、祕書監，皆不就。

欽弟珽字子笏，衞尉卿。珽子志。

志字子道，初辟公府掾、尚書郎，出爲鄴令。成都王穎之鎮鄴也，愛其才量，委以心膂，遂爲謀主。齊王冏起義，遣使告穎。穎召志計事，志曰：「趙王無道，肆行篡逆，四海人神，莫不憤怒。今殿下總率三軍，應期電發，子來之衆，不召自至。掃夷凶逆，必有征無戰。然兵事至重，聖人所愼。宜旌賢任才，以收時望。」穎深然之，改選上佐，高辟掾屬，以志爲諮議參軍，仍補左長史，專掌文翰。穎前鋒都督趙驤爲倫所敗，士衆震駭，議者多欲還保朝歌。志曰：「今我軍失利，敵新得勝，必有輕易陵轢之情，若頓兵不進，三軍畏衄，懼不可用。且戰何能無勝負，宜更還精兵，星行倍道，出賊不意，此用兵之奇也。」穎從之。及倫敗，志勸穎曰：「齊王衆號百萬，與張泓等相持不能決，大王逕得濟河，此之大勳，莫之與比，而齊王今當與大王共輔朝政。志聞兩雄不俱處，功名不並立，今宜因太妃微疾，求還定省，推崇齊王，徐結四海之心，此計之上也。」穎納之，遂以母疾還藩，委重於冏。由是穎獲四海之譽，天下歸心。朝廷封志爲武强侯，加散騎常侍。

及河間王顒納李含之說，欲內除二王，樹穎儲副，遣報穎，穎將應之，志正諫，不從。及冏滅，穎遙執朝權，遂懷觖望之心。以長沙王乂在內，不得恣其所欲，密欲去乂。時荆州有張昌之亂，穎表求親征，朝廷許之。會昌等平，乃迴兵以討乂。志諫曰：「公前有復皇祚之大勳，及事平，歸功於齊，辭九錫之賞，不當朝政之權，振陽翟饑人，葬黄橋白骨，皆盛德之事，四海之人莫不荷賴矣。逆寇縱肆，猾擾荆楚，今公掃清羣難，南土以寧，振旅而旋，頓軍關外，文服入朝，此霸王者之事也。」穎不納。

及乂死，穎表志爲中書監，留鄴，參署相府事。乘輿敗於蕩陰，穎遣志督兵迎帝。及王浚攻鄴，志勸穎奉天子還洛陽。時甲士尚萬五千人，志夜部分，至曉，衆皆成列，而程太妃戀鄴不欲去，穎未能決。俄而衆潰，唯志與子謐、兄子綝、殿中武賁千人而已，志復勸穎早發。時有道士姓黄，號曰聖人，太妃信之。及使呼入，道士求兩杯酒，飲訖，抛杯而去，於是志計始決。而人馬復散，志於營陣間尋索，得數乘鹿車，司馬督韓玄收集黄門，得百餘人。志入，帝問志曰：「何故散敗至此？」志曰：「賊去鄴尚八十里，而人士一朝駭散，太弟今欲奉陛下還洛陽。」帝曰：「甚佳。」於是御犢車便發。屯騎校尉郝昌先領兵八千守洛陽，帝召之，至汲郡而昌至，兵仗甚盛。志喜於復振，啓天子宜下赦書，與百姓同其休慶。旣達洛陽，志啓以滿奮爲司隸校尉。奔散者多還，百官粗備，帝悅，賜志絹二百匹、緜百斤、衣一襲、鶴綾袍一領。

初，河間王顒聞王浚起兵，遣右將軍張方救鄴。方聞成都軍敗，頓兵洛陽，不敢進，縱兵虜掠，密欲遷都長安，將焚宗廟宮室，以絕人心。志說方曰：「昔董卓無道，焚燒洛陽，怨毒之聲，百年猶存，何爲襲之！」乃止。方遂逼天子幸其壘。帝垂泣就輿，唯志侍側，曰：「陛下今日之事，當一從右將軍。臣駑怯，無所云補，唯知盡微誠，不離左右而已。」停方壘三日便西，志復從至長安。穎被黜，志亦免官。

及東海王越奉迎大駕，顒啓帝復穎還鄴，以志爲魏郡太守，加左將軍，隨穎北鎭。行達洛陽，而平昌公模遣前鋒督護馮嵩距穎。穎還長安，未至而聞顒斬張方，求和於越。穎住華陰，志進長安，詣闕陳謝，即還就穎于武關。奔南陽，復爲劉陶所驅，迴詣河北。及穎薨，官屬奔散，唯志親自殯送，時人嘉之。越命志爲軍諮祭酒，遷衞尉。永嘉末，轉尙書。洛陽沒，志將妻子北投并州刺史劉琨。至陽邑，爲劉粲所虜，與次子謐、詵等俱遇害于平陽。長子謙。

諶字子諒，淸敏有理思，好老莊，善屬文。選尙武帝女滎陽公主，拜駙馬都尉，未成禮而公主卒。後州舉秀才，辟太尉掾。洛陽沒，隨志北依劉琨，與志俱爲劉粲所虜。粲據晉陽，留諶爲參軍。琨收散卒，引猗盧騎還攻粲。粲敗走，諶得赴琨，先父母兄弟在平陽者，悉爲劉聰所害。琨爲司空，以諶爲主簿，轉從事中郎。琨妻卽諶之從母，旣加親愛，又重其才地。

建興末，隨琨投段匹磾。匹磾自領幽州，取諶爲別駕。匹磾旣害琨，尋亦敗喪。時南路阻絕，段末波在遼西，諶往投之。元帝之初，末波通使于江左，諶因其使抗表理琨，文旨甚切，於是卽加弔祭。累徵諶爲散騎中書侍郎，而爲末波所留，遂不得南渡。末波死，弟遼代立，諶流離世故且二十載。石季龍破遼西，復爲季龍所得，以爲中書侍郎、國子祭酒、侍中、中書監。屬冉閔誅石氏，諶隨閔軍，于襄國遇害，時年六十七，是歲永和六年也。

諶名家子，早有聲譽，才高行潔，爲一時所推。值中原喪亂，與淸河崔悅、潁川荀綽、河東裴憲、北地傅暢並淪陷非所，雖俱顯于石氏，恒以爲辱。諶每謂諸子曰：「吾身沒之後，但稱晉司空從事中郎爾。」撰祭法，注莊子，及文集，皆行於世。

悅字道儒，魏司空林曾孫，劉琨妻之姪也。與諶俱爲琨司空從事中郎，後爲末波佐史。沒石氏，亦居大官。其綽、憲、暢並別有傳。

華表 子廙　廙子恒　廙弟嶠

華表字偉容，平原高唐人也。父歆，清德高行，爲魏太尉。表年二十，拜散騎黃門郎，累遷侍中。正元初，石苞來朝，盛稱高貴鄉公，以爲魏武更生。時聞者流汗沾背，表懼禍作，頻稱疾歸下舍，故免于大難。後遷尚書。五等建，封觀陽伯。坐供給喪事不整，免。

泰始中，拜太子少傅，轉光祿勳，遷太常卿。數歲，以老病乞骸骨。詔曰：「表清貞履素，有老成之美，久幹王事，靜恭匪懈。而以疾固辭，章表懇至。今聽如所上，以爲太中大夫，賜錢二十萬，牀帳褥席祿賜與卿同，門施行馬。」

表以苦節垂名，司徒李胤、司隸王宏等並歎美表清澹退靜，以爲不可得貴賤而親疏也。咸寧元年八月卒，時年七十二，謚曰康，詔賜朝服。有六子：廙、岑、嶠、鑒、澹、簡。

廙字長駿，弘敏有才義。妻父盧毓典選，難舉姻親，故廙年三十五不得調，晚爲中書通事郎。泰始初，遷冗從僕射。少爲武帝所禮，歷黃門侍郎、散騎常侍、前軍將軍、侍中、南中郎將、都督河北諸軍事。父疾篤輒還，仍遭喪舊例，葬訖復任，廙固辭，迕旨。

初，表有賜客在鬲，使廙因縣令袁毅錄名，三客各代以奴。及毅以貨賕致罪，獄辭迷謬，不復顯以奴代客，直言送三奴與廙，而毅亦盧氏壻也。又中書監荀勖先爲中子求廙女，廙不許，爲恨，因密啓帝，以袁毅貨賕者多，不可盡罪，宜責最所親者一人，因指廙當之。又緣廙有違忤之咎，遂于喪服中免廙官，削爵土。大鴻臚何遵奏廙免爲庶人，不應襲封，請以表世孫混嗣表。有司奏曰：「廙所坐除名削爵，一時之制。廙爲世子，著在名簿，不聽襲嗣，此爲刑罰再加。諸侯犯法，八議平處者，褒功重爵也。嫡統非犯終身棄罪，廢之爲重，依律應聽襲封。」詔曰：「諸侯薨，子踰年即位，此古制也。應即位而廢之，爵命皆去矣，何爲罪罰再加？且吾之責廙，以肅貪穢，本不論常法也。諸賢不能將明此意，乃更詭易禮律，不顧憲度，君命廢之，而羣下復之，此爲上下正相反也。」於是有司奏免議者官，詔皆以贖論。混以世孫當受封，逃避，斷髮陽狂，病瘖不能語，故得不拜，世咸稱之。

廙棲遲家巷垂十載，教誨子孫，講誦經典。集經書要事，名曰善文，行于世。與陳勰共造猪闌於宅側，帝嘗出視之，問其故，左右以實對，帝心憐之。帝後又登陵雲臺，望見廙苜蓿園，阡陌甚整，依然感舊。

太康初大赦，乃得襲封。久之，拜城門校尉，遷左衞將軍。數年，以爲中書監。惠帝即位，加侍中、光祿大夫、尚書令，進爵爲公。廙應楊駿召，不時還，有司奏免官。尋遷太子少傅，加散騎常侍，動遵禮典，得傅導之義。後年衰病篤，詔遣太醫療病，進位光祿大夫、開府儀同三司。時河南尹韓壽因託賈后求以女配廙孫陶，廙距而不許，后深以爲恨，故遂不登台司。年七十五卒，謚曰元。三子：混、薈、恒。

混字敬倫，嗣父爵，淸貞簡正，歷位侍中、尚書，卒官。子陶嗣，補羣令，沒於石勒。

薈字敬叔，爲河南尹。與荀藩、荀組俱避賊，至臨潁，父子並遇害。

恒字敬則，博學以淸素爲稱。尚武帝女滎陽長公主，拜駙馬都尉。元康初，東宮建，恒以選爲太子賓友，賜爵關內侯，食邑百戶。辟司徒王渾倉曹掾，屬除散騎侍郎，累遷散騎常侍、北軍中候，俄拜領軍，加散騎常侍。

愍帝卽位，以恒爲尚書，進爵苑陵縣公。頃之，劉聰逼長安，詔出恒爲鎭軍將軍，領潁川太守，以爲外援。恒與合義軍，得二千人，未及西赴，而關中陷沒。時羣賊方盛，所在州郡相繼奔敗，恒亦欲棄郡東渡，而從兄軼爲元帝所誅，以此爲疑。先書與驃騎將軍王導，導言於帝。帝曰：「兄弟罪不相及，況羣從乎！」卽召恒，補光祿勳。恒到，未及拜，更以爲衞將軍，加散騎常侍、本州大中正。

尋拜太常，議立郊祀。尚書刁協、國子祭酒杜夷議，〔三〕須還洛乃修郊祀。恒議，漢獻帝居許，卽便郊祡，宜於此修立。司徒荀組、驃騎將軍王導同恒議，遂定郊祀。尋以疾求解，詔曰：「太常職主宗廟，烝嘗敬重，而華恒所疾，不堪親奉職事。夫子稱『吾不與祭，如不祭』，況宗伯之任職所司邪！今轉恒爲廷尉。」頃之，加特進。

太寧初，遷驃騎將軍，加散騎常侍，督石頭水陸諸軍事。王敦表轉恒爲護軍，疾病不拜。授金紫光祿大夫，又領太子太保。成帝即位，加散騎常侍，領國子祭酒。咸和初，以愍帝時賜爵進封一皆削除，恒更以討王敦功封苑陵縣侯，復領太常。蘇峻之亂，恒侍帝左右，從至石頭，備履艱危，困悴踰年。

初，恒爲州大中正，鄉人任讓輕薄無行，爲恒所黜。及讓在峻軍中，任勢多所殺害，見恒輒恭敬，不肆其虐。鍾雅、劉超之死，亦將及恒，讓盡心救衞，故得免。

及帝加元服，又將納后。寇難之後，典籍靡遺，婚冠之禮，無所依據。恒推尋舊典，撰定禮儀，并郊廟辟雍朝廷軌則，事並施用。遷左光祿大夫、開府，常侍如故，固讓未拜。會卒，時年六十九，册贈侍中、左光祿大夫、開府，謚曰敬。

恒清恪儉素，雖居顯列，常布衣蔬食，年老彌篤。死之日，家無餘財，唯有書數百卷，時人以此貴之。子俊嗣，爲尚書郎。俊子仰之，大長秋。

嶠字叔駿，才學深博，少有令聞。文帝爲大將軍，辟爲掾屬，補尚書郎，轉車騎從事中郎。泰始初，賜爵關內侯。遷太子中庶子，出爲安平太守。辭親老不行，更拜散騎常侍，典中書著作，領國子博士，遷侍中。

太康末，武帝頗親宴樂，又多疾病。屬小瘳，嶠與侍臣表賀，因微諫曰：「伏惟聖體漸就平和，上下同慶，不覺抃舞。臣等愚戇，竊有微懷，以爲收功於所忽，事乃無悔；慮福於垂成，祚乃日新。唯願陛下深垂聖明，遠思所忽之悔，以成日新之福。沖靜和氣，嗇養精神，頤身於淸簡之宇，留心於虛曠之域。無厭世俗常戒，以忽羣下之言，則豐慶日延，天下幸甚！」帝手詔報曰：「輒自消息，無所爲慮。」元康初，封宣昌亭侯。誅楊駿，改封樂鄉侯，遷尙書。

後以嶠博聞多識，屬書典實，有良史之志，轉祕書監，加散騎常侍，班同中書。寺爲內臺，中書、散騎、著作及治禮音律，〔三〕天文數術，南省文章，門下撰集，皆典統之。初，嶠以漢紀煩穢，慨然有改作之意。會爲臺郎，典官制事，由是得徧觀祕籍，遂就其緒。起于光武，終于孝獻，一百九十五年，爲帝紀十二卷、皇后紀二卷、十典十卷、傳七十卷及三譜、序傳、目錄，凡九十七卷。嶠以皇后配天作合，前史作外戚傳以繼末編，非其義也，故易爲皇后紀，以次帝紀。又改志爲典，以有堯典故也。而改名漢後書奏之，詔朝臣會議。時中書監荀勖、令和嶠、太常張華、侍中王濟咸以嶠文質事核，有遷固之規，實錄之風，藏之祕府。後太尉汝南王亮、司空衞瓘爲東宮傅，列上通講，事遂施行。嶠所著論議難駁詩賦之屬數十萬言，其所奏官制、太子宜還宮及安邊、雩祭、明堂辟雍、浚導河渠，巡禹之舊跡置都水官，修蠶宮之禮置長秋，事多施行。元康三年卒，追贈少府，謚曰簡。

嶠性嗜酒，率常沈醉。所撰書十典未成而終，祕書監何劭奏嶠中子徹爲佐著作郎，使踵成之，未竟而卒。後監繆徵〔四〕又奏嶠少子暢爲佐著作郎，克成十典，幷草魏晉紀傳，與著作郎張載等俱在史官。永嘉喪亂，經籍遺沒，嶠書存者三十餘卷。〔五〕

嶠有三子：頤、徹、暢。頤嗣，官至長樂內史。暢有才思，所著文章數萬言。遭寇亂，避難荊州，爲賊所害，時年四十。

石鑒

石鑒字林伯，樂陵厭次人也。出自寒素，雅志公亮。仕魏，歷尙書郎、侍御史、尙書左丞、御史中丞，多所糾正，朝廷憚之，出爲幷州刺史、假節、護匈奴中郎將。

武帝受禪，封堂陽子。入爲司隸校尉，轉尙書。時秦涼爲虜所敗，遣鑒都督隴右諸軍事，坐論功虛僞免官。後爲鎮南將軍、豫州刺史，坐討吳賊虛張首級。詔曰：「昔雲中守魏尙以斬首不實受刑，武牙將軍田順以詐增虜獲自殺，誣罔敗法，古今所疾。鑒備大臣，吾所取信。往者西事，公欺朝廷，以敗爲得，竟不推究。中間黜免未久，尋復授用，冀能補過，而乃與下同詐。所謂大臣，義得爾乎！有司奏是也，顧未忍耳。今遣歸田里，終身不得復用，勿削爵土也。」久之，拜光祿勳，復爲司隸校尉，稍加特進，遷右光祿大夫、開府，領司徒。前代三公册拜，皆設小會，所以崇宰輔之制也。自魏末已後，廢不復行。至鑒，有詔令會，遂以爲常。太康末，拜司空，領太子太傅。

武帝崩，鑒與中護軍張劭監統山陵。時大司馬、汝南王亮爲太傅楊駿所疑，不敢臨喪，出營城外。時有告亮欲舉兵討駿，駿大懼，白太后令帝爲手詔，詔鑒及張劭使率陵兵討亮。劭，駿甥也，便率所領催鑒速發，鑒以爲不然，保持之，遣人密覘視亮，已別道還許昌，於是駿止，論者稱之。山陵訖，封昌安縣侯。〔六〕

元康初，爲太尉。年八十餘，克壯慷慨，自遇若少年，時人美之。尋薨，謚曰元。子陋，字處賤，襲封，歷屯騎校尉。

溫羨

溫羨字長卿，太原祁人，漢護羌校尉序之後也。祖恢，魏揚州刺史。父恭，濟南太守。兄弟六人並知名於世，號曰「六龍」。羨少以朗寤見稱，齊王攸辟爲掾，遷尚書郎。惠帝卽位，拜豫州刺史，入爲散騎常侍，累遷尚書。及齊王冏輔政，以羨攸之故吏，意特親之，轉吏部尚書。

先是，張華被誅，冏建議欲復其官爵。論者或以爲非，羨駁之曰：「自天子已下，爭臣各有差，不得歸罪於一人也。故晏子曰：『爲己死亡，非其親昵，誰能任之？』里克之殺二庶，陳乞之立陽生，漢朝之誅諸呂，皆積年之後乃得立事。未有事主見存，而得行其志於數月之內者也。式乾之會，張華獨諫。上宰不和，不能承風贊善，望其指麾從命，不亦難乎！況今皇后譖害其子，內難不預，禮非所在。且后體齊於帝，尊同皇極，罪在枉子，事不爲逆，義非所討。今以華不能廢枉子之后，與趙盾不討殺君之賊同，而貶責之，於義不經通也。」華竟得追復爵位。

其後以從駕討成都王穎有勳，封大陵縣公，邑千八百戶。出爲冀州刺史，加後將軍。范陽王虓敗於許昌也，自牧冀州，羨乃避之。惠帝之幸長安，以羨爲中書令，不就。及帝還洛陽，徵爲中書監，加散騎常侍。未拜，會帝崩，懷帝卽位，遷左光祿大夫、開府，領司徒，論者僉謂爲速。在位未幾，病卒，贈司徒，謚曰元。有三子：祗、允、裕。

祗字敬齊，太傅西曹掾。允字敬咸，太子舍人。裕字敬嗣，尚武安長公主，官至左光祿大夫。

史臣曰：晉氏中朝，承累世之資，建兼幷之業，衣冠斯盛，英彥如林。此數公者，或以雅望處台槐，或以高名居保傅，自非一時之秀，亦曷能至于斯。惜其參緘於論道之辰，獨善於兼濟之日，良圖鯁議，無足多談。然退己進賢，林叔弘推讓之美；自家刑國，宣伯協恭孝之規。子若之儒素爲基，偉容之苦節流譽，慶垂來葉，不亦宜哉！石鑒以公亮升，溫羨以明寤顯，屬于危亂，不隕其名。歲寒見松柏之後彫，斯人之謂矣。

贊曰：讓矣密陵，孝哉廣陸。欽既博雅，表亦貞肅。鑒績克宣，溫聲載穆。同鏘玉振，爭芬蘭郁。

校勘記

〔一〕事遂施行　御覽二四五引「施行」上有「不」字，疑是。

〔二〕杜彝　斠注：儒林傳作「杜夷」。按：夷字行齊，「夷」「齊」義諧，丁潭傳、通典八二、九四亦作「夷」，疑是。

〔三〕治禮音律　「音」疑當作「考」字。

〔四〕繆徵　「徵」原作「徽」。斠注：御覽二三四引王隱晉書作「繆徵」，徵見賈謐傳。按：職官志、魏志劉劭傳注引文章志並作「徵」。隋書經籍志四有秘書監繆徵集，「徽」字誤，今據改。張軌傳有秘書監繆世徵，世徵疑卽繆徵之字。

〔五〕三十餘卷　「三」，各本作「五」，惟宋本及通志一二二作「三」，商榷謂作「三十餘卷」者是。

〔六〕封昌安縣侯　以石尠、石定墓碣證之，「縣侯」當爲「公」字。參卷四校記。

晉書卷四十五

列傳第十五

劉毅 子暾 程衞

劉毅字仲雄，東萊掖人。漢城陽景王章之後。父喈，丞相屬。毅幼有孝行，少厲淸節，然好臧否人物，王公貴人望風憚之。僑居平陽，太守杜恕請爲功曹，沙汰郡吏百餘人，三魏稱焉。爲之語曰：「但聞劉功曹，不聞杜府君。」

魏末，本郡察孝廉，辟司隸都官從事，京邑肅然。毅將彈河南尹，司隸不許，曰：「攫獸之犬，鼷鼠蹈其背。」毅曰：「旣能攫獸，又能殺鼠，何損於犬！」投傳而去。同郡王基薦毅於公府，曰：「毅方正亮直，介然不羣，言不苟合，行不苟容。往日僑仕平陽，爲郡股肱，正色立朝，舉綱引墨，朱紫有分，鄭衞不雜，孝弟著於邦族，忠貞效於三魏。昔孫陽取騏驥於吳坂，秦穆拔百里於商旅。毅未遇知己，無所自呈。前已口白，謹復申請。」太常鄭袤舉博士，文帝辟爲相國掾，辭疾，積年不就。時人謂毅忠於魏氏，而帝怒其顧望，將加重辟。毅懼，應命，轉主簿。

武帝受禪，爲尚書郎、駙馬都尉，遷散騎常侍、國子祭酒。帝以毅忠蹇正直，使掌諫官。轉城門校尉，遷太僕，拜尚書，坐事免官。咸寧初，復爲散騎常侍、博士祭酒。轉司隸校尉，糾正豪右，京師肅然。司部守令望風投印綬者甚衆，時人以毅方之諸葛豐、蓋寬饒。皇太子朝，鼓吹將入東掖門，毅以爲不敬，止之於門外，奏劾保傅以下。詔赦之，然後得入。

帝嘗南郊，禮畢，喟然問毅曰：「卿以朕方漢何帝也？」對曰：「可方桓靈。」帝曰：「吾雖德不及古人，猶克己爲政。又平吳會，混一天下。方之桓靈，其已甚乎！」對曰：「桓靈賣官，錢入官庫；陛下賣官，錢入私門。以此言之，殆不如也。」帝大笑曰：「桓靈之世，不聞此言。今有直臣，故不同也。」散騎常侍鄒湛進曰：「世談以陛下比漢文帝，人心猶不多同。昔馮唐答文帝，云不能用頗牧而文帝怒，今劉毅言犯順而陛下歡。然以此相校，聖德乃過之矣。」帝曰：「我平天下而不封禪，焚雉頭裘，行布衣禮，卿初無言。今於小事，何見褒之甚？」湛曰：「臣聞猛獸在田，荷戈而出，凡人能之。蜂蠆作於懷袖，勇夫爲之驚駭，出於意外故也。夫君臣有自然之尊卑，言語有自然之逆順。向劉毅始言，臣等莫不變色。陛下發不世之詔，出思慮之表，臣之喜慶，不亦宜乎！」

在職六年，遷尚書左僕射。時龍見武庫井中，帝親觀之，有喜色。百官將賀，毅獨表曰：「昔龍降鄭時門之外，子產不賀。龍降夏庭，沫流不禁，卜藏其漦，至周幽王，禍釁乃發。易稱『潛龍勿用，陽在下也』。證據舊典，無賀龍之禮。」詔報曰：「正德未修，誠未有以膺受嘉祥。省來示，以爲瞿然。賀慶之事，宜詳依典義，動靜數示。」尚書郎劉漢等議，以爲：「龍體既蒼，雜以素文，意者大晉之行，戢武興文之應也。而毅乃引衰世妖異，以疑今之吉祥。又以龍在井爲潛，皆失其意。潛之爲言，隱而不見。今龍彩質明煥，示人以物，非潛之謂也。毅應推處。」詔不聽。後陰氣解而復合，毅上言：「必有阿黨之臣，姦以事君者，當誅而不誅故也。」

毅以魏立九品，權時之制，未見得人，而有八損，乃上疏曰：

臣聞：立政者，以官才爲本，官才有三難，而興替之所由也。人物難知，一也；愛憎難防，二也；情僞難明，三也。今立中正，定九品，高下任意，榮辱在手。操人主之威福，奪天朝之權勢。愛憎決於心，情僞由於己。公無考校之負，私無告訐之忌。用心百態，求者萬端。廉讓之風滅，苟且之俗成。天下訩訩，但爭品位，不聞推讓，竊爲聖朝恥之。

夫名狀以當才爲清，品輩以得實爲平，安危之要，不可不明。清平者，政化之美也；枉濫者，亂敗之惡也，不可不察。然人才異能，備體者寡。器有大小，達有早晚。前鄙後修，宜受日新之報；抱正違時，宜有質直之稱；度遠闕小，宜得殊俗之狀；任直不飾，宜得清實之譽；行寡才優，宜獲器任之用。是以三仁殊塗而同歸，四子異行而均義。陳平、韓信笑侮於邑里，而收功於帝王；屈原、伍胥不容於人主，而顯名於竹帛，是篤論之所明也。

今之中正，不精才實，務依黨利；不均稱尺，務隨愛憎。所欲與者，獲虛以成譽；所欲下者，吹毛以求疵。高下逐强弱，是非由愛憎。隨世興衰，不顧才實，衰則削下，興則扶上，一人之身，旬日異狀。或以貨賂自通，或以計協登進，附託者必達，守道者困悴。無報於身，必見割奪；有私於己，必得其欲。是以上品無寒門，下品無勢族。暨時有之，皆曲有故。慢主罔時，實爲亂源。損政之道一也。

置州都者，取州里清議，咸所歸服，將以鎮異同，一言議。不謂一人之身，了一州之才，一人不審便坐之。若然，自仲尼以上，至于庖犧，莫不有失，則皆不堪，何獨責于中人者哉！若殊不修，自可更選。今重其任而輕其人，所立品格，還訪刁攸。攸非州里之所歸，非職分之所置。今訪之，歸正於所不服，決事於所不職，以長讒構之源，以生乖爭之兆，似非立都之本旨，理俗之深防也。主者既善刁攸，攸之所下而復選以二千石，已有數人。劉良上攸之所下，石公罪攸之所行，駁違之論横於州里，嫌讎之隙結於大臣。夫桑妾之訟，禍及吳楚；鬬雞之變，難興魯邦。況乃人倫交爭而部黨興，刑獄滋生而禍根結。損政之道二也。

本立格之體，將謂人倫有序，若貫魚成次也。爲九品者，取下者爲格，謂才德有優劣，倫輩有首尾。今之中正，務自遠者，則抑割一國，使無上人；穢劣下比，則拔舉非次，并容其身。公以爲格，坐成其私。君子無大小之怨，官政無繩姦之防。使得上欺明主，下亂人倫。乃使優劣易地，首尾倒錯。推貴異之器，使在凡品之下；負戴不肖，越在成人之首。損政之道三也。

陛下踐阼，開天地之德，弘不諱之詔，納忠直之言，以覽天下之情，太平之基，不世之法也。然賞罰，自王公以至於庶人，無不加法。置中正，委以一國之重，無賞罰之防。人心多故，清平者寡，故怨訟者衆。聽之則告訐無已，禁絕則侵枉無極，與其理訟之煩，猶愈侵枉之害。今禁訟訴，則杜一國之口，培一人之勢，使得縱横，無所顧憚。諸受枉者抱怨積直，獨不蒙天地無私之德，而長壅蔽于邪人之銓。使上明不下照，下情不上聞。損政之道四也。

昔在前聖之世，欲敦風俗，鎮靜百姓，隆鄉黨之義，崇六親之行，禮教庠序以相率，賢不肖於是見矣。然鄉老書其善以獻天子，司馬論其能以官於職，有司考績以明黜陟。故天下之人退而修本，州黨有德義，朝廷有公正，浮華邪佞無所容厝。今一國之士多者千數，或流徙異邦，或取給殊方，面猶不識，況盡其才力！而中正知與不知，其當品狀，采譽於臺府，納毀於流言。任己則有不識之蔽，聽受則有彼此之偏。所知者以愛憎奪其平，所不知者以人事亂其度；既無鄉老紀行之譽，又非朝廷考績之課；遂使進官之人，棄近求遠，背本逐末。位以求成，不由行立，品不校功，黨譽虛妄。損政五也。

凡所以立品設狀者，求人才以理物也，非虛飾名譽，相爲好醜。雖孝悌之行，不施朝廷，故門外之事，以義斷恩。既以在官，職有大小，事有劇易，各有功報，此人才之實效，功分之所得也。今則反之，於限當報，雖職之高，還附卑品，無績於官，而獲高敍，是爲抑功實而隆虛名也。上奪天朝考績之分，下長浮華朋黨之士。損政六也。

凡官不同事，人不同能，得其能則成，失其能則敗。今品不狀才能之所宜，而以九等爲例。以品取人，或非才能之所長；以狀取人，則爲本品之所限。若狀得其實，猶品狀相妨，繫縶選舉，使不得精於才宜。況今九品，所疏則削其長，所親則飾其短。徒結白論，以爲虛譽，則品不料能，百揆何以得理，萬機何以得修？損政七也。

前九品詔書，善惡必書，以爲褒貶，當時天下，少有所忌。今之九品，所下不彰其罪，所上不列其善，廢褒貶之義，任愛憎之斷，清濁同流，以植其私。故反違前品，大其形勢，以驅動衆人，使必歸己。進者無功以表勸，退者無惡以成懲。懲勸不明，則風俗汚濁，天下人焉得不解德行而銳人事？損政八也。

由此論之，選中正而非其人，授權勢而無賞罰，或缺中正而無禁檢，故邪黨得肆，枉濫縱橫。雖職名中正，實爲姦府；事名九品，而有八損。或恨結於親親，猜生於骨肉，當身困于敵讎，子孫離其殃咎。斯乃歷世之患，非徒當今之害也。是以時主觀時立法，防姦消亂，靡有常制，故周因於殷，有所損益。至于中正九品，上聖古賢皆所不爲，豈蔽於此事而有不周哉，將以政化之宜無取於此也。自魏立以來，未見其得人之功，而生讎薄之累。毁風敗俗，無益於化，古今之失，莫大於此。愚臣以爲宜罷中正，除九品，棄魏氏之弊法，立一代之美制。

疏奏，優詔答之。後司空衞瓘等亦共表宜省九品，復古鄉議里選。帝竟不施行。

毅夙夜在公，坐而待旦，言議切直，無所曲撓，爲朝野之所式瞻。嘗散齋而疾，其妻省之，毅便奏加妻罪而請解齋。妻子有過，立加杖捶，其公正如此。然以峭直，故不至公輔。帝以毅清貧，賜錢三十萬，日給米肉。年七十，告老。久之，見許，以光祿大夫歸第，門施行馬，復賜錢百萬。

後司徒舉毅爲青州大中正，尚書以毅懸車致仕，不宜勞以碎務。陳留相樂安孫尹表曰：「禮，凡卑者執勞，尊者居逸，是順敍之宜也。司徒魏舒、司隸校尉嚴詢與毅年齒相近，往者同爲散騎常侍，後分授外內之職，資塗所經，出處一致。今詢管四十萬戶州，兼董司百僚，總攝機要，舒所統殷廣，兼執九品，銓十六州論議，主者不以爲劇。毅但以知一州，便謂不宜累以碎事，於毅太優，詢、舒太劣。若以前聽致仕，不宜復與遷授位者，故光祿大夫鄭袤爲司空是也。夫知人則哲，惟帝難之。尚可復委以宰輔之任，不可諮以人倫之論，臣竊所未安。昔鄭武公年過八十，入爲周司徒，雖過懸車之年，必有可用。毅前爲司隸，直法不撓，當朝之臣，多所按劾。諺曰：『受堯之誅，不能稱堯。』直臣無黨，古今所悉。是以汲黯死於淮陽，董仲舒裁爲諸侯之相。而毅獨遭聖明，不離輦轂，當世之士咸以爲榮。毅雖身偏有風疾，而志氣聰明，一州品第，不足勞其思慮。毅疾惡之心小過，主者必疑其論議傷物，故高其優禮，令去事實，此爲机閣毅，使絕人倫之路也。臣州茂德惟毅，越毅不用，則清談倒錯矣。」

於是青州自二品已上光祿勳石鑒等共奏曰：「謹按陳留相孫尹表及與臣等書如左。臣州履境海岱，而參風齊魯，故人俗務本，而世敦德讓，今雖不充於舊，而遺訓猶存，是以人倫歸行，士識所守也。前被司徒符，當參舉州大中正。僉以光祿大夫毅，純孝至素，著在鄉閭。忠允亮直，竭於事上，仕不爲榮，惟期盡節。正身率道，崇公忘私，行高義明，出處同揆。故能令義士宗其風景，州閭歸其清流。雖年耆偏疾，而神明克壯，實臣州人士所思準繫者矣。誠以毅之明格，能不言而信，風之所動，清濁必偃，以稱一州咸同之望故也。竊以爲禮賢尙德，教之大典，王制奪與，動爲開塞，而士之所歸，人倫爲大。臣等虛劣，雖言廢於前，今承尹書，敢不列啓。按尹所執，非惟惜名議於毅之身，亦通陳朝宜奪與大準。以爲尹言當否，應蒙評議。」

由是毅遂爲州都，銓正人流，淸濁區別，其所彈貶，自親貴者始。太康六年卒，武帝撫机驚曰：「失吾名臣，不得生作三公！」卽贈儀同三司，使者監護喪事。羽林左監北海王宮上疏曰：「中詔以毅忠允匪躬，贈班台司，斯誠聖朝考績以毅著勳之美事也。臣謹按，謚者行之迹，而號者功之表。今毅功德並立，而有號無謚，於義不體。臣竊以春秋之事求之，謚法主於行而不繫爵。〔二〕然漢魏相承，爵非列侯，則皆沒而高行，不加之謚，至使三事之賢臣，不如野戰之將。銘跡所殊，臣願聖世舉春秋之遠制，改列爵之舊限，使夫功行之實不相掩替，則莫不率賴。若以革舊毀制，非所倉卒，則毅之忠益，雖不攻城略地，論德進爵，亦應在例。臣敢惟行甫請周之義，謹牒毅功行如右。」帝出其表使八坐議之，多同宮議。奏寢不報。二子：暾、總。

暾字長升，正直有父風。太康初爲博士，會議齊王攸之國，加崇典禮，暾與諸博士坐議迕旨。武帝大怒，收暾等付廷尉。會赦得出，免官。初，暾父毅疾馮紞姦佞，欲奏其罪，未果而卒。至是，紞位宦日隆，暾慨然曰：「使先人在，不令紞得無患。」

後爲酸棗令，轉侍御史。會司徒王渾主簿劉輿獄辭連暾，將收付廷尉。渾不欲使府有過，欲距劾自舉之。與暾更相曲直，渾怒，便遜位還第。暾乃奏渾曰：「謹按司徒王渾，蒙國厚恩，備位鼎司，不能上佐天子，調和陰陽，下遂萬物之宜，使卿大夫各得其所。敢因劉輿拒扞詔使，私欲大府興長獄訟。昔陳平不答漢文之問，邴吉不問死人之變，誠得宰相之體也。既興刑獄，怨懟而退，舉動輕速，無大臣之節。請免渾官。右長史、楊丘亭侯劉肇，便辟善柔，苟於阿順。請大鴻臚削爵土。」詔聞暾此奏者，皆歎美之。

其後武庫火，尚書郭彰率百人自衞而不救火，暾正色詰之。彰怒曰：「我能截君角也。」暾勃然謂彰曰：「君何敢恃寵作威作福，天子法冠而欲截角乎！」求紙筆奏之，彰伏不敢言，衆人解釋，乃止。彰久貴豪侈，每出輒從百餘人。自此之後，務從簡素。

暾遷太原內史，趙王倫篡位，假征虜將軍，不受，與三王共舉義。惠帝復阼，暾爲左丞，正色立朝，三臺清肅。尋兼御史中丞，奏免尚書僕射、東安公繇及王粹、董艾等十餘人。朝廷嘉之，遂卽眞。遷中庶子、左衞將軍、司隸校尉，奏免武陵王澹及何綏、劉坦、溫畿、李晅等。長沙王乂討齊王冏，暾豫謀，封朱虛縣公，千八百戶。乂死，坐免。頃之，復爲司隸。

及惠帝之幸長安也，留暾守洛陽。河間王顒遣使鴆羊皇后，暾乃與留臺僕射荀藩、河南尹周馥等上表，理后無罪。語在后傳。顒見表，大怒，遣陳顏、呂朗率騎五千收暾，暾東奔高密王略。會劉根作逆，〔三〕略以暾爲大都督，加鎮軍將軍討根。暾戰失利，還洛。至酸棗，値東海王越奉迎大駕。及帝還洛，羊后反宮。后遣使謝暾曰：「賴劉司隸忠誠之志，得有今日。」以舊勳復封爵，加光祿大夫。

暾妻前卒，先陪陵葬。子更生初婚，家法，婦當拜墓，攜賓客親屬數十乘，載酒食而行。先是，洛陽令王棱爲越所信，而輕暾，暾每欲繩之，棱以爲怨。時劉聰、王彌屯河北，京邑危懼。棱告越，云暾與彌鄉親而欲投之。越嚴騎將追暾，右長史傅宣明暾不然。暾聞之，未至墓而反，以正義責越，越甚慚。

及劉曜寇京師，以暾爲撫軍將軍、假節、都督城守諸軍事。曜退，遷尙書僕射。越憚暾久居監司，又爲衆情所歸，乃以爲右光祿大夫，領太子少傅，加散騎常侍。外示崇進，實奪其權。懷帝又詔暾領衞尉，加特進。後復以暾爲司隸，加侍中。暾五爲司隸，允協物情故也。

王彌入洛，百官殲焉。彌以暾鄉里宿望，故免於難。暾因說彌曰：「今英雄競起，九州幅裂，有不世之功者，宇內不容。將軍自興兵已來，何攻不克，何戰不勝，而復與劉曜不協，宜思文種之禍，以范蠡爲師。且將軍可無帝王之意，東王本州，以觀時勢，上可以混一天下，下可以成鼎峙之事，豈失孫劉乎！蒯通有言，將軍宜圖之。」彌以爲然，使暾于青州，與曹嶷謀，且徵之。暾至東阿，爲石勒游騎所獲，見彌與嶷書而大怒，乃殺之。暾有二子：佑、白。

佑爲太傅屬，白太子舍人。白果烈有才用，東海王越忌之，竊遣上軍何倫率百餘人入暾第，爲劫取財物，殺白而去。

總字弘紀，好學直亮，後叔父彪，位至北軍中候。

程衛字長玄，廣平曲周人也。少立操行，强正方嚴。劉毅聞其名，辟爲都官從事。毅奏中護軍羊琇犯憲應死。武帝與琇有舊，乃遣齊王攸喻毅，毅許之。衛正色以爲不可，徑自馳車入護軍營，收琇屬吏，考問陰私，先奏琇所犯狠藉，然後言於毅。由是名振遐邇，百官厲行。遂辟公府掾，遷尙書郎、侍御史，在職皆以事幹顯。補洛陽令，歷安定、頓丘太守，所涖著績。卒于官。

和嶠

和嶠字長輿，汝南西平人也。祖洽，魏尚書令。父逌，魏吏部尚書。嶠少有風格，慕舅夏侯玄之爲人，厚自崇重。有盛名于世，朝野許其能整風俗，理人倫。襲父爵上蔡伯，起家太子舍人。累遷潁川太守，爲政清簡，甚得百姓歡心。太傅從事中郎庾顗見而歎曰：「嶠森森如千丈松，雖磥砢多節目，施之大廈，有棟梁之用。」賈充亦重之，稱於武帝，入爲給事黃門侍郎，遷中書令，帝深器遇之。舊監令共車入朝，時荀勖爲監，嶠鄙勖爲人，以意氣加之，每同乘，高抗專車而坐。乃使監令異車，自嶠始也。

吳平，以參謀議功，賜弟郁爵汝南亭侯。嶠轉侍中，愈被親禮，與任愷、張華相善。嶠見太子不令，因侍坐曰：「皇太子有淳古之風，而季世多僞，恐不了陛下家事。」帝默然不答。後與荀顗、荀勖同侍，帝曰：「太子近入朝，差長進，卿可俱詣之，粗及世事。」既奉詔而還，顗、勖並稱太子明識弘雅，誠如明詔。嶠曰：「聖質如初耳！」帝不悅而起。嶠退居，恒懷慨歎，知不見用，猶不能已。在御坐言及社稷，未嘗不以儲君爲憂。帝知其言忠，每不酬和。後與嶠語，不及來事。或以告賈妃，妃銜之。太康末，爲尚書，以母憂去職。

及惠帝卽位，拜太子少傅，加散騎常侍、光祿大夫。太子朝西宮，嶠從入。賈后使帝問嶠曰：「卿昔謂我不了家事，今日定云何？」嶠曰：「臣昔事先帝，曾有斯言。言之不效，國之福也。臣敢逃其罪乎！」元康二年卒，贈金紫光祿大夫，加金章紫綬，本位如前。永平初，策謚曰簡。〔三〕嶠家產豐富，擬于王者，然性至吝，以是獲譏於世，杜預以為嶠有錢癖。以弟郁子濟嗣，位至中書郎。

郁字仲興，才望不及嶠，而以清幹稱，歷尚書左右僕射、中書令、尚書令。洛陽傾沒，奔于苟晞，疾卒。

武陔

武陔字元夏，沛國竹邑人也。父周，魏衞尉。陔沈敏有器量，早獲時譽，與二弟韶叔夏、茂季夏並總角知名，雖諸父兄弟及鄉閭宿望，莫能覺其優劣。同郡劉公榮有知人之鑒，常造周，周見其三子焉。公榮曰：「皆國士也。元夏最優，有輔佐之才，陳力就列，可為亞公。叔夏、季夏不減常伯、納言也。」

陔少好人倫，與潁川陳泰友善。魏明帝世，累遷下邳太守。景帝為大將軍，引為從事中郎，累遷司隸校尉，轉太僕卿。初封亭侯，五等建，改封薛縣侯。文帝甚親重之，數與詮論時人。嘗問陳泰孰若其父羣，陔各稱其所長，以為羣、泰略無優劣，帝然之。

泰始初，拜尚書，掌吏部，遷左僕射、左光祿大夫、開府儀同三司。陔以宿齒舊臣，名位隆重，自以無佐命之功，又在魏已爲大臣，不得已而居位，深懷遜讓，終始全潔，當世以爲美談。卒于位，謚曰定。子輔嗣。

韶歷吏部郎、太子右衞率、散騎常侍。

茂以德素稱，名亞于陔，爲上洛太守、散騎常侍、侍中、尚書。潁川荀愷年少于茂，即武帝姑子，自負貴戚，欲與茂交，距而不答，由是致怨。及楊駿誅，愷時爲僕射，以茂駿之姨弟，陷爲逆黨，遂見害。茂淸正方直，聞於朝野，一旦枉酷，天下傷焉。侍中傅祗上表申明之，後追贈光祿勳。

任愷

任愷字元褒，樂安博昌人也。父昊，魏太常。愷少有識量，尚魏明帝女，累遷中書侍郎、員外散騎常侍。晉國建，爲侍中，封昌國縣侯。

愷有經國之幹，萬機大小多管綜之。性忠正，以社稷爲己任，帝器而昵之，政事多諮焉。泰始初，鄭沖、王祥、何曾、荀顗、裴秀等各以老疾歸第。帝優寵大臣，不欲勞以筋力，數遣愷諭旨於諸公，諮以當世大政，參議得失。愷惡賈充之爲人也，不欲令久執朝政，每裁抑焉。充病之，不知所爲。後承間言愷忠貞局正，宜在東宮，使護太子。帝從之，以爲太子少傅，而侍中如故，充計畫不行。會秦雍寇擾，天子以爲憂。愷因曰：「秦涼覆敗，關右騷動，此誠國家之所深慮。宜速鎭撫，使人心有庇。自非威望重臣有計略者，無以康西土也。」帝曰：「誰可任者？」愷曰：「賈充其人也。」中書令庾純亦言之，於是詔充西鎭長安。充用荀勖計得留。

充既爲帝所遇，欲專名勢，而庾純、張華、溫顒、向秀、和嶠之徒皆與愷善，楊珧、王恂、華廙等充所親敬，于是朋黨紛然。帝知之，召充、愷宴于式乾殿，而謂充等曰：「朝廷宜一，大臣當和。」充、愷各拜謝而罷。既而充、愷等以帝已知之而不責，結怨愈深，外相崇重，內甚不平。或爲充謀曰：「愷總門下樞要，得與上親接，宜啓令典選，便得漸疏，此一都令史事耳。且九流難精，間隙易乘。」充因稱愷才能，宜在官人之職。帝不之疑，謂充舉得其才。卽日以愷爲吏部尙書，加奉車都尉。

愷既在尙書，選舉公平，盡心所職，然侍覲轉希。充與荀勖、馮紞承間浸潤，謂愷豪侈，用御食器。充遣尙書右僕射、高陽王珪奏愷，遂免官。有司收太官宰人檢覈，是愷妻齊長公主得賜魏時御器也。愷既免而毁謗益至，帝漸薄之。然山濤明愷爲人通敏有智局，舉爲河南尹。坐賊發不獲，又免官。復遷光祿勳。

愷素有識鑒，加以在公勤恪，甚得朝野稱譽。而賈充朋黨又諷有司奏愷與立進令劉友交關。事下尚書，愷對不伏。尚書杜友、廷尉劉良並忠公士也，知愷爲充所抑，欲申理之，故遲留而未斷，以是愷及友、良皆免官。愷既失職，乃縱酒耽樂，極滋味以自奉養。初，何劭以公子奢侈，每食必盡四方珍饌，愷乃踰之，一食萬錢，猶云無可下筯處。愷時因朝請，帝或慰諭之，愷初無復言，惟泣而已。後起爲太僕，轉太常。

初，魏舒雖歷位郡守，而未被任遇，愷爲侍中，薦舒爲散騎常侍。至是舒爲右光祿、開府，領司徒，帝臨軒使愷拜授。舒雖以弘量寬簡爲稱，時以愷有佐世器局，而舒登三公，愷止守散卿，莫不爲之憤歎也。愷不得志，竟以憂卒，時年六十一，謚曰元，子罕嗣。

罕字子倫，幼有門風，才望不及愷，以淑行致稱，爲清平佳士。歷黃門侍郎、散騎常侍、兗州刺史、大鴻臚。

崔洪

崔洪字良伯，博陵安平人也。高祖寔，著名漢代。父讚，〔四〕魏吏部尚書、左僕射，以雅量見稱。洪少以清厲顯名，骨鯁不同於物，人之有過，輒面折之，而退無後言。武帝世，爲御史治書。時長樂馮恢父爲弘農太守，愛少子淑，欲以爵傳之。恢父終，服閡，乃還鄉里，結草爲廬，陽瘖不能言，淑得襲爵。恢始仕爲博士祭酒，散騎常侍翟嬰薦恢高行邁俗，侔繼古烈。洪奏恢不敦儒素，令學生番直左右，雖有讓侯微善，不得稱無倫輩，嬰爲浮華之目。遂免嬰官，朝廷憚之。尋爲尚書左丞，時人爲之語曰：「叢生棘刺，來自博陵。在南爲鷂，在北爲鷹。」

選吏部尚書，舉用甄明，門無私謁。薦雍州刺史郤詵代己爲左丞。詵後糾洪，洪謂人曰：「我舉郤丞而還奏我，是挽弩自射也。」詵聞曰：「昔趙宣子任韓厥爲司馬，以軍法戮宣子之僕。宣子謂諸大夫曰：『可賀我矣，我選厥也任其事。』崔侯爲國舉才，我以才見舉，惟官是視，各明至公，何故私言乃至此！」〔五〕洪聞其言而重之。

洪口不言貨財，手不執珠玉。汝南王亮常讌公卿，以瑠璃鍾行酒。酒及洪，洪不執。亮問其故，對曰「慮有執玉不趨之義故爾」。然實乖其常性，故爲詭說。楊駿誅，洪與都水使者王佑親，坐見黜。後爲大司農，卒于官。子廓，散騎侍郎，亦以正直稱。

郭奕

郭奕字大業，太原陽曲人也。少有重名，山濤稱其高簡有雅量。初爲野王令，羊祜常過之，奕歎曰：「羊叔子何必減郭大業！」少選復往，又歎曰：「羊叔子去人遠矣。」遂送祜出界數百里，坐此免官。咸熙末，爲文帝相國主簿。時鍾會反於蜀，荀勖即會之從甥，少長會家，勖爲文帝掾，奕啓出之。帝雖不用，然知其雅正。

武帝踐阼，初建東宮，以奕及鄭默並爲中庶子。遷右衞率、驍騎將軍，封平陵男。咸寧初，遷雍州刺史、鷹揚將軍，尋假赤幢曲蓋、鼓吹。奕有寡姊，隨奕之官，姊下僮僕多有姦犯，而爲人所糾。奕省按畢，曰：「大丈夫豈當以老姊求名？」遂遣而不問。時亭長李含有俊才，而門寒爲豪族所排，奕用爲別駕，含後果有名位，時以奕爲知人。

太康中，徵爲尚書。奕有重名，當世朝臣皆出其下。時帝委任楊駿，奕表駿小器，不可任以社稷。帝不聽，駿後果誅。及奕疾病，詔賜錢二十萬，日給酒米。太康八年卒，太常上謚爲景。有司議以貴賤不同號，謚與景皇同，不可，請謚曰穆。詔曰：「謚所以旌德表行，按謚法一德不懈爲簡。奕忠毅淸直，立德不渝。」於是遂賜謚曰簡。

侯史光

侯史光字孝明，東萊掖人也。幼有才悟，受學於同縣劉夏。舉孝廉，州辟別駕。咸熙初，爲洛陽典農中郎將，封關中侯。

泰始初，拜散騎常侍，尋兼侍中。與皇甫陶、荀廙持節循省風俗，及還，奏事稱旨，轉城門校尉，進爵臨海侯。其年詔曰：「光忠亮篤素，有居正執義之心，歷職內外，恪勤在公，其以光爲御史中丞。雖屈其列校之位，亦所以伸其司直之才。」光在職寬而不縱。太保王祥久疾廢朝，光奏請免之，詔優祥而寢光奏。

後遷少府，卒官，詔賜朝服一具、衣一襲、錢三十萬、布百匹。及葬，又詔曰：「光厲志守約，有清忠之節。家極貧儉，其賜錢五十萬。」光儒學博古，歷官著績，文筆奏議皆有條理。長子玄嗣，官至玄菟太守。卒，子施嗣，〔六〕東莞太守。

何攀

何攀字惠興，蜀郡郫人也。仕州爲主簿。屬刺史皇甫晏爲牙門張弘所害，誣以大逆。時攀適丁母喪，遂詣梁州拜表，證晏不反，故晏冤理得申。王濬爲益州，辟爲別駕。濬謀伐吳，遣攀奉表詣臺，口陳事機，詔再引見，乃令張華與攀籌量進討之宜。濬兼遣攀過羊祜，面陳伐吳之策。攀善于將命，帝善之，詔攀參濬軍事。及孫皓降於濬，而王渾恚於後機，欲攻濬，攀勸濬送皓與渾，由是事解。以攀爲濬輔國司馬，封關內侯。

轉滎陽令，上便宜十事，甚得名稱。除廷尉平，時廷尉卿諸葛沖以攀蜀士，輕之，及共斷疑獄，沖始歎服。遷宣城太守，不行，轉散騎侍郎。楊駿執政，多樹親屬，大開封賞，欲以恩澤自衞。攀以爲非，乃與石崇共立議奏之。語在崇傳。帝不納。以豫誅駿功，封西城侯，邑萬戶，賜絹萬匹，弟逢平鄉侯，兄子逵關中侯。攀固讓所封戶及絹之半，餘所受者分給中外宗親，略不入己。遷翊軍校尉，頃之，出爲東羌校尉。徵爲揚州刺史，在任三年，遷大司農。轉兗州刺史，加鷹揚將軍，固讓不就。太常成粲、左將軍卞粹勸攀涖職，中詔又加切厲，攀竟稱疾不起。

及趙王倫篡位，遣使召攀，更稱疾篤。倫怒，將誅之，攀不得已，扶疾赴召。卒于洛陽，時年五十八。攀居心平允，涖官整肅，愛樂人物，敦儒貴才。爲梁、益二州中正，引致遺滯。巴西陳壽、閻乂、犍爲費立皆西州名士，並被鄉閭所謗，清議十餘年。攀申明曲直，咸免冤濫。攀雖居顯職，家甚貧素，無妾媵伎樂，惟以周窮濟乏爲事。子璋嗣，亦有父風。

史臣曰：幽厲不君，上德猶懷進善；共驩在位，大聖之所不堪。況乎志士仁人，寧求苟合！懷其寵秩，所以繫其存亡者也。雖復自口銷金，〔七〕投光撫劍，馳書北闕，敗車猶踐，而諫主不易，譏臣實難。劉毅一遇寬容，任和兩遭膚受，詳觀餘烈，亦各其心焉。若夫武陔懷魏臣之志，崔洪愛郤詵之道，長升勸王彌之尊，何攀從趙倫之命，君子之人，觀乎臨事者也。

贊曰：仲雄初令，忠謇揚庭。身方諸葛，帝擬桓靈。大業非楊，元褒誚賈。和氏條暢，堪施大廈。崔門不諂，聲飛朝野。侯史、武陔，輔佐之才。何攀平允，冤濫多迴。

校勘記

〔一〕而不繫爵　「繫」，各本作「繼」，今從殿本。通典一〇四、職官分紀二一引亦俱作「繫」。

〔二〕劉根　惠紀作「劉柏根」。

〔三〕永平初策謚曰簡　斠注：上文云元康二年卒，永平紀元在元康之前，不應先策謚而後卒也，此有誤文。按：殿本改「永平」爲「永康」。永康距元康凡九載，不應死後九年而後策謚。「永平初」三字疑駁文。

〔四〕父讚　斠注：魏志三少帝紀注引魏氏春秋有尚書崔贊，夏侯玄傳及注引冀州記亦作「贊」，當卽其人。

〔五〕何故私言乃至此　初學記一一引王隱晉書、御覽二一三引晉書百官表志注「私」作「其」。

〔六〕子施嗣　蔡豹傳有「東莞太守侯史旄」，當卽此人。「施」「旄」二字形近，當有一誤。

〔七〕雖復自口銷金　「自」疑「百」字之誤。